本书系国家社会科学基金青年项目
"谶纬学与两汉哲学思想研究"（项目编号：20CZX026）
阶段性成果

郑玄谶纬学天论体系研究

何大海　著

辽宁人民出版社

© 何大海　2023

图书在版编目（CIP）数据

郑玄谶纬学天论体系研究 / 何大海著．—沈阳：辽宁人民出版社，2023.7
ISBN 978-7-205-10765-9

Ⅰ．①郑… Ⅱ．①何… Ⅲ．①郑玄（127-200）—经学—研究 Ⅳ．①B234.99

中国国家版本馆CIP数据核字（2023）第099032号

出版发行：辽宁人民出版社
　　　　　地址：沈阳市和平区十一纬路25号　邮编：110003
　　　　　电话：024-23284321（邮　购）　024-23284324（发行部）
　　　　　传真：024-23284191（发行部）　024-23284304（办公室）
　　　　　http://www.lnpph.com.cn
印　　刷：辽宁新华印务有限公司
幅面尺寸：170mm×240mm
印　　张：20.25
字　　数：280千字
出版时间：2023年7月第1版
印刷时间：2023年7月第1次印刷
责任编辑：顾　宸
装帧设计：丁末末
责任校对：刘再升
书　　号：ISBN 978-7-205-10765-9

定　　价：68.00元

序　一

　　谶纬骤兴于西汉哀平时期，极短的时间，冒出了"七经七纬"的庞大篇章。谁人作的？何以在此时大爆发？如何传布，起了何种作用？至今还没有很好的研究与答案。

　　成哀之世，外戚王氏专权，刘氏政权危机四伏，有识者无不为之惊心。刘向不断以灾异（包括谶语）向皇帝上书，进行警告。刘氏皇朝处于崩溃前夕。谶纬是这种政治危机的产物。

　　"谶"是政治性的预言、符命，起源很早。它之可畏，在于应验性。"亡秦者，胡也。""胡"，秦始皇以为是匈奴，派大军镇守。但"胡"实指胡亥。因其必然应验，故哀平时期，谶纬政治性的符命预言很多，维护刘氏统治是主要倾向；也有预言其崩溃、必为新朝新人取代的。这使政治野心家们蠢蠢欲动。刘歆欲改名刘秀以应谶言；王莽为篡夺政权，大量编造符命。居摄元年有"告安汉公莽为皇帝"的谶语，《汉书》谓："符命之起，自此始矣。"短短几年，光武应符命而成为皇帝，即位后以之为国宪，使谶纬正式进入官方经学行列。以往的研究，"谶"的预言性被注意到了，应验性则未被强调。大海的论著突显了应验性这一点，是读书有间，很有启发的。可以说，具应验性的政治符命预言是"谶"之为谶之根本。"纬"从字义上讲是指织布的横线，与经线相对。纬书之取名为"纬"，则非由字义，主要由仿效天文星象之"经纬"而来。光武所定《谶纬》八十一篇，作为篇籍，谶中有纬，纬中有谶，两者是相互交织的。博士的论著指出这点，也很有意义。

　　"谶纬"后人常觉其庞杂、怪异，但它实是汉代经学思想运动的一

y

一

001

部分。汉代经学给人的印象总是刻板、守旧，严于家法，死气沉沉。但这是片面的见解。"大风起兮云飞扬"，从西汉至东汉，整个汉民族都处在青春上升时期，从上至下，各行各业，到处都生气勃勃，充满创造性和冒险首创精神。西汉经学之三家诗学，伏生尚书学，"著天地、阴阳、四时、五行，故长于变"的易学，董仲舒的《春秋繁露》公羊学，都是前无家法，自己开创的。汉武"独尊儒术"，利禄之途使其创造性在成哀之世迅速终结，但青年学者立即起而反击了。刘歆《移让太常博士书》，对正统官学猛烈批判，还是"云飞扬"的气概。他自立新经学了。扬雄则羞与经学为伍，其《法言》取《论语》而代之，《太玄》取《周易》而代之；目无古人。"盐铁"会议中，民间学者对桑弘羊官方政策猛烈抨击，《盐铁论》的集结、出版，官方和民间的自信度之高，言论自由和思想开放力度之大，历史上后无来者。谶纬的作者，有所谓"巧慧小才伎数之人"，也有经学学者如终、张之徒。《后汉书·律历志中》边韶奏疏，讲司马迁、邓平改历，"行夏之正……其后刘歆研机极深，验之《春秋》，参以《易》道，以《河图帝览嬉》《洛书乾曜度》推广《九道》"。刘歆深研天文时历，是熟悉、并可能参与撰写谶纬的人。还有许多民间经学学者参与谶纬的创作。故"纬"对"经"的扩展，确有大量学术性思想，远超乎官方经学。它在"白虎观会议"中被列入正统经学，并非偶然。我在《汉代思想史》中曾专辟一章，讲谶纬的文化哲学思想；讲郑玄思想的部分，也有论述。学界对之也有极多肯定的评述；但总的说来，研究方法还是断章取义，并未把它作为一个有机整体在其自身的脉落发展中剖析。大海博士的论著补敝起废，以温情和同情的态度，将它作为一个整体和盘托出，予以价值重估，这是值得充分肯定的。研究的深度是否充分、是否准确到位，自可仁者见仁，再加讨论，但它作为新的研究之基础的意义是已经确定而无可否认的。

郑玄在东汉末年，遍注群经，括囊大典，网罗众家。名物训诂的《三礼注》和《诗谱》《六艺论》《毛诗笺》等，现在仍是了解古代文化的参考书，"爻辰易学"别开生面，驳何休之《起废疾》《箴膏肓》等也为当时学界注入了思辩之风；但其以谶纬注"经"及对《易纬》《书纬》《礼纬》《尚书中候》等的注解却是未曾得到全面重视的。何博士谓："郑玄可称为汉代谶纬学之中流砥柱。研究郑玄谶纬学天论体系思想，对于厘清谶纬的本原价值，重新书写郑玄经学的经史理念，具有重要的意义。"博士的论著以"天论"为中心，全面剖析，对了解郑玄与东汉经学，极有价值。

中国古代，改朝换代都以天命为依据。"天命无常，惟德是辅。""天命"是天的命令，"德"指应天命而出的圣人。孟子说"五百年必有王者兴，其间必有名世者"。夏至殷是五百年，殷至周是五百年，武王伐纣代殷至孔子是五百年。孔子说："凤鸟不至，河不出图，吾已矣夫！"哀公十四年，西狩获麟。麟者仁兽也，有王者出则现。孔子为此掩面涕泣沾袍，说"何为乎来哉？何为乎来哉"！孔子是深信符命祥瑞，很有政权转移给他的期盼的。孔子所讲这"河不出图"，"图"的具体内容不知，但《公羊春秋》以孔子为受命的"素王"，为汉制法，是体现这一思想的。汉武举贤良诏问："三代受命，其符安在？"符命在政治、文化、思想上的影响远非一般典文说教所可比。董仲舒讲天人感应、"灾异谴告"，近似谶纬，其《三代改制质文》等讲《春秋》（孔子）应天命作新王，正黑统、黜夏、存周、故宋，为后世制法等，就更是谶纬性的东西了。

按辩证法，所有东西都会异化，走向反面。没有压迫者，人会为自己异化出一个压迫者。费尔巴哈说：上帝是人的对象化，是人照自己的形象制造的，但人却对之崇拜、奉献，这可说是一种异化。张衡说："文曜丽乎天，其动者有七，日月五星是也。日者，阳精之宗；月者，阴精之宗；五星，五行之精。众星列布，体生于地（他也许是讲星体和地是一样的——引者），精成于天……在朝象官，在人象事。其以神著，有五列焉，是为三十五名。一居中央，谓之北斗。四布于方各七，为二十八舍。日月运行，历示吉凶。"人世的统治、官爵，异化为星象，反转来又以之为人世吉凶祸福的决定者，对之恐惧和崇拜。《甘石星经》《五星占》《河图》《史记·天官书》等都具这种异化性质。司马迁说："战国争于攻取，兵革更起，城邑数屠，因以饥馑疾疫焦苦，臣主共忧患，其察機祥、候星气尤急。……而皋、唐、甘、石因时务论其书传，故其占验凌杂米盐。"马王堆帛书有《五星占》。1995 年新疆和田出土汉代织锦，绣"五星出东方利中国"，就是星占。谶纬讲圣人（圣王）感生，天皇大帝曰耀魄宝，"耀魄宝"之名出自《甘石星经》。何博士论著集中剖析圣人感生说与六天说，可以说抓住了谶纬的核心，非泛泛而论者所可比。

圣人感生说，西方也有类似讲法。耶稣是童贞女生的，实乃上帝之子，道成肉身。《商颂》："帝立子生商。"商之先祖是简狄吞燕卵所生的，周之先祖是姜嫄履大人迹而生的，《上博楚简》谓："天赐文王以明德。"谶纬之圣人感生说，与天文星象结合，与汉代天人感应说结合，与元气说结合，加进了"含元吐气""精、气、神一体"的拟人化的说法，从而更为复杂，更具经验性和"科学性"，也更为迷人。

谶纬在哀平时期兴起，有如潮水，围绕一个中心，吸收大量物质、能量、信息、思想，一潮高过一潮，立即席卷一切。这思潮的起点是成帝时的甘忠可诈造《天官历》《包元太平经》十二卷，言"汉家逢天地之大终，当更受命于天，天帝使真人赤精子，下教我此道"。甘忠可用这些内容教授夏贺良、丁广世、郭昌等。甘虽被"下狱治服，未断病死"，但夏贺良等仍复私以相教。嗣后李寻宣扬阴阳五行灾异和星象吉凶祸福，受到权势重视，哀帝时直接上书，以致哀帝诏制丞相御史："盖闻《尚书》'五曰考终命'……朕以眇身入继太祖……即位出入三年，灾变数降，日月失度，星辰错谬，高下贸易，大异连仍，盗贼并起。……惟汉兴至今二百载，历纪开元，皇天降非材之右，汉国再获受命之符，朕之不德，曷敢不通夫受天之元命，必与天下自新。其大赦天下，以建平二年为太初元年，号曰陈圣刘太平皇帝。漏刻以百二十为度。布告天下，使明知之。"（《汉书·眭两夏侯京翼李传》）这不啻掀起了一次政治海啸。居摄三年，王莽谓："前孝哀皇帝建平二年六月甲子下诏书，更为太初元将元年，案其本事，甘忠可、夏贺良谶书臧兰台。臣莽以为元将元年者，大将居摄改元之文也。于今信矣。"始建国元年，王莽"班《符命》四十二篇于天下。德祥五事，符命二十五，福应十二，凡四十二篇"。甘忠可之影响可以想见。"七经七纬"是这一思潮的结晶。溯甘忠可、李寻而上，"再受命"之说起自眭孟。眭孟于昭帝末年上书，"孟推《春秋》之意，以为'石、柳，皆阴类，下民之象；泰山者，岱宗之岳，王者易姓告代之处。今大石自立，僵柳复起，非人力所为，此当有从匹夫为天子者。枯社木复生，故废之家公孙氏当复兴者也'"。这种再受命的说法，眭孟讲他是承自董仲舒的。"先师董仲舒有言，虽有继体守文之君，不害圣人之受命。汉家尧后，有传国之运。汉帝宜谁差天下，求索贤人，禅以帝位，而退自封百里，如殷、周二王后，以承顺天命。"（《汉书·眭两夏侯京翼李传》）汉代，再受命说的首创者是董仲舒。董而上则是孟子，孟子则直承孔子。无怪乎谶纬不仅神化孔子，也以孔子之名发布其说了。

李寻向王根进言，讲到"五经六纬，尊术显士"，学界有以为"六纬"是指六种纬书，认为成帝时"六种纬书"已大行于世。这应是一种误解。李寻讲的"五经"指"紫宫极枢"中的北极五星，"六纬"指勾陈六星。前者是"经"，后者是"纬"，护卫经星。（此见《晋书·天文志上》）姚鼐指出："此五经者，五经星也。六纬者，十二次相向为六。故人主当法之，以尊五行之术，显十二州之士耳。与经书、谶纬何涉哉？"王先谦援引《晋书·天文志》，认为："'黄帝坐在太微中，四帝星夹黄帝坐。'盖即五经。六纬者，六诸侯。《天官书》同，盖汉世天文家说如此。"具体解说不一定正确。但司马迁在《史记·天官书》中讲："紫宫、房心、权衡、咸池、虚危，列宿部星，此天之五官坐位也，为

'经'。……水、火、金、木、填星，此五星者，天之五佐，为'纬'。"李寻"经纬"的说法与此相同。从典籍说，不可能"五经"而有"六纬"。"七经七纬"之说是于五经外加了《乐纬》《孝经纬》。"尊术显士"则语意双关，"士"指天上的星，亦是要王根和朝廷任用他们这类术士。成哀时期，刘向引秦时谶语，无涉于纬书。刘歆造律历，讲京房一系灾异，亦无引用谶纬之文。

郑玄活动于建安、汉魏之际，政治形势和西汉末叶惊人相似。政治激化学术，故一度沉寂了的谶纬，又通过郑玄极大地复活起来。圣人感生与六天说，经过郑玄注经、注纬，成了儒学经典的核心，使古典儒学发生了一次大变化。郑玄以后，萧吉《五行大义》、皇甫谧《帝王世纪》及唐人《史记正义》都继续将其注入经典，变成信史的一部分。苍帝灵威仰，赤帝赤熛怒，黄帝含枢纽，白帝白招拒，黑帝汁光纪，"皆王者之先祖，感此太微五帝之精而生"，成了儒学的正统。

我在《汉代思想史》论谶纬的一章中曾说："这里我们看到思想自身演变发展的一条规律，即：一种观点，一旦被确立为指导原则，如果没有外力的干预来打断它的发展行程，它就必然要走到它的逻辑的极端，把它所潜在地包含的可能性全部变为现实。董仲舒神学的文字名号理论（'名号以达天意'），在武帝元光年间由于'独尊儒术'而被确立为思想的指导原则。虽然当时它还只是一种原则，并不具体，但经历一百年左右的时间，它就不再是原则而扩展到了生活的一切领域，占有了从天、地、山、河到金、木、水、火及马、羊、稻、粟的全部阵地。它扩展的规模是惊人的。其结果是神学压倒了科学，教条式的思想方法代替了实事求是、从实际出发的科学态度，因而给民族的正常的健康的认识造成了极大的危害。"谶纬的经典化也说明了这一点。孔子《论语》中只略微点了一下的"凤鸟不至，河不出图，吾已矣夫"，经过从谶纬到郑玄的注经，终于完全展开，达于极致，成为孔子本人所作，并在政治危机之世展现其极大生命活力了。郑玄《六艺论·总论》谓："六艺者，图所生也。"《释废疾》谓："孔子虽有圣德，不敢显然改先王之法，以教授于世。若其所欲改，其阴书于纬，藏之以传后王。……《公羊》正当六国之亡，谶纬见。"等等，成了孔子的秘传。何博士的著作回溯展现出这一过程。不了解它，对这段时期的儒学诠释及其发展史的描绘，可以说都会是片面的，缺乏内在生机和活力的。

历史是人造的，儒学史是各代的儒家学者所造的，它随时代不同而不断变化，不断新陈代谢。有些过去了，成了死的陈迹，有些新生了，代替老的，在该时代发生作用，影响社会政治和文化。汉代的儒学就是汉代经师们的经学，由董仲舒、伏生、眭孟、京房、翼凤、刘向、刘歆等所呈现。哀平至东汉光武，这段时期的儒学主要就是谶纬。"白虎观会议"以后，有"五经异同"的讨论和名物训诂。灵献及汉魏之际，则是郑玄的"注经"及谶纬的复活与扩展，何休亦参与其事。后人和今人可以对这些进行研究、分析、评论，但作为实在的历史，它们是真实的存在，并不会随评论而改变。研究分析得好，有助于人们观今鉴古，吸取经验教训。何博士撰述的这部学术论著，正是我们观今鉴古，进一步认识儒学和历史的好"借镜"，是极有价值的。

何博士论文答辩曾邀我参与，正好我有事在外，错过了盛事。这次博士请我为其大作写"序"。承担下来，有机会细阅博士的大著，获得了一次重研谶纬的机会，受益良多。"博学而笃志，切问而近思，仁在其中矣"，这可谓"以文会友，以友辅仁"。这是要感谢博士的。

谨以此为序。

金春峰

序于北京风度柏林寓所

2023 年 4 月 24 日

序　二

谶纬学是秦汉时期的显学，郑玄是两汉时代最重要的经学哲学家之一，因此，郑玄的谶纬学代表了汉代谶纬思想的最高水平，具有研究的必要。谶纬思想驳杂，在一定程度上可以说是汉代的百科全书。钟肇鹏先生写过一本书，叫《谶纬论略》，探讨谶纬的起源与形成，并对谶纬篇目、解题、主要内容做了很多研究，可以看出谶纬与汉代官方哲学今文经学有很大关系，包含十分丰富的汉代哲学、宗教、历史和自然科学思想，具有十分重要的学术价值。

郑玄的谶纬学说主要与汉代经学相关。经学是汉代的特殊思潮，也是中国文化思想史上的特产。汉代思想家经过几十年的探索，研究了几百年的社会变迁的历史，总结了丰富多彩的经验和教训，对先秦的思想财富进行了详细分析、研究、筛选、试验，最后选择了儒家思想作为社会政治的指导思想，这就是统治者根据研究结果，采取了独尊儒术的方针。秦朝政府选择的是法家的思想，而对其他思想进行排斥，特别是儒家的思想，采取焚书坑儒和偶语《诗》《书》者弃市的粗暴办法。而对法家，采取"以法为教""以吏为师"的办法，强迫人民学习法家的那一套理论和条例。强迫的结果，从形式上看，似乎解决了问题，实际上是没有解决问题。强迫有两个可能的结果：培养盲从思想或者产生逆反心理。这两种结果都不利于文明的进步与社会的发展。盲从都是不能长久的，时间长了，就会有忍无可忍的时候，到那时就会激发反抗，还可能暴发革命。所谓官逼民反，陈胜、吴广大泽乡起义，就是秦暴政的必然产物。汉初的黄老之学无为而治，也是秦朝多欲政治的反弹。汉代独尊儒术与秦代的焚书坑儒不无关系。坑儒的结果是王国的短命,儒学的复兴,这也是一种反弹。为了长治久安,需要尊儒。当然儒学也有内在的合理因素,还有当时的儒者为使儒学适应新的时代所做的转换工作,也是功不可没的。这个转换工作主要是吸取百家的合理思想,丰富、改造儒家传统思想,使之适应新社会,形成有生命力的新儒学。

独尊儒术以后,在利禄的引导下,全国学者都去研究儒家的那几本典籍。这几本典籍就是所谓经书,研究经书的学问,形成一门特殊的学问——经学。著名的经师注的内容就是权威的"传",如《春秋经》有《公羊传》《穀梁传》和《左传》,号称"春秋三传"。一位名师传授经学,成为师法。弟子虽然都很严格遵循师法,仍然会产生理解的歧异,最后导致分道扬镳,形成不同的家法。到西汉后期,由刘歆提出立一些古文经于学官,形成了今文与古文之争。当时似乎分歧出于用战国时代的古文字来写经,还是用汉代的隶书来写经,而实质上是两种治学方法和目的的不同导致的一系列分歧与争论。

这种争论必然带来经学的变革,其中一个副产品,就是谶纬。谶指一种神秘的预言,在经学成立之前就已经存在。例如,秦时有谶语曰"亡秦者胡也",秦始皇就派蒙恬带兵三十万,北击胡,略取河南地,再筑长城以防匈奴。以为这样可以不亡国,传之万世。后来的事实是胡亥当了二世,胡闹了一阵子,就闹亡国了。这个"胡",不是胡人的"胡",而是胡亥的"胡"。秦始皇三十六年,星陨东郡,陨石上刻字曰"始皇帝死而地分",大概指秦亡以后的楚汉之争。还有山鬼的一句话:"今年祖龙死。"秦始皇这次出巡就没能活着回宫。刘邦上台是赤帝子斩了白帝子。刘秀上台前有《赤伏符》曰:"刘秀发兵捕不道,四夷云集龙斗野,四七之际火为主。"也有谶记曰:"刘秀发兵捕不道,卯金修德为天子。"《春秋演孔图》曰:"卯金刀,名为刘,赤帝后,次代周。"谶,古人认为这是天意,是上天降下吉凶的征兆。统治者可以利用这些为自己上台掌权的合理性作证明。有些趋炎附势的人利用这一点巴结上级,也有一些人有清醒的头脑，认为这些都是没有根据的，不符合圣人经典的思想。

　　纬是相对于经说的，织布时纵线为经，横线为纬。相对于经书，汉人又编出很多纬书。纬书都附于经书之下，得以在社会上流行。例如，《春秋经》有相应的《春秋纬》，与《易经》相对的有《易纬》六种，与《书经》即《尚书》相对的有《书纬》五种，与《诗经》相对的有《诗纬》三种，还有《礼纬》三种，《乐纬》三种，《孝经纬》二种。六经加《孝经》为七经，因此也就有七纬。此外，还有《河图纬》《洛书纬》《论语纬》等杂纬。后代统治者一再禁止纬书，使之逐渐被消灭，现在只有一小部分内容保存在其他典籍中。从明代开始，就有人从各种典籍中辑纬书的内容，现存有孙毂的《古微书》，日本学者安居香山、中村璋八所编《纬书集成》所录纬书应是目前世界上最全的。独尊儒术以后，才会出现经学、经书。经书有了绝对权威以后，才会出现纬书。有的说纬书是解释经书的，从现有保存的纬书内容来看，似乎并不都是解释经书的，有的纬书甚至可以说与经书毫无关系。例如，《春秋演孔图》云："驱除名政，衣吾衣裳，坐吾曲床，滥长九州，灭六王，至于沙丘亡。"这里讲的是秦始皇，与《春秋》经没有任何关系。也肯定不是什么预见，而是秦亡以后按历史事实编的"预言"。还有很多内容十分荒诞。但是，还有一些纬书却保存了很重要的资料。例如《尚书考灵曜》载："天从上临下八万里。天以圆覆，地以方载。周天三百六十五度四分之一，而日日行一度，则一期三百六十五日四分日之一。一度二千九百三十二里四百六十一分里之三百四十八，周天百七万一千里。地有四游，冬至地上北而西三万里；夏至地下南而东复三万里；春秋二分，则其中矣。地恒动不止，人不知。譬如人在大舟中，闭牖而坐，舟行而人不觉也。"这里说春夏秋冬四季，大地各游到一处，人感觉不出来，就像人坐在大楼船上，关闭窗户，船在行驶，人感觉不出来一样。这就明确表达了一种地四游的思想，与现代讲地球公转的道理是一致的。它与《尚书》经没有什么关系。《孝经援神契》中保存盖天家的七衡六间说和

《春秋运斗枢》中的五行相生相胜说，也都与经书没有关系，都是汉代人的新思想。那时的新思想很难流行，只好借用这种附会于经书的形式来传播。当然，纬书中还是有相当一部分是与经学相关的，具有释经的传记特点。因此郑玄注解《易纬》和其他纬书，可以认为是同注解经传具备同样的性质。

谶纬思潮盛行于西汉末到东汉初。东汉光武帝也很迷信谶纬，曾给不信图谶的桓谭治罪，说他"非法无圣"。后来光武帝也怕别人继续编造新的谶纬，会导致社会思想混乱，就在晚年"宣布图谶于天下"，不允许别人再造新的谶纬。谶纬并提，实际上还是有很大差别的。汉代思想家吸收阴阳五行、同类相感等思想，把天命论改造成天人感应说，由于统治者的重视和提倡，风行一时。由此继续发展，经书、谶言、图箓再加上阴阳五行之类，编织成各种神话和传记，称为"谶纬"。在西汉末到东汉前期，成为一股风行天下的思潮。

我以为哲学可以从大体上分为三种类型：一是求真的科学哲学，二是求善的政治哲学和宗教哲学，三是求美的艺术哲学。求真哲学是以科学为基础，探讨宇宙的本质以及终极本原，因此有唯物主义与唯心主义的区别。这种哲学可以称为宇宙论哲学或者科学哲学。求善哲学是研究人际关系与社会治理的问题，主要表现为道德哲学、政治哲学与宗教哲学。这种哲学只有善与恶、进步与落后、高尚与卑鄙的差别，没有唯物主义与唯心主义的差别。求美哲学是艺术哲学，主要范畴有美与丑、雅与俗等。东西方哲学都有这三类哲学，但，各有不同的偏重。西方哲学偏重于科学哲学，科学比较发达，逻辑水平很高，宇宙论研究也比较深入，唯物主义与唯心主义的阵线比较分明。中国哲学偏重于政治哲学，对于人际关系的思想，对于治理社会的理论相当丰富。这是中国的特色，也是优点。过去用西方的科学哲学的标准来衡量中国哲学，给中国古代著名的哲学家都扣上唯心主义的帽子，给予批判和贬低。现在看来需要适当纠正。中国传统政治哲学是中国传统哲学的特色，也是儒家哲学的基本内容，是与西方科学哲学并列的，没有高低之分，只有特色不同。既然中国传统哲学是政治哲学，那么，中国传统哲学的发展必然与政治理论家、政治家有千丝万缕的联系。政治家和政治理论家都为中国传统政治哲学的发展作出自己的贡献。因此，从这种哲学分类的角度来说，谶纬的思想从总体上说，是求善的政治哲学，它的思想体系是政治哲学思想体系。虽然谶纬中有大量天人感应、神学宗教色彩，但其中所反映的汉代儒生对于大一统、政治稳定性的追求，是披在神学背景下的理性余晖，需要我们认真思考。

何大海博士的著作《郑玄谶纬学天论体系研究》，是在其博士论文的基础上修订而成的，书中分析了郑玄谶纬学这一研究对象，对于谶纬、谶纬文献、郑玄的谶纬学等内容进行了细致入微的梳理，提出了自己的一些独特看法。因郑玄学说庞大复杂，作者主要从谶纬的天论体系构建出发，对纬书的天人感应思想作研究，并以感生说和六天说为基础，梳理其与汉代政治文化和祭礼体系等汉代哲学的核心思想的关联，对于郑玄谶纬学的深入研究具有一定的启发意义，彰显出一定的学术价值和理论勇气。

当然，本书仍有一些不足，如对郑玄谶纬学天论体系的更多路径仍可作进一步推进，对郑玄最主要的《易纬注》的研究体现较少等。

何大海同志是我在中国政法大学国际儒学院带的硕士研究生，其关于谶纬学的研究计划也是在我的指导下开始的。他的硕士学位论文和博士学位论文都作的是谶纬方面的研究，下了一定的功夫。现在他的博士论文将要出版，我衷心祝贺。并希望他能在汉代哲学这一领域不断深耕，提升自己的学术水平，永葆初心，继续作出更具水准的研究成果。

是为序。

周桂钿

2023年春于北师大小红楼

序 三

何大海跟我读博，选"郑玄谶纬学研究"为博士论文题目，顺利通过答辩，毕业后一直在继续研究这个课题。《郑玄谶纬学天论体系研究》一书就是在其博士论文《郑玄谶纬学研究》前几章的基础上加以深化，并作为国家社会科学基金青年项目"谶纬学与两汉哲学思想研究"阶段性成果。现在要正式出版，请我写序。其实我对谶纬没有什么研究，但盛情难却，我勉为其难，写下一些感想，以供读者阅读参考。

大海是中国政法大学国际儒学研究院的高材生，硕士阶段师从著名的秦汉思想史研究大家周桂钿先生，主攻汉代思想史、儒学、经学，在周师指导下，确定了谶纬学作为自己的研究方向，并完成硕士论文《〈白虎通〉谶纬类文献研究》。如果从学术传承看，这也是学有渊源的，太师爷钟肇鹏先生就是谶纬方面研究的大家，其大作《谶纬论略》是新中国成立以来大陆学者撰写的第一部系统研究谶纬的学术专著，影响很大。

学界无论是对历史上儒家、儒学的研究，还是对儒学的创新，提出各种新儒学的观点或体系，大都站在现代学科划分的基础上来梳理儒学历史，构建儒学体系。由于时代风气、政治意识形态的影响，大多忽视了儒学形成、发展和创新的经学基础，使得对儒学历史源流的把握时有不确，多有争议，造成了经学研究与儒学研究的两张皮现象。从汉代开始，历代的鸿儒大都博通经典，并根据时代的问题，发挥思想，著书立说，在经学的基础上更新发展儒学，建立自己的学说思想体系。经学为儒学的学术基础，儒学为经学的思想发挥，二者不可分割，相辅相成。

只是近代西学东渐，经学传统断裂，学界从哲学史、思想史的范式来研究儒学史，构建儒学思想体系。近40年来经学研究逐渐复兴，但多是经学的学术史梳理，与儒学还未能很好结合。

汉代儒学长期以来不为学界重视，现代新儒家提出儒学"三期说"，甚至没有汉代儒学的一席之地；大陆学界或把汉代儒学归为神学思想体系；或认为汉代经学就是汉代儒学；更多是把儒学作为哲学史、思想史、史学的部分内容来梳理；对汉代儒学评价不高，就像李泽厚说的汉代儒学被视为"儒学一大没落"。其实，由孔子所开创的儒家学派是以六经为学术基础的，汉代是经学的形成时期，奠定了经学发展的基本范式，使经学在传统学术中居于核心的支配地位，要讲清楚儒学史，不可能绕开经学。学界对汉代儒学认识多有偏颇，汉代儒学研究与宋明理学比较起来冷热不均。这大概是因为当代儒学研究主体是中国哲学史界学者，他们普遍认为汉代儒学与宋明理学比较缺乏形而上的理论高度，自然多关注后者。汉代儒者在学术上以经学为基础，在传承先秦孔孟荀思想的前提下，适应社会、政治、文化的变迁，以儒为主，多元整合，吸收消化了道家、法家、阴阳家、墨家等各家各派思想、观念和构架，形成了各自的思想观点和学说体系，出现了董仲舒、郑玄这样的大儒，其地位并不在宋明诸儒之下。

汉代经学与谶纬一经一纬，相互融合，彼此作用，共同编织成汉代儒学的学术基础。谶纬在汉代是显学，被奉为"内学""秘经"，对汉代的政治、经济、哲学、文学、道德、伦理、科学、艺术、宗教、神话乃至民间习俗都有不可忽视的影响。但长期以来，谶纬之学驳杂深奥，学者视为畏途，治之者少。当代学界的一些学者把汉代儒学看成是宗教神学，在价值观上是贬低的，把谶纬看成是荒诞迷信，多贬斥抹煞，造成了相关研究的长期滞后，也是汉代经学研究的重大缺失，进而影响到对汉代思想、政治、社会研究的诸多缺憾。即使有限的研究成果，也多是从哲学、宗教学、政治学、历史学、文学等现代学科角度，以现代思维方式，借助现代研究理论，对谶纬之学赋予现代面貌。这"面貌"是否是其本来面目？是否符合汉代学术语境？谶纬对汉代经学、儒学有什么历史作用？是否符合儒家的价值理念？等等，还有许多问题需要拓展深化研究。

从内容看，谶纬中有大量汉代经学思想资料，其中天文、历法方面的内容是科学的。金春峰先生认为谶纬"主要是天官星历，灾异感应，谶语符命，也有对经学的发展和解释……"，这是符合实际的。本书研究对象是郑玄谶纬学天论体系中与郑玄之经学思想相关的内容，或可泛称为"郑玄谶纬经学"天论思想研究。中国古代学术"究天人之际，通古今之变"，天人之辨、古今之辨是中国古代思想史的基本主题，也可以说是汉代学术思想的核心问题。谶纬繁琐复杂，光怪陆离，但多与星象占卜有关。因此，本书认为，谶纬学的核心理念与灵魂是天论思想。就郑玄谶纬学来说，天论思想也是其理论基石。郑玄谶纬学的进一步深化与发展，都是在天论思想的基础之上展开的。郑玄在建构其天论体系过程中，吸收谶纬学的精华，使得谶纬成为其天论体系的核心所在。

郑玄是汉代鸿儒，两汉经学的集大成者，也是汉代谶纬学的中流砥柱，具有"纯儒""通儒""经神"之称。本书作者将郑玄谶纬学的研究放在郑玄整体学术思想体系之中进行，以重估谶纬在郑玄经学体系中的地位与作用，重建郑玄谶纬学与经学体系的逻辑架构，进而凸显郑玄谶纬学的意义与价值。本书不是对于郑玄谶纬学的全面研究，而是梳理了郑玄谶纬学的诸多概念，从郑玄谶纬思想最核心的天论体系构建出发，深化了谶纬的天象征验义，探讨了天人感应论中感生说与六天说的内在理路，重塑其"天下为公"这一儒家核心价值，将天论体系与汉代政治文化的感生—受命—改制论、祭礼体系的天神—地祇—人祖祭祀论相结合，剖析了郑玄思想中的多重经史文明价值，勾勒出一个不同于人们熟知的郑玄经学思想的模式，使得郑玄经学思想指向一个更为宏阔而不失细微的学术图景，对于厘清谶纬的本原价值，重新书写郑玄经学的经史理念，具有重要的学术意义。从宏观来看，本书不是把谶纬当成汉代学术的"异类"，而是将其放在汉代经学体系、儒学发展的脉络中来研究，试图使谶纬回归汉代学术思想的本来定位，并以儒家的价值观作为评判标准，具有正本清源，填补空白的性质。

根据何大海的博士论文，还有其他章节，期待他走上工作岗位，继续深化研究，早日出版、发表，为汉代儒学、经学、谶纬学研究贡献一份力量。

是为序。

韩　星

2023年3月22日于京西良乡

目　录

绪 论

第一节 研究对象与选题

本书题目是《郑玄谶纬学天论体系研究》，研究对象主要集中于郑玄谶纬学的核心思想内涵——天论体系构建。郑玄学术渊博，留存于世之《三礼注》《毛诗郑笺》等，涉及范围极广，而谶纬郑注，赖后人辑佚者，亦存世不少，如何对此内容进行切实而可信之研究，需对于研究对象与选题理由作一充分说明。

一、研究对象（范围）及其界定

对于本书之研究对象，现作三点说明：

第一，广义的谶纬学研究与郑玄谶纬学研究之区别。本书不是针对独立的谶纬文本的研究，即不是只从谶纬自身的特点进行研究。谶纬思想繁多复杂，主题相对不明确，故金春峰先生说："谶纬……主要是天官星历，灾异感应，谶语符命，也有对经学的发展和解释，以及天文地理，风土人情，自然知识，文字训诂，旁及驱鬼镇邪、神仙方术及神话幻想。"[①]金先生言谶纬主要有天文星象与感应符命之说，可谓信论。但由于谶纬内容驳杂，还有诸多旁义，若分析所有谶纬文献，则主题不明确，而且难以完全考证其文献之真伪。因此，本书的立场是：历史上谶纬的起源及作者考辨，版本的产生与禁毁情况，与郑学相关者，则纳入本书研究范围之中；若仅与谶纬本身相关之内容，或与本书研究主题无

---

① 金春峰：《汉代思想史》（增补第三版），北京：中国社会科学出版社，2006年版，第305页。

关者，则较少涉及或不计入研究范围。需明确的是：今人关于谶纬思想，多从文学、历史学、哲学、宗教学、政治学等当代学科角度出发，借助现代研究理论，给谶纬学以新的面貌。这些研究可以说是一种尝试，值得肯定与鼓励。但其说是否真正符合谶纬原意，仍有待商榷，而这些宽泛角度的研究，很多方面与郑玄谶纬学并无紧密联系，因此在面对这些研究方法与结论时，笔者将会小心对待与谨慎选择，力争做到全部围绕着本书主题而进行研究。

第二，郑玄谶纬学中的谶纬类文献定性问题。目前留存于世之谶纬类文献中，有一部分内容来自五经，与经学思想并不相左，可以说是汉代通识。郑玄在引用这些谶纬思想的时候，或与其他经学典籍并称引用，或独立使用；而若干郑玄引用之谶纬类文献，可通过传世文献比较出其与其他汉代经学文献的异同之处，有些内容则无法考证其发展脉络。因而本书面对这些问题时，并不作谶纬类文献与其他经学类文献谁抄袭谁、谁影响谁之分析，而是认可这些文献都是汉代谶纬学之构成部分，并且是郑玄谶纬学的重要组成部分。另，郑玄在注经之前遍注群纬，说明康成深谙谶纬之道，因而在注经过程中以之为依据，说明他认可这些谶纬思想的独特价值，否则，康成何以不引用其他文献作为例证？故可知这一部分内容是郑玄之谶纬学思想，不容置疑。

第三，郑玄谶纬学与郑学体系之关系说明。笔者认为，郑玄谶纬学并不是独立成体系的内容，换言之，它必须依托并存在于整个郑学体系之中，是郑学的组成部分，并在郑学的基础框架之内展开，才能发掘其价值所在。因此，必须将郑玄谶纬学的研究建立在郑学这一规模空前、严密完整的经学概念体系①之中，以郑学为核心展开论述，才可以厘清谶纬学在郑玄经学体系中的地位与作用，梳理郑玄谶纬学与经

---

① （日）乔秀岩：《论郑王礼说异同》，载氏著：《北京读经说记》，台北：万卷楼图书股份有限公司，2013年版，第169页。

学体系的逻辑架构，进而凸显郑玄谶纬学的意义与价值。同时，因为本书并不是只针对文献本身进行研究，既不是仅针对"郑玄谶纬文献学"的研究，也不是针对于某一谶纬类文献展开研究，而是以文献中所体现的问题为导向，研究其整体思想内容。所以，本书研究的是郑玄谶纬学天论体系中与郑玄之经学思想相关的内容，或可泛称为"郑玄谶纬经学"天论思想研究，一切围绕着郑学这一核心理念展开。离开郑玄谶纬学谈郑学，或者离开郑学谈郑玄谶纬学，都有失偏颇。

关于题目的设定，笔者取"谶纬学"，而非"谶学""纬学"说，有其依据所在。一部分学者认为谶纬有别，同时出于"尊经"之需要，认为"谶驳纬醇"，"纬学"的说法更加正宗，谶是附庸于纬之下的，因此在研究谶纬思想时，多有只称呼"纬书""纬学"者，而避免称呼"谶纬"或者"谶书"。此说开端于魏晋时期，明人承之，清儒最为推崇，今日诸家也多有此论。古者，如南朝梁时刘勰著《文心雕龙·正纬》、清人朱彝尊有《经义考·说纬》、清人赵在翰辑《七纬》而无"谶"、清人蒋清翊有《纬学原流兴废考》等；今人者，如民国学者姜忠奎有《纬史论微》（上海：上海书店，2005年版）一书、日人安居香山与中村璋八辑佚谶纬作品为《纬书集成》（石家庄：河北人民出版社，1994年版）、安居香山专著《纬书与中国神秘思想》（田人隆译，石家庄：河北人民出版社，1992年版）、日人楠山春树著《〈毛诗正义〉所引用的纬书》（台湾学者洪春音译，载《中国文哲研究通讯》2006年第16卷第1期，第97—114页。原文《〈毛诗正义〉所引の纬书》，载安居香山编：《谶纬思想の综合的研究》，东京：国书刊行会，1984年版，第199—226页）、台湾学者王令樾有《纬学探原》（台北：台北幼狮文化事业公司，1984年版）一书，大陆则有上海古籍出版社编《纬书集成》（上海：上海古籍出版社，1994年版）、当代学者刘小枫著《纬书与左派儒教士》（载刘小枫：《儒教与民族国家》，北京：华夏出版社，2015年版，第1—84页）、任蜜林有《纬书的思想世界》（北京：中国社会科学出版社，2022年版）和《汉代"秘经"：纬书思想分论》（北京：中国社会科学出版社，2015年版）等。因此，对于郑玄谶纬学，虽然日人池田秀三承认郑玄有"谶纬"之说，但是依然命名其作品曰《纬书郑氏学研究序说》（台湾学者洪春音译，载《书目季刊》2004年第37卷第4期，第59—78页。原载《哲学研究》1983年第47卷第6册，第548号，京都大学文学部，京都哲学会）。但是，也有一些学者以"谶纬"来指代郑玄这一思想体系，如台湾学者吕凯著《郑玄之谶纬学》（台北：台湾商务印书馆，2011年版）、台湾学者车行健的博士论文《礼仪、谶纬与经义——郑玄经学思想及其解经方法》（台湾私立辅仁大学中国文学系1996年博士学位论文），等等。

谶与纬既有区别，又有相同之处，这毋庸置疑，而将谶纬并称时，笔者认为，谶纬当属于"异名同实"，可作同一类文献与思想学说。另，对于本书《郑玄谶纬学天论体系研究》这一题目来说，正是立足于郑玄本人对于谶纬的认识和理解而拟定的，并非强加之言，其有如下证据：

第一，郑玄在其著作中明确提出过"谶纬"这一说法："孔子虽有圣德，不敢显然改先王之法，以教授于世。若其所欲改，其阴书于纬，藏之以传后王。……《公羊》正当六国之亡，谶纬见。"①郑玄在文本中直接以"谶纬"二字连用，与康成上文言"纬"之用法是相同的，因此谶纬这一说法对郑玄其自身来说是完全可以接受的。

第二，《郑志》载《尚书·泰誓》"流之为雕"注："雕，当为'鸦'。鸦，乌也。《书说》曰：'乌有孝名。'"张逸问："注曰《书说》。《书说》，何书也？"答曰："《尚书纬》也。当为注时，在文网中，嫌引

---

① ［东汉］郑玄撰，［清］皮锡瑞疏证，吴仰湘点校：《发墨守箴膏肓释废疾疏证》，载吴仰湘编：《皮锡瑞全集》第四册，北京：中华书局，2015年版，第439页。

秘书，故诸所牵引图谶，皆谓之'说'云。"①由此可知，郑玄认为"某某说""某某纬""秘书""图谶"等称谓皆异名同实，指代同一内容，即谶纬类文献，而在郑注中，"某某说"与"某谶"更加普遍。另有三例，皆可证明：

一者，《易纬乾凿度》载《易历》曰："阳纪天心，别序圣人，题录兴亡，州土名号，姓辅戈符。"郑玄注："言孔子将此应之而作谶三十六卷。"②"三十六"这一数字在谶纬中有特殊的指向性，《隋书·经籍志》载："又有《七经纬》三十六篇，并云孔子所作。"③由此可知，后世一般将"三十六篇"定性为"《七经纬》"，从《后汉书·张衡传》李贤注"《衡集》上事云：'《河洛》五九，《六艺》四九，谓八十一篇也'"④，以及《后汉书·樊英传》李贤所列谶纬篇目亦可知，谶纬中《七经纬》三十六篇俱存⑤，但郑玄却称其为"谶三十六卷"，可知康成将"谶"与"纬"互称，并无"谶驳纬醇"之意。

二者，何休《左氏膏肓》引《春秋感精符》云："立推度以正阳，日食，则鼓，用牲于社，朱丝营社，鸣鼓胁之。"郑玄《箴膏肓》反驳

---

① ［清］皮锡瑞：《郑志疏证·尚书志》，载吴仰湘编：《皮锡瑞全集》第三册，北京：中华书局，2015年版，第172页。按：《礼记正义·檀弓》孔疏亦从此说，云："'《易说》'者，郑引云《易纬》也。凡郑云'说'者，皆纬候也。时禁纬候，故转'纬'为'说'也。"见［东汉］郑玄注，［唐］孔颖达等正义：《礼记正义》，载［清］阮元校刻：《十三经注疏》（三），北京：中华书局，2009年影印本，第2842页。

② ［清］赵在翰辑，钟肇鹏、萧文郁点校：《七纬（附论语谶）》（上），北京：中华书局，2012年版，第51页。

③ ［唐］魏徵、［唐］令狐德棻撰：《隋书》（点校本）第四册，北京：中华书局，1973年版，第941页。

④ ［南朝宋］范晔撰，［唐］李贤等注：《后汉书》（点校本）第七册，北京：中华书局，1965年版，第1913页。

⑤ ［南朝宋］范晔撰，［唐］李贤等注：《后汉书》（点校本）第十册，北京：中华书局，1965年版，第2721—2722页。但章怀只列三十五种，故清代汪师韩认为《后汉书》注少列《春秋命历序》一种，因此，《七纬》共三十六种。见钟肇鹏：《谶纬论略》，沈阳：辽宁教育出版社，1991年版，第34—35页。

之："'用牲'者，不宜用，《春秋》之通例。此谶说正阳、朱丝、鸣鼓，岂说'用牲'之义也？谶'用牲于社'者，取经完句耳。"①《春秋感精符》为七纬系统中的纬书，郑玄却称其为"谶"，可知"谶""纬"在郑玄经学体系中基本一致，二者"异名同实"，因此不需要区分郑玄"纬学"或者是郑玄"谶学"，直接以"郑玄谶纬学"来指代这一部分文献与思想即可。

三者，《南齐书·礼志上》引《礼纬稽命征》："三年一祫，五年一禘。"郑玄《驳五经异义》言："三年一祫，五年一禘，百王通义，以为《礼谶》云：'殷之五年殷祭，亦名祭也。'"②故郑玄言此处《礼谶》当指《礼纬稽命征》，康成之意谶纬一体，明矣。

第三，《后汉书·郑玄传》载郑玄晚年以谶合梦："梦孔子告之曰：'起，起，今年岁在辰，来年岁在巳。'既寤，以谶合之，知命当终，有顷寝疾。"③"以谶合之"，证明郑玄本人有以谶推算命运的思想，而此事又是在郑玄临终前发生，可知其平生不会对"谶"避之不及，他不仅接受谶之经学意义，而且接受谶之占卜意义，并终生信奉之。

因此，本书所定题目《郑玄谶纬学天论体系研究》，是基于郑玄对谶纬之认识与认可的角度而言，符合郑玄自身的思想体系。

关于郑玄谶纬学的文献来源，笔者认为主要有以下四个方面：郑玄谶纬注类文献、郑玄引谶纬思想注经类文献、其他郑氏著作中所反映出来的谶纬学思想文献、其他经学家对于郑玄谶纬学思想的评述与分析类

---

① ［东汉］郑玄撰，［清］皮锡瑞疏证，吴仰湘点校：《发墨守箴膏肓释废疾疏证》，载吴仰湘编：《皮锡瑞全集》第四册，北京：中华书局，2015年版，第375页。

② ［清］皮锡瑞：《驳五经异义疏证》，载［清］陈寿祺、［清］皮锡瑞著，王丰先点校：《五经异义疏证、驳五经异义疏证》，北京：中华书局，2014年版，第465页。

③ ［南朝宋］范晔撰，［唐］李贤等注：《后汉书》（点校本）第五册，北京：中华书局，1965年版，第1211页。

文献。

第一，郑玄谶纬注类文献。《隋书·经籍志》所载郑注谶纬类文献：
"《易纬》八卷：郑玄注。梁有九卷。《尚书纬》三卷：郑玄注。梁六
卷。《尚书中候》五卷：郑玄注。梁有八卷，今残缺。……《礼纬》三
卷：郑玄注，亡。《礼记默房》二卷：宋均注。梁有三卷，郑玄注，
亡。"①今人张舜徽亦言："郑氏生于东汉，说经之外，又兼治纬。于
《易纬》《书纬》《礼纬》《尚书中候》并为之注，而注纬先于注经。"②今
日所存郑注谶纬类文献，除《易纬》相对完整、保留较多之外，其他均
为零散辑佚本，《礼记默房》则完全失传。

但目前出版的与谶纬类文献有关的书籍中，还是在不同方面保留和
诠释了郑注。如：明代孙瑴辑《古微书》（北京：中华书局，1985年
版）、明代陶宗仪辑《说郛三种》（上海：上海古籍出版社，2012年
版）、清人赵在翰辑《七纬（附论语谶）》（钟肇鹏、萧文郁点校，北
京：中华书局，2012年版）、北京大学《儒藏》所收清人赵在翰辑《七
纬》（载于《儒藏》精华编第一三〇册：经部谶纬类，郑杰文、李梅训
校点，北京：北京大学出版社，2014年版）与清人黄奭辑《通纬佚书
考》（载于《儒藏》精华编第一三一册：经部谶纬类，郑杰文、李梅训
校点，北京：北京大学出版社，2013年版）、清代黄奭辑《汉学堂经
解》（扬州：广陵书社，2004年版）、清代马国翰辑《玉函山房辑佚书》
（上海：上海古籍出版社，1990年版）③、清代王仁俊辑《玉函山房辑
佚书续编三种》（上海：上海古籍出版社，1989年版）、清代孙诒让撰

---

① ［唐］魏徵、［唐］令狐德棻撰：《隋书》（点校本）第四册，北京：中华书
局，1973年版，第940页。

② 张舜徽：《郑学叙录》，载氏著：《郑学丛著》，武汉：华中师范大学出版社，
2005年版，第96—97页。

③《玉函山房辑佚书》卷五十三至五十八《经编纬书类》，含郑玄与宋均注。

《札迻》（雪克、陈野点校，北京：中华书局，2009年版）①、台湾学者陈槃先生之《古谶纬研讨及其书录解题》（上海：上海古籍出版社，2010年版）、日人安居香山与中村璋八编《纬书集成》（石家庄：河北人民出版社，1994年版）、上海古籍出版社编《纬书集成》（上海：上海古籍出版社，1994年版）、吴仰湘编《皮锡瑞全集》（北京：中华书局，2015年版）②、舒大刚与杨世文主编《廖平全集》（上海：上海古籍出版社，2015年版）③、萧洪恩之《易纬今注今译》（武汉：武汉大学出版社，2016年版）等。大陆出版的与谶纬类辑佚有关的作品中，保留了不少郑玄谶纬注以及对于郑注的训解④。这些作品范围之广、内容之庞，不仅体现在遗存最多的《易纬》郑注中，而且也体现在《河图》《洛书》《尚书纬》《尚书中候》《诗纬》《礼纬》《乐纬》《春秋纬》《孝经纬》中的郑注⑤，为我们研究郑玄谶纬学思想提供了较好的文献支持。

第二，郑玄引谶纬思想注经类文献。一般引用文献，当包括明引、暗引两种模式。郑注明引谶纬类文献中，必须要考量另外一种引文称

---

① 《札迻》与郑玄谶纬学有关者，如卷一所载孙氏校勘订正之《易纬》郑注，第1—34页。

② 《皮锡瑞全集》与郑玄谶纬学有关者较多，如《尚书中候疏证》，载《皮锡瑞全集》第一册，第577—677页。

③ 《廖平全集》与谶纬学有关者，如《书中候弘道编》，载《廖平全集》第四册，第175—302页，如《四益诗说》（含《诗纬新解》《诗纬搜遗》），载《廖平全集》第五册，第11—36页。

④ 按：其他与谶纬相关的古籍，如清代孔广林辑《通德遗书所见录》七十二卷、明代杨桥岳编辑而杜士芬校对的《纬书》十卷、清代胡薇元的《诗纬训纂》三卷、清代吴翊寅的《易汉学考》卷一《易纬考》、清代庄忠棫的《易纬通义》八卷、清代张惠言的《易纬略义》、清代陈乔枞的《诗纬集证》四卷、清代殷元正的《集纬》（收谶纬133种）、清代乔松年的《纬捃》十四卷等，也都或多或少提到了郑玄谶纬学的内容。

⑤ 这其中也包括辑有相当数量的谶纬郑注，但版本源流颇具争议的《清河郡本纬书》。

谓，即"某某说"。前文已述，因郑玄在"党锢"之禁中，将所引纬书改为"某某说"，故在郑玄注三《礼》和笺《诗》所引文献中，不见"某某纬"之称，多"某某说"之谓。如《礼记·檀弓下》"既卒哭，宰夫执木铎以命于宫曰：'舍故而讳新'"条，郑玄注："故，为高祖之父当迁者也。《易说》帝乙曰：'《易》之帝乙为成汤，《书》之帝乙六世王，天之锡命，疏可同名。'"郑玄明引《易说》以证之，孔疏："'《易说》'者，郑引云《易纬》也。凡郑云'说'者，皆纬候也。时禁纬候，故转'纬'为'说'也。"①可证此处郑玄引《易纬》解经。陈槃先生言："康成注二《礼》引《易说》《书说》《乐说》《春秋说》《礼家说》《孝经说》，皆纬候也。"②今人张舜徽也说："郑既兼通纬候，故亦取以说经。凡诸经注中所引《易说》《书说》《孝经说》《春秋说》，皆是也。"③然仍需辨析：是否所有郑玄引用的"某某说"都是谶纬类文献？是否郑注所引文献中只有"某某说"是谶纬类文献？例如许慎在《五经异义》中常引用"今某某说""古某某说"等，而郑玄在反驳时所言"说者""说某某者"④，其与谶纬基本无涉。另有学者指出，《白虎通》所引用的"《传》"也是谶纬类文献⑤，那么郑注中的引《传》类文献是否也是谶纬类文献呢？而郑玄在注中以谶代纬之例犹多，前文已述，此不赘述。另，郑玄也明确引用过谶纬文献，如《驳五经异义》所载："淳于登之言，取义于《孝经援神契》。《援神契》说：'宗祀文王于

① ［东汉］郑玄注，［唐］孔颖达等正义：《礼记正义》，载［清］阮元校刻：《十三经注疏》（三），北京：中华书局，2009年影印本，第2842页。

② 陈槃：《古谶纬研讨及其书录解题》（下），上海：上海古籍出版社，2010年版，第536页。

③ 张舜徽：《郑学叙录》，载氏著：《郑学丛著》，武汉：华中师范大学出版社，2005年版，第96—97页。

④ ［清］陈寿祺、［清］皮锡瑞著，王丰先点校：《五经异义疏证、驳五经异义疏证》，北京：中华书局，2014年版，第421、424页。

⑤ 陈槃：《古谶纬研讨及其书录解题》（下），上海：上海古籍出版社，2010年版，第542页。

明堂，以配上帝。曰明堂者，上圆下方，八窗四闼，布政之宫，在国之阳。帝者，谛也，象上可承五精之神。'"①故对于经学思想极其宏通的郑玄来说，需要具体分析与考证，而不能草率下结论。而郑玄暗引谶纬思想及文献，则较难判断，是否暗引以及暗引之文是何种文献，都需要证据来证明。例如《诗·召南·鹊巢》"维鹊有巢，维鸠居之"一句，郑笺："鹊之作巢，冬至架之，至春乃成，犹国君积行累功，故以兴焉。"从表面上看，此处郑笺并未引用任何文献，然孔疏云："《推度灾》曰：'鹊以复至之月始作室家，鸤鸠因成事，天性如此也。'复于消息十一月卦，故知冬至加功也。《月令》'十二月鹊始巢'，则季冬犹未成也，故云'至春乃成'也。此与《月令》不同者，大率记国中之候，不能不有早晚，《诗纬》主以释此，故依而说焉。"②孔疏引《诗纬推度灾》之言，认为鹊作巢的时间是"复至之月"，即消息卦之"十一月"，故为"冬至"，而《礼记·月令》却明确载"季冬之月……鹊始巢"③，因此是十二月始作巢，在《诗纬推度灾》和《礼记·月令》两种说法中，可知郑玄此处采纳《诗纬》之解释，而不同于《月令》。需要说明的是，此处暗引部分需经过仔细分析而推研，并最终确定其是否为郑玄暗引或暗用谶纬类文献及其思想。

第三，其他郑氏著作中所反映出来的谶纬学思想文献。前文已述，郑玄驳斥何休《穀梁废疾》之作《释废疾》言："孔子虽有圣德，不敢显然改先王之法，以教授于世。若其所欲改，其阴书于纬，藏之以传后

---

① [清] 皮锡瑞：《驳五经异义疏证》，载 [清] 陈寿祺、[清] 皮锡瑞著，王丰先点校：《五经异义疏证、驳五经异义疏证》，北京：中华书局，2014年版，第369页。

② [西汉] 毛亨传，[东汉] 郑玄笺，[唐] 孔颖达等正义：《毛诗正义》，载 [清] 阮元校刻：《十三经注疏》（一），北京：中华书局，2009年影印本，第596页。

③ [东汉] 郑玄注，[唐] 孔颖达等正义：《礼记正义》，载 [清] 阮元校刻：《十三经注疏》（三），北京：中华书局，2009年影印本，第2995—2996页。

王。……《公羊》正当六国之亡，谶纬见。"①表明了郑玄认为孔子作谶纬以欲改先王之法这一态度。有学者指出："郑玄兼通今古文，对谶纬是十分推崇的。《针膏肓》《起废疾》中多次出现他关于谶纬的论述，在同何氏关于谶的辩论中也往往占上风。"②另，郑玄《驳五经异义·圣人感天而生篇》言："诸言感生则无父，有父则不感生，此皆偏见之说也。《商颂》曰：天命玄鸟，降而生商，谓娀简狄吞鳦子生契，是圣人感生见于经之明文。刘媪是汉太上皇之妻，感赤龙而生高祖，是非有父感神而生者也？且夫蒲卢之气妪煦桑虫成为己子，况乎天气因人之精，就而神之，反不使子贤圣乎？是则然矣，又何多怪。"③此处虽未明确言引用谶纬，但纬书中记载此类感生说犹多，郑玄此说，虽不必全然称其来自谶纬，但是肯定受到谶纬的影响，并将之与经学合一④。又如，《六艺论》是康成早期作品，在郑玄注完诸纬之后而作⑤，因此史应勇先生评价道："（郑玄）妖妄的'六艺'观来自谶纬。"⑥"妖妄"与否，值得商榷，但不可否认的是，《六艺论》确实与谶纬关系极大。《六艺论·总论》言："六艺者，图所生也。"皮锡瑞引《公羊传》徐疏之语："问曰：

---

① ［东汉］郑玄撰，［清］皮锡瑞疏证，吴仰湘点校：《发墨守箴膏肓释废疾疏证》，载吴仰湘编：《皮锡瑞全集》第四册，北京：中华书局，2015年版，第439页。

② 宋艳萍：《郑玄与何休的经学之争》，载王振民主编：《郑玄研究文集》，济南：齐鲁书社，1999年版，第224页。

③ ［清］皮锡瑞：《驳五经异义疏证》，载［清］陈寿祺、［清］皮锡瑞著，王丰先点校：《五经异义疏证、驳五经异义疏证》，北京：中华书局，2014年版，第474页。

④ 见本书第二章《由感生说至六天说——郑玄谶纬学天论体系构建》第二节《郑玄感生说论略》。

⑤ 史应勇：《郑玄通学及郑王之争研究》，成都：巴蜀书社，2007年版，第11页。杨天宇：《郑玄三礼注研究》，天津：天津人民出版社，2007年版，第7页。

⑥ 史应勇：《郑玄通学及郑王之争研究》，成都：巴蜀书社，2007年版，第121页。

《六艺论》云：'六艺者，图所生也。'然则《春秋》者，即是六艺也，而言依百二十国史以为《春秋》何？答曰：元本'河出图，洛出书'者，正欲垂范于世也。王者遂依图、书以行其事，史官录其行事以为《春秋》。夫子就史所录，刊而修之。云出图、书，岂相妨夺也？"正与此相合。皮氏又注曰："郑君所云六艺，即《诗》《书》《礼》《乐》《易》《春秋》六经……"①康成说："《河图》《洛书》，皆天神言语，所以教告王者也。"②"图"即"图谶"，即谶纬之学，如此可以看出，郑玄认为六经之学是由《河图》《洛书》所代表的天道对于帝王的指示所生成，这一内容与谶纬所体现的"神道设教之旨"相合，可证郑玄思想体系经纬一体的基本特征。

第四，其他经学家对于郑玄谶纬学思想的评述与分析类文献。古人对郑玄谶纬学早有评论，如南朝梁时有人批评郑玄，道："郑玄有参、柴之风，不能推寻正经，专信纬候之书，斯为谬矣。"③隋唐时，《隋书·经籍志》说："宋均、郑玄，并为谶律之注。"④唐代孔颖达说："郑玄笃信谶纬。"⑤宋学兴起之后，反对郑玄谶纬学之声也渐成宋儒共识，如南宋陈振孙说："大儒如郑康成，专以谶言经。"⑥南宋杨复指摘郑玄道："郑康成注《仪礼》《周礼》《礼记》三书……惟天神、地示祭礼及

---

① ［东汉］郑玄撰，［清］皮锡瑞疏证，吴仰湘点校：《六艺论疏证》，载吴仰湘编：《皮锡瑞全集》第三册，北京：中华书局，2015年版，第505页。

② ［东汉］郑玄撰，［清］皮锡瑞疏证，吴仰湘点校：《六艺论疏证》，载吴仰湘编：《皮锡瑞全集》第三册，北京：中华书局，2015年版，第508页。

③ ［唐］姚思廉撰：《梁书》（点校本）第二册，北京：中华书局，1973年版，第577页。

④ ［唐］魏徵、［唐］令狐德棻撰：《隋书》（点校本）第四册，北京：中华书局，1973年版，第941页。

⑤ ［西汉］伪孔安国传，［唐］孔颖达等正义：《尚书正义》，载［清］阮元校刻：《十三经注疏》（一），北京：中华书局，2009年影印本，第267页。

⑥ ［宋］陈振孙：《直斋书录解题》，上海：上海古籍出版社，1987年版，第80页。

天子、诸侯宗庙祭礼，郑注乃杂之以纬书之伪，参之以臆决之私，则其失之又有甚矣。"①而《四库全书总目提要》论及宋儒攻击汉学的原因时也认为："郑康成注，贾公彦、孔颖达疏，于名物度数特详。宋儒攻击，仅摭其好引谶纬一失，至其训诂则弗能踰越。"②明代之后，"谶""纬"有别之论甚嚣尘上，明人胡应麟于《四部正讹》中言："世率以谶纬并论，二书虽相表里而实不同。"③胡氏开清代对于郑玄谶纬学定论之先河，即谶驳纬醇，在谶纬中把图谶之学踢出了经学体系，重新提升了纬学的地位，同时为郑玄正名。因此徐养原在论述郑玄谶纬学时说道："康成之信纬，非信纬也，信其与经义有合者也。《诗》《礼》注中所引，皆淳确可据，比之何休，特为谨严。"④金鹗曰："纬候所言多近理，可以翼经。本古圣遗书，而后人以怪诞之说篡入其中，遂令人不可信耳。其醇者，盖始于孔氏，故郑康成以为孔子所作。"⑤陈澧对于郑玄《戒子益恩书》所说之"博稽六艺，粗览传记，时睹秘书纬术之奥"阐发曰："六艺，则曰博稽；传记，则曰粗览；秘纬，则曰时睹；三者轻重判然。其注经有取纬书者，取其可信者耳。"⑥但陈澧更多在于说明："郑君注

①［宋］杨复撰，林庆彰校订，叶纯芳、（日）桥本秀美编辑：《杨复再修仪礼经传通解续卷祭礼》（初版）上册，台北："中央研究院"中国文哲研究所，2011年版，第173页。

②［清］永瑢等撰：《四库全书总目》（上），北京：中华书局，1965年版，第149页。

③［明］胡应麟：《少室山房笔丛》，上海：上海书店出版社，2001年版，第295页。

④［清］徐养原：《纬候不起于哀平辨》，收于［清］阮元：《诂经精舍文集》（五），载王云五主编：《丛书集成初编》，上海：商务印书馆，1936年版，第348页。

⑤［清］金鄂：《纬候不起于哀平辨》，收于［清］阮元：《诂经精舍文集》（五），载王云五主编：《丛书集成初编》，上海：商务印书馆，1936年版，第350—351页。

⑥［清］陈澧：《东塾读书记》，上海：上海古籍出版社，2012年版，第259页。

经，不信纬说者多矣……何尝专信纬书乎？"①赵在翰编纂《七纬》，也持"谶驳纬醇"之说，因此辑纬而无谶，其对于郑玄谶纬学（纬学）思想更是推崇有加。《七纬总序》中言："七纬配七经而出也。帝王神圣之兴，沉浮交错之运，三古洪纤之度，五气休咎之征，经阐其理，纬绎其象，经陈其常，纬究其变。……北海郑君训注炳著。"《七纬·尚书纬叙录》中言："考北海释经根据纬言，如夫子加尚，稽古同天，禹铁放勋，类取诸纬。今书虽佚，其存者足见郑学之精也。"《七纬·礼纬叙录》中言："至北海郑君宣明秘纬，阐绎经言，数陈义举，众说折衷焉。"杨应阶于《书后》转述赵在翰言："纬之兴于汉也，以谶；火于隋也，亦以谶。谶纬之分，知之者尠，而纬亡。纬亡而汉学微。在翰谓汉学宗北海，北海宗纬。《七纬》存则汉人家法具在也。"②皮锡瑞也认可"谶是谶，纬是纬"，谶不同于纬，纬书是与经书相对应的先王大法，"至德要道"，所以他认为谶纬不同："讵可以役徒狐鸣，方士牛腹，新莽之受神策，公孙之据掌文，青盖吴亡，勒崇天发之谶，黄初魏篡，纪瑞受禅之碑，并为一谈，诬及千圣？"③皮氏认为以上所举诸例皆为谶语，而不是纬书，因此皮锡瑞在谶纬分立时，严格区分二者，谶与纬不同。但在谶纬合称时，也以"谶纬"指代全部谶纬学说，即对"诋谶纬为妖说"进行反驳。以上诸家对于郑玄谶纬学的解释虽未必符合郑学原意，但是为我们认识郑玄谶纬学提供了较好的思路，值得重视与讨论。

---

① ［清］陈澧：《东塾读书记》，上海：上海古籍出版社，2012年版，第260页。

② 以上见［清］赵在翰辑，钟肇鹏、萧文郁点校：《七纬（附论语谶）》（下），北京：中华书局，2012年版，第743、745、746、762页。

③ ［东汉］郑玄注，［清］袁钧辑，［清］皮锡瑞疏证，吴仰湘点校：《尚书中候疏证》，载吴仰湘编：《皮锡瑞全集》第一册，北京：中华书局，2015年版，第584页。

二、选题理由

郑玄被誉为"经神"，可谓中国古代最著名的经学大师。但由于对郑学评判不一，古人对康成也多有批评之声，其中较为集中的一点就是郑玄的谶纬学。如前文所述，南朝梁人评判的"郑玄有参、柴之风，不能推寻正经，专信纬候之书，斯为谬矣"①和南宋时人的"大儒如郑康成，专以谶言经"②，等等，不胜枚举。因此，郑玄谶纬学在一定意义上成为学者评价郑玄思想体系驳杂不纯的重要依据之一。但实际上，郑玄的思想却又很难进行准确全面的评价，最主要的原因是存世郑玄著作相对不足的问题，"郑玄的经学著作虽然是两汉时代保存最多、最完整的，他的《三礼注》和《毛诗笺》都完整地保存下来，但与他本人近百种著述相比，流传下来的还是一小部分，大部分著作仅有零散的只言片语的辑佚留存，这就为全面、准确地认识郑玄的经学思想带来了极大的困难"③。困难虽然较大，但这部分流传下来的郑玄作品与后人辑佚、注疏等，还是为我们研究郑玄思想提供了不少思路，并值得继续深入研究。

谶纬学，多被今人视作"封建迷信"而否定之，少有肯定之论。周勋初先生说："谶纬之学，驳杂难明，学术界视为畏途，故治之者甚少。建国之后，学术界又以为荒诞迷信而加以抹煞，遂致这一文化现象的研

①［唐］姚思廉撰：《梁书》（点校本）第二册，北京：中华书局，1973年版，第577页。

②［宋］陈振孙：《直斋书录解题》，上海：上海古籍出版社，1987年版，第80页。

③ 姜广辉主编：《中国经学思想史》（第二卷），北京：中国社会科学出版社，2003年版，第471页。

绪

论

究工作沉湮数十年之久。"①学界对于谶纬学的态度正说明了谶纬学研究成果及其突破性较少，因此有继续研究的必要。另，某种意义上，谶纬文献是汉代学术的"真实反映"，是汉代经学留给我们的相对"真实"之文献，具有其他文献所不可比拟的价值。李中华先生认为，谶纬是汉代学术的代表之一，并与中国先秦至汉以来的文化相关联，影响了汉代政治、经济、哲学、文学、道德、伦理、科学、艺术、宗教、神话乃至民间习俗，"不了解纬书，就不能全面理解汉代的历史文化乃至中国的社会政治传统。因此，全面深入地研究纬书及谶纬之学，是当前国学研究的重要任务"。②有学者指出："谶纬由附会五经进而以谶纬定五经异同，被奉为'内学'和'秘经'，因此探讨两汉经学就必须要考虑谶纬，否则我们就无法全面认识汉代经学的发展，更不可能透过汉代经学来把握传统中国人的精神追求和思维方式。"③

对于郑玄与谶纬学各自独立之研究，学界尚如此畏难，关于郑玄的谶纬学思想，学界则更少涉及，即使有部分研究，也是存在于对郑玄思想的研究和谶纬研究中的只言片语中，且多有否定之意，少有正面肯定之说。目前，专门研究郑玄谶纬学的专著，如台湾吕凯先生的《郑玄之谶纬学》（台北：台湾商务印书馆，2011年版）也仅仅是从文献学的角度进行简单梳理，缺少思想体系的深入探究。日人池田秀三先生有《纬书郑氏学研究序说》④一文，其主要观点认为：郑玄经学综合体系化的核心理念，即"六艺（经）一体化"的最大要素与核心要素是纬书，因

---

① 周勋初：《徐兴无〈论谶纬文献中的天道圣统〉（博士学位论文）评语》，载氏著：《周勋初文集》，南京：江苏古籍出版社，2000年版，第131页。

② 李中华：《谶纬的神秘化与儒学的变异》，载《中国社会科学报》2010年6月29日，第006版。

③ 姜广辉主编：《中国经学思想史》（第二卷），北京：中国社会科学出版社，2003年版，第40页。

④ （日）池田秀三著，洪春音译，载《书目季刊》，2004年37（4），第59—78页。原载《哲学研究》1983年第47卷第6册，第548号，京都大学文学部，京都哲学会。

此要想研究郑玄经学综合体系化的理念，先以研究郑玄纬书学为先。是论从郑玄谶纬学核心理念进行研究，对于理解郑玄谶纬学与郑玄经学之间的关系多有启发。惜其只是"序说"，具体研究尚未展开。台湾车行健先生的博士论文《礼仪、谶纬与经义——郑玄经学思想及其解经方法》（台湾私立辅仁大学中国文学系1996年博士学位论文），其中仅有一章是从郑玄的谶纬学角度论述郑玄的经学思想与解经方法，但整体而言，并不是直接以郑玄谶纬学作为研究主题。而其余硕博士论文，均较少直接以"郑玄谶纬学"作为研究对象，即使是研究郑玄经学的论文，也仅仅是将郑玄谶纬学作为其中一个较小的论点进行陈述①。所以郑玄谶纬学的研究，目前为止还缺少成体系的作品与研究基础，殊为遗憾。而查看郑玄传世著作，可知康成对于谶纬学十分重视，因此当我们回归传统，以"了解之同情"来审视郑玄谶纬学的时候，应重新研究郑玄这一思想体系。并且，今日研究郑玄谶纬学的时机在于：大陆对于传统学术有了更多包容与理解，不再完全以谶纬是"封建迷信"为唯一定论；更多传入国内的海外文献与善本、孤本，以及国内外研究的相互交融，都为郑玄谶纬学的研究提供了良好的契机与条件，为我们合理认识郑玄谶纬学提供了较好的学术环境，让我们有能力、有时机、有信心真正认识郑玄的谶纬学思想。当然，笔者本人能力有限，本书也只能在郑玄谶纬学中最核心的天论体系方面作一粗浅研究，未能实现整全性研究，这可以说是不足之处了。

---

① 如台湾学者罗健蔚的博士论文《郑玄会通三〈礼〉研究》（台湾大学中国文学所2015年度博士学位论文），将谶纬学作为郑玄汇通《三礼》、整合经学矛盾的一环。

第二节　研究成果与评述

今人对于郑玄谶纬学的研究思路与态度，一定程度上是延续古人之看法，尤其受清人影响颇大。清儒对于郑玄谶纬学的理解，或以为郑玄纬学思想所涉较少，所引用者也都与经义相合；或认为谶驳纬醇，因而郑玄纬学思想值得肯定，谶学之论多荒诞无用。这种看法多为今人所继承，张舜徽先生说："郑玄在注经的同时，也曾注过纬，并且还用纬解经，最为后人所讥斥。其实，他用纬解经，是不很多的。虽或有之，自然是习俗移人，跳不出时代圈子的缘故。"[①]另有学者表示："郑玄更是遍注纬书，这种现象又作何解释呢？实际上，古文经学与图谶相联系和今文经学以图谶解经还是有本质的区别的。古文经学引图谶以证明古文经的正确和优越，但并不以图谶来解释经说，这是不得已的做法，因为东汉光武帝宣布图谶于天下，如果不习图谶是不可能在社会取得立足之地的。郑玄虽然遍注群纬，但说经不以图谶为标准，还是遵循古文经注经的旨意的。"[②]其实这种看法，是为郑玄注谶纬及引谶纬证经作基于今人立场之辩护，也是清人"为康成讳"思路的延续。总体而言，这种立场与态度其实并没有真正抓住郑玄谶纬学的特点。接下来，我们评判一下他们的观点。

---

① 张舜徽：《郑学叙录》，载氏著：《郑学丛著》，武汉：华中师范大学出版社，2005年版，第22—23页。

② 姜广辉主编：《中国经学思想史》（第二卷），北京：中国社会科学出版社，2003年版，第30—31页。

一、研究成果

郑玄谶纬学的研究成果，主要可以作如下分类：一者，关于郑玄谶纬学的整体评价与全面探讨，即并不完全依托于某一部经典或者某一类文献，而作总论式的研究；二者，关于郑玄谶纬学的某一部经典或者某一类文献的细致讨论，属于单篇类的专题研究。现分而述之。

（一）总论研究

近代以来，较早对郑玄谶纬学作出评价的是清末今文经学大师康有为。康氏站在清儒"谶驳纬醇"的立场上，严分"谶""纬"之别，并对于谶纬的作者有了新的看法。他认为纬书"虽非孔子所作，亦必孔门弟子支流余裔之所传也"，谶书则是"刘歆王莽所伪作……与纬皆相刺谬，与今学悖驰"。基于这样的立场，南海评价郑玄谶纬注言："郑君之注纬，宜也，其注谶，为时所惑也。郑君之学，揉合今古，故并注谶纬。自古学大行于六朝，二千年来，无能别今学古学之真伪者，徒见纬之怪玮，因与谶并为一谈而攻之。宋明攻郑学，则以康成信谶纬为毁訾。近时尊郑，则又欲并其信纬之美而回护之。二家聚讼如一丘之貉，皆未足知郑学，更不足知学之本原也。"①康有为所言，不仅是对于清代谶纬分立思想的继承，同时也是康氏所强调的刘歆"伪造"《周官》《左传》乃至于谶语这一思想的继续发挥，以达到其重构今文经而实现经世致用之目的。但康氏仅从郑玄谶纬注入手，并无涉及郑玄经学中所体现的谶纬学思想，对于整体理解郑玄谶纬学，仍缺乏建设性意见。

辛亥鼎革，中西文化交流日益深化，学界重提对于谶纬之否定性论点，却有意回避了郑玄谶纬学的存在。如民国学者夏曾佑先生言：光武

---

① ［清］康有为：《郑康成笃信谶纬辨》，载氏著：《康子内外篇（外六种）》，北京：中华书局，1988年版，第142、143页。

中兴之后，"上下分为二派。国家官书，则仍守谶纬，东京大事，无不援五行灾异之说以解决之。然视为具文，不甚笃信，灾异策免三公，不过外戚、宦官，排挤士大夫之一捷法耳。太学清流，皆弃去谶纬之说，而别有所尚。桓、灵之际，党锢诸公，致命遂志，故无一毫谶纬之余习也"①。夏氏之说不确，当时"党锢诸公"信谶纬者犹不少，如何休、郑玄等，如何论之"无一毫谶纬之余习"？从上文亦可知，民国时对于谶纬的认识，还是将其限定在"妖妄"之词，并站在今人"合理之想象"，认为谶纬之"妖风"不可能浸染于党锢时高风亮节之文人，这种观点看似是替古人避讳，实质以今人视角评判古人，为自己学说找寻依据之体现。

另，随着马克思主义学说在中国兴起，中华传统思想研究也都具备了明显的阶级分析特色，尤其是以马克思主义史学泰斗范文澜先生为代表。范氏在其专著《中国通史简编》中认为：郑玄是东汉最大的博学家，其兼通今古文经学与谶纬之学，遍注群经诸纬，引纬注经也引经注纬，因此形成了"天下所宗"的郑学。②而在此书新版中，范氏评价整合今古文与谶纬学所形成的郑学体系时又批评其为"烦琐的训诂学"，无涉思想与政治，只适合明哲保身，因此颇为流行。③《中国通史简编》具有以马克思主义史学理论来研究中国传统文化的特点，以阶级分析理论作为核心观点，因此范氏认为谶纬学是东汉主要的上层建筑，为统治阶级剥削、掠夺农民阶级而服务，④所以，范先生对谶纬有"怪异迷信""荒谬"之限定，甚至认为整个郑学体系都是没有思想价值的烦琐训诂

① 夏曾佑：《中国古代史》，石家庄：河北教育出版社，2000年版，第364页。

② 范文澜：《中国通史简编》（修订本第二编），北京：人民出版社，1958年版，第227—228页。

③ 范文澜：《中国通史简编》，上海：华东师范大学出版社，2014年版，第187页。

④ 范文澜：《中国通史简编》（修订本第二编），北京：人民出版社，1958年版，第223页。

学，只适合明哲保身，则对于郑玄谶纬学不会有任何赞益之辞。而马克思主义思想史的代表性人物侯外庐先生，认为经学是出于汉家统治的需要，"借以麻醉人民……和缓阶级斗争"，因此"有意争取正宗地位以及继之而巩固其既得地位的儒者们，大都相信谶纬神学，不如此就不算会曲乘意旨地为统治者献策了。所谓'禄利之路'，便是他们'交易而退，各得其所'的生意经"。① 侯先生虽然没有直接针对郑玄而说，但是郑康成遍注群经诸纬，相信谶纬是孔子所作，自然也是侯氏所谓"曲乘意旨地为统治者献策"的儒生之一了。当代学者杨冬晨先生也以阶级分析理论来看待郑玄谶纬学，并认为其与政治斗争关系极大："郑玄可以说是自汉武帝开始的古、今文经学及谶纬妖妄之学的集大成者，也是这些斗争的统一者。郑学是对这些斗争的总结与升华。以古文经学为基础和核心的郑学为统治阶级和广大士人阶层所拥护，从而占据了主导地位，并对后世经学的发展产生了重大影响。"② 这种阶级分析理论虽然在当代已较少被提及与应用，也几乎不再作为研究经学的基本理论方法，但其中所体现出来对于郑玄谶纬学的整体否定，却作为一种固化的思想概念，被当今一些学者所接受，成为一种主流判断。

改革开放以来，传统文化研究迎来了新的春天，中国大陆很多学者也在不同方面对于郑玄谶纬学有了多视角与包容性的研究。如徐兴无先生认为，"谶纬天道圣统演化的第二个方向是：与古文学为代表的儒学合流，其中极端神话的色彩被儒学所具有的审定义献、重视历史、尊崇经典的态度所冲淡和修正，形成了天道圣统与宗法圣统并存或融合的局面"，而郑玄的谶纬学说中体现了郑氏融合两套圣统的努力，"谶纬言三皇五帝，但月令图式中或太微五帝中，自太昊至颛顼，仅有二皇三帝。

---

① 侯外庐、赵纪彬、杜国庠、邱汉生：《中国思想通史》（第二卷），北京：人民出版社，1957年版，第324页。
② 杨冬晨：《论儒圣"北海郑玄"名节思想的形成和成就》，载王振民主编：《郑玄研究文集》，济南：齐鲁书社，1999年版，第244页。

郑玄便试图将谶纬中的三皇说用星象之说讲得更圆融，将宗法圣统中的五帝也归入太微五帝的体系中"。①徐氏研究是以传统的天人、古今关系为发展脉络来分析郑玄谶纬学思想，具有较高的理论价值与启发意义。林忠军先生研究表明：由于郑玄"自幼爱好经学、天文、术数，为他后来……注《易纬》……奠定了一定基础"②，指出了郑玄年少时的经历对于其遍注群纬关系极大，也为我们合理认识郑玄谶纬学的思想来源作出了一种解释。另，孙英刚先生认为："先秦儒家首重伦理、理性，较少形而上的哲学层次的探讨。纬书则继承了《易传》和阴阳五行家的宇宙观，一位象、数构筑起宇宙模型。从政治思想史的角度来说，'天'的概念被融入儒家思想，是儒学思想在汉代发展的结果。公元前3—2世纪，当时阴阳五行的宇宙学说，以其复杂而精密的优势，已经在人们的心灵世界占据主导地位。儒家学者要想赢得政治上的支持和社会的认同，只能将自己的学说神学化，将阴阳五行的宇宙学说纳入自己的知识和信仰体系。其集大成者，前有董仲舒等人的推波助澜，后有郑玄等人的阐发诠释，使整个儒家思想理论体系出现神学化的特点。但这绝不是儒家思想的退化，而是其主动地扩展自己的领地，并且从关注人道，转变为顺乎天、应乎人的双重价值取向——在笔者看来，这正是儒家思想从汉代一直到宋代理学兴起之前的核心精神，也是儒家学说能够取代其他理论体系，在汉代脱颖而出的原因所在。"③孙氏虽然也认为郑玄谶纬学是一种神学体系，但是却认为这是儒家思想进一步发展的结果，"神学体系"说明其更加注重天人关系，因此是汉代儒家成功的原因所在，肯定性的研究多于否定性的判断，对于深入认识汉宋之间的主流思

---

① 徐兴无：《谶纬文献与汉代文化构建》，北京：中华书局，2003年版，第201、207页。

② 林忠军：《周易郑氏学阐微》，上海：上海古籍出版社，2005年版，第37页。

③ 孙英刚：《神文时代：中古知识、信仰与政治世界之关联性》，载《学术月刊》2013年第10期，第135页。

想文化特点是较好的切入点。又，陈苏镇先生指出：贾逵、马融、卢植、郑玄等古文经学者，是在广泛利用包括今、古文经学和谶纬在内的诸多文献来构建其理论体系，"使古文学得以跳出与官方意识形态对立的不利局面，从而在朝廷的认可和支持下，发挥古文学的优势，担当起推进东汉经学及其政治理论进一步发展的重任。……这种经学正是东汉中后期的学术主流"①。陈氏的观点主要是从历史政治学的角度而言，论证谶纬对于以郑玄为代表的古文经学家构建学说体系并进入政治领域，从而使得古文经学在东汉大盛的历史影响，是一个值得肯定的视角。但是其对于马融、卢植与谶纬关系的考证略显不足，故将郑玄与谶纬之间的关系与马融、卢植等同，值得商榷。此外，刘小枫先生认为谶纬是配经、解经的，但又区别于一般的章句、笺注、传、说、记等注经模式，是因为纬书的诠释模式是注释与经文混合，而实现了经书的再造。因此，"史称郑玄信谶纬，以纬乱经，不过是儒学的内部争议，若从政治文化理论乃至文化哲学的角度研究纬学的释经形态，将推进儒教释经史研究"②。由于刘氏以孔子的"天道设教"而成就"国家化的政制宗教"，因此，"纬书研究不仅可为确定儒教士的存在，而且可为探讨儒教士的类型奠定基础"③。所以刘先生认为郑玄也是在这种儒教化体系中特别重要的一分子，是"左派儒教士"，同时超越儒学内部之争，指出郑玄谶纬学所具备的经学再造性。虽然刘氏诸多说法仍值得商榷，但从政治文化学的角度重新审视郑玄谶纬学，则代表了这一研究的另一进路。

另，对于郑玄谶纬学有较全面的研究，并将其与战国秦汉以来的主

---

① 陈苏镇：《〈春秋〉与"汉道"：两汉政治与政治文化研究》，北京：中华书局，2011年版，第588—589页。

② 刘小枫：《纬书与左派儒教士》，载氏著：《儒教与民族国家》，北京：华夏出版社，2015年版，第63—64页。

③ 刘小枫：《纬书与左派儒教士》，载氏著：《儒教与民族国家》，北京：华夏出版社，2015年版，第2—3页。

流思想和郑玄自身经学体系相结合的大陆学者，当以葛志毅先生为代表。葛氏认为："郑玄于经学史上最为人所诟病者，莫过于他引谶纬以说经。但若从另外的角度，即从谶纬之学的自身发展上看，郑玄实为推毂谶纬之学发皇的大功臣。……郑玄相信谶纬出于孔子……所以郑玄于遍注《易》《书》《诗》《礼》诸纬的同时，又引纬书以说经。所以尽管郑玄因此受到诋呵，但谶纬之学的发展无疑受到他的学术推毂之功。……近年来由于研究工作的深入，谶纬的价值也日益受到肯定，那么，对郑玄的注纬、引纬也应重予评说。"①而关于郑玄谶纬学研究的新起点在于："谶纬之学的产生乃反映了战国秦汉以来学术思想的发展趋势，是受命改制思潮催发导致的结果，三统、五德以及封禅这些较早产生的受命改制说也融入了以河、洛受命说为主体的谶纬之中。最为重要的是，在谶纬中有关圣人受命改制的系列中，产生孔子受命改制为汉制法之说，这是汉代今文经学乃至经学全体繁荣的思想根据，明白这些，才会真正理解何以郑玄作为古文经学家不仅相信谶纬，而且对今文经学亦不深拒的原因。过去往往以谶纬自身内容的某些合理性，解释郑玄何以相信谶纬，相比之下，后说显然失之于肤浅。综之，唯有在战国秦汉以来受命改制思潮及谶纬产生这样宏大的学术思想背景下，对郑玄引纬解经、引今文合古文的做法及其经学、礼学体系的合理性，才会有更深入、真切的理解。"②此说打破了以往只片面强调郑玄谶纬学的部分合理性而试图弥合郑玄与谶纬学之间矛盾的扁平化视角，建立了以战国秦汉以来谶纬所代表的受命改制思潮对于汉代经学繁荣之作用的宏观视角来审视郑玄谶纬学的思路，颇具启发意义。

由于历史及地理原因，台湾学术界对于郑玄与谶纬学的研究一直延

---

① 葛志毅：《战国秦汉之际的受命改制思潮与谶纬之学的兴起》，载氏著：《谭史斋论稿四编》，哈尔滨：黑龙江人民出版社，2008年版，第183页。

② 葛志毅：《郑玄研究论纲》，载《湖南科技学院学报》2010年第10期，第14页。

续下来，而关于郑玄谶纬学本身的研究也有一些不错的作品。如前文所述，吕凯先生有著作《郑玄之谶纬学》（台北：台湾商务印书馆，2011年第二版），此书是第一本专门研究郑玄谶纬学思想的专著，值得重视。氏著从"谶纬概说""郑玄对谶纬之贡献"与"郑注纬书略述"等三部分着手，多角度地探讨了谶纬学与郑玄谶纬学的诸多问题。其书核心部分是第二章，具体篇目为："郑玄精通谶纬之时代背景""郑玄对今古文经及谶纬之态度""郑玄之引经注纬""郑玄之引纬注经""郑玄纬注之阐述经义者""郑玄纬注之阐述阴阳家之学说""郑玄纬注对后世之影响"等，在诸多方面考证了郑玄谶纬学的相关命题，有一定价值。从篇目可知，吕氏以文献梳理为基本方法，缺少对于郑玄谶纬学的宏观思想把握，因此诸多论述变成了材料的堆积和前人观点的罗列，彼此缺少紧密联系，只对郑玄谶纬学的若干特点稍加说明，不足以支撑郑玄谶纬学的深入研究。另，台湾学者车行健先生有《礼仪、谶纬与经义——郑玄经学思想及其解经方法》（台湾私立辅仁大学中国文学系1996年博士论文）一文，其第三章即与郑玄谶纬学相关，探讨郑玄解经特点之"谶纬解经"。车氏认为郑玄引用以阴阳五行灾异论思想为骨干的谶纬学说解经，凸显了康成之"天之通于人政"这一天人合一思想。在具体探讨中，车氏以郑玄之"天神观""六天说""感生说"等与谶纬学关系密切之相关内容进行讨论，认为郑玄谶纬解经思想中较为积极的部分就是这种"天之通于人政"与"灾异说"背后所体现的批评时政、保证政治有序方面的内容。车行健先生之探讨对于我们理解郑玄谶纬学具有较多的启发意义，对于郑玄谶纬学之研究也有一定的推动意义。然车氏认为郑玄谶纬学具有现实政治批判之积极意义，似有以今人之需要而评定康成学说，值得探讨。

与中华传统文化渊源颇深的日本学者，对于郑玄谶纬学也十分关注，如安居香山与中村璋八两位先生的《纬书集成》（石家庄：河北人民出版社，1994年版）至今仍然是研究郑玄谶纬学的必备参考文献之一。而专题研究郑玄谶纬学的学者，以池田秀三先生为代表，其《纬书郑氏学研究序说》认为：郑玄经学综合体系化的核心理念，即"六艺（经）一体化"的最大要素与核心要素是纬书，因此要想研究郑玄经学综合体系化的理念，先以研究郑玄纬书学为先。故池田氏指出：从郑玄受谶纬影响极大的《六艺论》中所言"六艺者，图所生也"与"河图、洛书皆天神言语，所以教告王者也"等二句可知，郑玄的经学综合体系化并非逐渐成型，而是自始一贯的构想。因为郑玄相信经与纬皆孔子所作，所以经与纬的融合便是自然而然的内容。此外，池田氏提出一个被学者所忽视的观点："对符瑞有所信仰的经书解释公式，必定是根据纬书而来。而郑为符合纬书说而修改经文的情形，也是必须注意的。于此，不可修改的并非是经书，而是纬书。"而对于古今学者轻视或反对郑玄谶纬学的原因也作如下解释："正统儒教一向把纬书当做邪说而加以排斥，若率直地承认郑玄重视纬书的事实，则只要自认是居于正统的立场，就不得不像许懋、王应麟那般地非难郑玄；但另一方面，从崇奉郑玄为祖师的汉学立场来说，非难郑玄之事，在感情上是不可饶恕的。如此一来，为了让二种立场都能成立，除了主张郑不信纬以外，别无他途。"①此说颇有见地。一般认为古人对于郑玄谶纬学的非议或出于正统儒学反对谶纬的倾向而否定郑玄，或有为贤者讳的目的而避谈郑玄有关于此之学说，但此二说关系却少有人问津。池田氏整合二家之说，认为二说若想兼顾，唯有抹杀郑玄谶纬学的存在，认为郑玄不信谶纬，方能实现真正完满而完整的郑玄形象之建构，这也是多数学者对于郑玄谶纬学的态度。

另，对于郑玄谶纬学评价较为公允、研究较为全面的为日人乔秀岩先生，其认为经书来源复杂，彼此之间既相互联系又具有矛盾之处，西

---

① （日）池田秀三著，洪春音译：《纬书郑氏学研究序说》，载《书目季刊》，2004年37（4），第59—78页。原载《哲学研究》1983年第47卷第6册，第548号，京都大学文学部，京都哲学会。

汉诸博士对于经书的解释往往断章取义，并未解决经书之内在矛盾，也没有形成规模较大的经学体系，"郑玄对诸经纬文献进行全面系统的研究，建立了今天我们能够了解大致内容的第一套完整的经学概念体系。除了空前大的规模以外，严密的体系性，也是郑玄学说的突出特点，我们翻检《郑志》，其解释各经注说之间所存在的小小出入，亦足以了解其严密程度。尽管在郑玄之前已有很多学者作过研究，但最早期建立的经学概念体系，能够做到如此大规模，而且精密如此，足以惊人，故范晔论称'括囊大典，网罗众家'"。并对郑玄解经方法作如是说："东汉经学家需要对含有矛盾的经书体系进行统一的系统解释。郑玄分析经纬文献中的各种矛盾，说明其出入……这就是尽量多区分概念，以求避免矛盾。……郑玄解经，若遇同一个词或者同义、近义的词，在经纬文献的不同地方，含义、属性、用法有所出入，甚至矛盾，通常作为不同的概念来理解。郑玄力图保存文献语言的复杂性，为此要求读经者细分自己脑海中的相关概念。不难理解，这样细致的分析只有在理论上才得以进行，若移之于现实社会，显得太过复杂，甚至不合理不合情。若要保存文献语言的复杂性，必然要形成复杂到脱离现实的概念体系，个中原因，当是因为经纬文献本身包含异地异时不同人的各种说法，本来不反映一套现实的概念体系。"①所以，乔秀岩先生指出郑玄谶纬学的意义在于先整合经书与纬书的差异，将经纬视作一体，在此基础上通过对经纬文献的矛盾之处多区分概念，进行细致分析，以应对经学文献中不同地方的歧义，最终创造出郑玄的完整而统一之经学体系，经学文献与纬学文献的统一性是其中关键所在。

另有敖堃、诸伟奇的《郑玄与谶纬关系臆解》②等文，也在不同方

---

① （日）乔秀岩：《论郑王礼说异同》，载氏著：《北京读经说记》，台北：万卷楼图书股份有限公司，2013年版，第169—170页。

② 敖堃、诸伟奇：《郑玄与谶纬关系臆解》，载《历史文献研究》（总第29辑），上海：华东师范大学出版社，2010年版，第44—53页。

面论述了郑玄谶纬学的思想，但缺少新的启发性亮点，暂不赘述。

（二）专题研究

1. 郑玄《易纬》学研究

迄今为止，谶纬诸书中，只有《易纬》大部分篇章是相对完整保留下来的，所以学者对于郑玄谶纬学的探讨，很大一部分是集中在郑玄《易纬》学的研究之中。

较早以马克思主义方法论对郑玄《易纬》学进行研究的代表性人物是钟肇鹏先生，虽然钟先生肯定了《易纬》作为思想史和易学史上的重要发展环节，认为《易纬》中的宇宙图式代表了中国古代系统论思想的萌芽，"视天人为一体，企图把所有的自然现象和社会现象纳入统一的模式之中，使之受统一的象术规律所支配，确实表现了一种系统化的努力"。但钟氏认为《易纬》所代表的是一种唯心主义哲学体系与宗教神学体系，因此这种思路是错误的，是反理性主义的宗教巫术。所以，"郑玄遍注群经，堪称为最渊博的经学家，但是在思想史和易学史上却没有什么建树，原因就在于他沿袭《易纬》，去从事十二爻辰的排列组合"①。钟先生的《谶纬论略》是大陆第一部系统研究谶纬的专著，对于重新认识谶纬思想有较好的切入点，值得充分重视。但由于钟先生对谶纬的认识受马克思主义唯物史观的影响颇深，唯物、唯心二元划分的思维模式成为其立说之本，因此在面对郑玄《易纬》学的研究上，否定性的批评要大于肯定性的赞扬，表明了马克思主义思想家对于郑玄谶纬学的统一看法。

从儒道融合角度进行研究的代表性人物有金春峰先生，金氏认为：儒家思想吸收黄老之学，使得儒学发生了重大转变，郑玄即是代表之一，"郑玄注《乾凿度》时，则系统地引进老子的自生、自彰、自通，

---

① 钟肇鹏：《纬书综述》，载任继愈主编：《中国哲学发展史》（秦汉卷），北京：人民出版社，1985年版，第454—455页。

从无入有、以无为本的思想，使易学思想发生了根本变化。从而为引老注易，在经学内部实现儒道融合，奠定了道路与基础。以后王弼的易学，不过是郑玄思想与这一方向的进一步发展而已。"[①]并得出结论："郑玄的易学确实既是汉易经验论和象数学的终结，又是以义理解《易》和引《老子》自然无为思想以注《易》的开始。"[②]金氏所言，代表了新时代以更加多样化的方式对于郑玄谶纬学的研究，值得肯定，对郑玄谶纬注中所体现的儒道融合的探讨，以及郑玄易学在整个思想史中的地位与作用都有深入讨论，给郑玄整体经学思想提供了新的启发性意义。张涛先生在《郑玄易学简论》中也说明了郑玄不仅吸收了道家思想，同时也吸收了京房、《易纬》、费氏古易等汉易来构建易学体系的内容。[③]林忠军先生也认为，"郑氏的天道观主要得之于《易传》《易纬》及道家的思想。……可以看出两汉文化发展轨迹是儒道趋向融合"[④]，并指出郑玄的"卦气说""爻辰说""易数说"等都来源于《易纬》，但又强调不能过分夸大"易纬"在郑玄易学体系中的地位与作用，强调郑玄易学有其特色。[⑤]所以，郑玄关于"易学史观"的理解接受了《易纬》的思想，但是并没有简单重复《易纬》本义，而是作了进一步的阐发[⑥]。"足见

---

① 金春峰：《汉代思想史》（增补第三版），北京：中国社会科学出版社，2006年版，第6页。

② 金春峰：《汉代思想史》（增补第三版），北京：中国社会科学出版社，2006年版，第548页。

③ 张涛：《郑玄易学简论》，载王振民主编：《郑玄研究文集》，济南：齐鲁书社，1999年版，第135—150页。

④ 林忠军：《周易郑氏学阐微》，上海：上海古籍出版社，2005年版，第71页。

⑤ 林忠军：《周易郑氏学阐微》，上海：上海古籍出版社，2005年版，第73—120页。

⑥ 林忠军：《周易郑氏学阐微》，上海：上海古籍出版社，2005年版，第139、153页。

《易纬》对郑氏易影响极深。此是郑氏不守家法的一种表现形式"①。林氏特别指出：郑玄"易学研究重心已由天道转移到人事，更加关注君臣、父子、夫妇之道，尤其是为君之道和圣贤之道。……郑玄易学关于人事的内容更多是对三《礼》的阐发。……郑玄注三《礼》与注《周易》应该说有同样的目的"②。林先生此说在于说明：郑玄的经学体系是融通的，郑玄《三礼注》与《周易注》在整体思想倾向上是一致的，都是为了实现圆通性经学体系的建构，而在《周易注》中占有重要地位的《易纬》也就自然被含摄到整个经学体系之中，以此可管窥郑玄经学体系的完整性、贯通性。

此外，孙希国先生之《郑玄易象说研究》（载刘大钧主编：《象数易学研究》第一辑，济南：齐鲁书社，1996年版，第51—70页）、丁四新先生之《郑氏易义》（载刘大钧主编：《象数易学研究》第二辑，济南：齐鲁书社，1997年版，第91—123页）、任蜜林先生之《纬书的思想世界》（北京：中国社会科学出版社，2022年版）和《汉代"秘经"：纬书思想分论》（北京：中国社会科学出版社，2015年版）、徐兴无先生之《谶纬文献与汉代文化构建》（北京：中华书局，2003年版，第140页）、许继起先生之《郑玄〈周易注〉流变考》（载林庆彰主编《经学研究论丛》第十一辑，台北：台湾学生书局，2003年版，第13页）、台湾学者邵吉辰之硕士论文《郑玄〈易纬注〉及其诠释述评》（台湾政治大学中国文学系2015年硕士学位论文）等论著中对于郑玄与《易纬》的关系，都作出了相关研究。由于这一方面是郑玄谶纬学以往研究的重点，学者众多，兹不赘述。

---

① 林忠军：《周易郑氏学阐微》，上海：上海古籍出版社，2005年版，第215页。

② 林忠军：《周易郑氏学阐微》，上海：上海古籍出版社，2005年版，第134—135页。

2. 郑玄《尚书》学中的谶纬学研究

朱岩先生认为：郑玄《尚书》学中的谶纬思想主要表现在郑玄《书纬注》和引谶纬注经二者之中，[1]并认为这种诠释行为扩大了古文《尚书》学的研究与使用范围，"谶纬成为郑玄整合古今文《尚书》学内容的主要手段，两汉《尚书》学的古今文之争，在郑玄手中，因谶纬的引入而呈现出调和之势，这也成为郑玄《尚书》学的重要特色之一"。[2]但此种观点大都延续前人之论，缺乏新意，而朱氏缺少直接证明郑玄《尚书》注训诂之谶纬化特色的论点，反而大量引用《毛诗笺》来论证，有失偏颇。故整体而言，郑玄《尚书》谶纬学研究较少。

3.《郑笺》与郑玄《诗纬》学中的谶纬思想研究

由于郑玄作品保留至今而相对完整的是《三礼注》与《毛诗郑笺》，因此，《郑笺》中与谶纬有关的内容和郑玄吸纳《诗纬》注经的思想，也是学者研究重点之一。

大陆学者张峰屹、张立克二氏认为：《郑笺》与《毛诗》有不同之处，其中一点在于"《毛传》不用谶纬，盖缘其基本定型之时（西汉前中期），谶纬之风尚未广泛流行。《郑笺》则引用谶纬解《诗》，相对于《毛传》而言，无疑是一大开创"。而《郑笺》要比《毛传》生动丰富的原因，在于细节之处多来自谶纬。因此，《郑笺》反映了郑玄"经学思想之混同古今、兼采谶纬而博通庞融的特色"。[3]李世萍先生认为："郑玄笺注中谶纬思想表现得比较隐晦，是概括或引用《尚书纬》和《易纬》等书的结果。"并认为这种注经方式符合汉代经学的总体特点。而

---

① 朱岩：《两汉〈尚书〉学的谶纬化》，载《社会科学家》2008年第3期，第33页。

② 朱岩：《郑玄〈尚书〉训诂的谶纬化》，载《盐城师范学院学报（人文社会科学版）》2008年第1期，第114页。

③ 张峰屹、张立克：《郑玄〈毛诗传笺〉对〈毛传〉的修正和超越》，载《云南大学学报（社会科学版）》2016年第2期，第83—85页。

这种现象的产生与政治时局、统治者的倡导和重视、汉代学术背景与郑玄本人学术经历都有一定关系。[1]李氏又指出:"郑玄《毛诗笺》引用谶纬多数符合经义,也具有一定的积极意义:一则为其融合今古文构建'通学'奠定了基础,这是其学术价值;另则折射出东汉政局的混乱,为当时的统治者敲响了警钟,此为其现实意义。"[2]罗建新先生认为郑玄《毛诗郑笺》中引用了《尚书纬》《易纬》《孝经纬》《诗纬》《尚书中候》《河图》《洛书》等谶纬类文献,从"天人感应""符瑞灾异""感生受命"等几个方面来笺诗,因此表现出较多的以天人感应观念为代表的谶纬思想,其积极意义是:"在一定程度上限制君权的绝对权威与无限扩张,从而保证帝王的政治行为能够与儒家政治思想体系中所倡导的'德政'理念相符合。"而郑玄之所以"以纬注《诗》",有三方面的原因:第一在于东汉时局的恶化,郑玄想借助谶纬所建立的一套基于"天命""神授"观念的以皇帝为核心的政治理论体系来凸显皇权,加强集权,匡救社会;第二在于以谶纬解经是汉代学界的时代风气,郑玄也不例外;第三与郑玄本人的经历、学养及学术活动有关。[3]罗氏所论,代表了学界对于郑玄谶纬学研究的大致观点。笔者认为:"天人感应""符瑞灾异""感生受命"等思想,不仅是谶纬学说中的主要内容,也是汉代今文经学中常见的论述之一,如何确认《郑笺》中的这些思想来自谶纬,需要更多的证据与论证;罗氏认为郑玄谶纬学的意义在于"限制君权的绝对权威与无限扩张",但是郑玄"以纬注《诗》"的原因却是"凸显皇权,加强集权",似前后矛盾,而其他论述也是重复前人观点,缺少深入见解。青年学者刘明先生认为《诗纬》为两汉不同于《毛诗》

---

① 李世萍:《郑玄〈毛诗〉笺注中反映的阴阳谶纬思想及其成因初探》,载夏传才主编:《诗经研究丛刊》,北京:学苑出版社,2007年版,第9—20页。

② 李世萍:《郑玄〈毛诗笺〉谶纬思想析论》,载《中国社会科学院研究生院学报》2009年第2期,第136页。

③ 罗建新:《谶纬与两汉政治及文学之关系研究》,上海:上海古籍出版社,2015年版,第226—232页。

《鲁诗》《齐诗》《韩诗》之外的汉代说《诗》一家，而通过郑玄以《易纬》《书纬》《礼纬》《春秋纬》《孝经纬》等纬书来笺诗，证明郑玄对于纬书的重视，同时深入分析郑玄引《诗纬》来笺诗和创作《毛诗谱》《六艺论》等来说明《诗纬》在汉代的重要性，以及其独特价值。而刘氏部分例证是否合适仍值得考虑，而关于郑玄《诗纬》学的研究也基本参考孔颖达《毛诗正义》之说，并未跳出前人研究之窠臼。[①]

日本学者楠山春树先生认为《毛诗正义》多引《尚书中候》，不仅与《郑笺》本身的思想体系有关，是对郑玄经注的深入与发展，同时也扩大了《郑笺》的谶纬学诠释范畴，并对《郑笺》中引《中候》与《诗纬》的差异作一分析，值得重视。[②]

另，沈薇薇的《试析〈毛诗传笺〉引谶纬释〈诗〉》（载《古籍整理研究学刊》，2005年第5期）、台湾学者王令樾的《〈诗经〉与〈诗纬〉》（载《辅仁国文学报》，1987年第13期）等文章也对郑玄笺《诗》与《诗纬》相关的谶纬学有所论述，此不赘述。

4. 郑玄《三礼注》中的谶纬思想研究

郑玄经学思想以《三礼注》为中心，学界亦多认可郑玄"以《周礼》为宗"之说，而郑注《三礼》均完整保存至今，因此郑玄《三礼注》中的谶纬学思想也是郑玄谶纬学之关键所在。

张舜徽先生说："论者或病郑氏注《礼》，以灵威仰、赤熛怒、含枢纽、白招拒、叶光纪释五帝（见《周礼》小宗伯'兆五帝于四郊'注），全出纬书，奇诡不经，最为王肃所嗤。然考之于史，明帝永平二年，宗祀光武于明堂以配五帝。李贤《后汉书》注引《五经通义》，即以此五

---

① 刘明：《两汉〈诗纬〉研究》，北京：学苑出版社，2012年版，第171—202页。

② （日）楠山春树著，洪春音译：《〈毛诗正义〉所引用的纬书》，载《中国文哲研究通讯》2006年第16卷第1期，第97—114页。原文《〈毛诗正义〉所引の纬书》，载安居香山编：《谶纬思想の综合的研究》，东京：国书刊行会，1984年版，第199—226页。

名当之。可知其时五帝之名，沿用纬书，载在祀典。郑氏注经时，取其俗所共知，直就汉制言之耳。魏人张揖撰《广雅》，尝录此五帝之名入《释天》，亦承用两汉经师旧说也。"①所以张氏承认，郑玄所注《周礼》有以谶纬中的五方帝说来注经的特点，虽被学者诟病，但这种五帝学说，也可谓两汉通识，在东汉得到实践并影响深远。亦可说，这种谶纬学说在郑玄看来是可以纳入其经学体系之中，因此谶纬与经学二者有一致之处。另有何耿镛先生批评道："郑玄对谶纬亦深信不疑，故其解经的一个严重缺点就是往往以谶纬之怪异去附会经说。如《周礼·春官·小宗伯》：'兆五帝于四郊'一句，郑注：'苍帝灵威仰，赤帝赤熛怒，黄帝含枢纽，白帝白招拒，黑帝汁光纪。'这种怪说，实全据纬书，故后人多讥之，谓其'不能推寻正经，专信纬候之书'。不过，这种弊病亦不始于郑玄，从西汉到东汉，这种风气已非常盛行。"②何氏之说延续古人一般性说法，只是一味指责郑玄谶纬学，但并未分析郑玄谶纬学之真正内涵，对于理解郑学并无关键性作用。而李锦山先生认为："纬书虽然羼杂不少符谶迷信内容，但同时又包含较多自然崇拜、巫术及原始宗教等史料。郑玄的独到之处，恰恰在于能博采众长，披沙沥金，使自己的研究水平居于同代的最高点。他的三礼注对于上古宗教礼仪考古具有重要的指导意义。考古发掘表明，不但上古，即便史前宗教礼仪性遗迹、遗物与郑玄的注释对照，也往往多相吻合。从这个意义上说，从事先秦礼仪考古、研究者，不但要熟知有关典籍，更应该从郑玄经注中去寻珠探宝。"③李氏从郑玄引用纬书等材料来解释《三礼》中的祀天礼仪，并将之与现代考古资料相对照，认为二者多有相合之处，

① 张舜徽：《郑学叙录》，载氏著：《郑学丛著》，武汉：华中师范大学出版社，2005年版，第97页。

② 何耿镛编著：《经学简史》，厦门：厦门大学出版社，1993年版，第148页。

③ 李锦山：《论上古时期的祀天礼仪——从郑玄"三礼注"到考古发现》，载王振民主编：《郑玄研究文集》，济南：齐鲁书社，1999年版，第86页。

因此肯定了郑玄谶纬学中的历史真实部分。这是从考古学的角度来研究郑玄的谶纬学，有一定借鉴意义，但是对于郑玄谶纬学的分析仍稍显不足。

从郑玄《三礼注》的经学体系进行郑玄谶纬学研究的学者，大陆以王启发先生为代表。王先生认为郑玄《三礼注》的主要特点有三：一者以《周礼》为核心而释"礼"、二者重《春秋》之义、三者称引纬书以注《三礼》。而郑玄之所以引纬注礼，王氏认为除了受当时风气影响有所信奉而加以研究之外，最主要的原因在于其对于纬书的态度，即郑玄相信谶纬是孔子所作。也就是说，郑玄谶纬学的深层意义在于郑玄"完全是从'引经注经'的立场出发，将纬书当做与六经并列而可以互为根据经典文字了，至少是将纬书与《论语》《孝经》等视为同一档次的经典。这在汉代又是极为普遍和平常的"。王氏又从郑玄引用纬书在礼制、礼仪、礼义及礼法观念等方面进行了阐述。王先生此说可谓抓住问题关键，将郑玄谶纬学的研究还原到郑玄自身的信仰体系之中，即郑玄对于纬书的认可来自孔子这一重要命题中来，因此郑玄谶纬学本质上也是郑玄的经学思想，由孔子所连接的谶纬与诸经，共同构成了郑玄经学体系的最核心文本资料。①台湾学者则以台湾大学中国文学博士罗健蔚为代表。罗氏认为郑玄谶纬学的意义在于"组织三《礼》在天地神祇与相关祀典等体系上的分歧无序，以期会通彼此"，即利用谶纬组织新的天神祭祀体系，弥合《周礼》与《礼记·月令》中"上帝"和"五帝"祭祀矛盾；利用谶纬文献中的"神在昆仑者"与"神州之神"、社稷之神、后土神与五官之神等三大类地祇模式的论述来弥合《周礼》与《礼记》新旧两造祭地体系的矛盾。究其原因，在于三部礼书与此相关的内容除了追述西周祀典，也掺入战国时的新信仰与宇宙观，而这些内容也是谶

---

① 王启发：《礼学思想体系探源》，郑州：中州古籍出版社，2005年版，第313—331页。

纬学说与汉代官方祀典的来源之一。同时郑玄囿于汉人对谶纬的态度，故以此为用。①罗氏此说从郑玄《三礼注》的经学本文出发，直接面对郑学最本质的祭祀天神地祇问题，指出谶纬文献对于郑玄《三礼注》的贡献在于会通《三礼》以整合经义，实现价值与秩序的重构，可谓直面问题关键，将郑玄谶纬学的核心阐述出来，具有极高的学术意义，值得充分肯定与重视。

5. 郑玄《孝经注》中的谶纬思想研究

陈壁生先生言："郑玄对纬书甚为信据，尤其在《六艺论》《孝经注》之中，多据纬书以为说。"②究其原因，除了陈氏认为郑注《孝经》在《三礼》之前③，多从今文说，也在于《孝经》郑注所反映出来郑玄的"经学大系"，即"正是因为郑玄将《孝经》视为孔子本人所作，《孝经注》中才会大量援引《论语》、纬书以解经文"。④故可推之：郑玄谶纬学是郑玄对于经学的整体认识的重要环节之一，是康成对孔子圣人地位的另一种文献支撑，故谶纬文献与经学文献共同参与了郑玄经学体系的建构。而徐兴无先生指出："诸多汉碑中的说法及郑玄的观点，或袭纬书之意，或直接引用纬书原文，严可均等人所辑郑玄注《孝经》乃至唐玄宗御注《孝经》中，皆引《孝经纬》为说。"⑤这种观点扩大了郑玄《孝经注》中谶纬思想的诠释范围，让我们可以通过更多出土文献与传世文献相对照来研究郑玄谶纬学思想。

---

① 罗健蔚：《郑玄会通三〈礼〉研究》，台湾大学中国文学所2015年度博士学位论文，《摘要》第2页、正文第193—220页。

② 陈壁生：《孝经学史》，上海：华东师范大学出版社，2015年版，第109页。

③ 按：郑珍《郑学录》认为郑注《孝经》晚出，为其65岁以后作品；今人史应勇亦同此说。而陈氏之说来自皮锡瑞，认为郑注《孝经》早出，二者孰是孰非，未有确论。

④ 陈壁生：《孝经学史》，上海：华东师范大学出版社，2015年版，第161页。

⑤ 徐兴无：《谶纬文献与汉代文化构建》，北京：中华书局，2003年版，第223页。

6. 郑何之争中的谶纬学思想研究

所谓郑何之争，即郑玄与何休关于经学相关问题的论争，主要集中在郑玄驳何休《春秋》学三篇：《发墨守》《箴膏肓》《释废疾》上，其中与谶纬有关者，值得探讨。宋艳萍先生在《郑玄与何休的经学之争》一文说："郑玄兼通今古文，对谶纬是十分推崇的。《箴膏肓》《起废疾》中多次出现他关于谶纬的论述，在同何氏关于谶的辩论中也往往占上风。"①此处只有若干评论，缺少全面对比研究。

7. 郑王之争中的谶纬学思想研究

章太炎先生说："古文家间引纬书，则非纯古文学，郑康成一流是也。王肃以贾（逵）、马（融）之学，反对康成。贾虽不信纬书，然亦有附会处（《后汉书》可证），马则绝不附会矣（马书今存者少）。"②章氏明确指出了郑王之争与是否"间引纬书"有关，但王肃以贾逵、马融来反对郑玄谶纬学之说则值得商榷，马融当时也应受谶纬影响很大，王肃到底是站在何种立场上反对郑玄谶纬学，章氏此说并未展开说明。史应勇先生认为郑玄与王肃诠释《诗经》不同之处有两点较为明显："（1）郑玄笃信谶纬并以之解经，王肃则不以谶纬解经。（2）郑玄'泥迹寻情，辄见拘失'，'然《诗》教温柔敦厚，在情不在迹'，'王肃因情推说，多得诗人本旨。'"③因此，史氏认为王肃对郑玄经学有革新之义，就《毛诗》之注释而言，一者是对谶纬学的抛弃，二者不再泥于字句。④史氏对郑王之争，多作抑郑扬王之论，此处可见一斑。而乔秀

---

① 宋艳萍：《郑玄与何休的经学之争》，载王振民主编：《郑玄研究文集》，济南：齐鲁书社，1999年版，第224页。

② 章太炎：《国学略说》，北京：北京联合出版公司，2014年版，第99—100页。

③ 史应勇：《〈毛诗〉郑王比义发微》，北京：华夏出版社，2016年版，第11页。

④ 史应勇：《〈毛诗〉郑王比义发微》，北京：华夏出版社，2016年版，第659页。

岩先生认为："郑玄的思维紧贴文本，从经纬文献的文字出发，根据这些文字展开一套纯粹理论性的经学体系；王肃则从我们现实生活的角度出发，考虑礼说的可实践性以及合理合情性，对郑玄的经学体系进行改造。"①桥本氏关于郑王之争的论述，延续了其对于郑玄经学所具有的综合体系看法，认为郑玄经学的特点在于"纯粹理论性"，而不直接面对现实，因此被郑玄认为是孔子作品的谶纬文献自然也融涉在这种体系之内；王肃则直面现实，对郑学作实践性与合理性改造，因此将谶纬文献踢出经学体系。

8. 郑玄谶纬学与刘歆之关系研究

葛志毅先生认为："如果将刘歆《世经》所列史统与纬书圣王系统相较，可见刘歆思想与纬书内容间的联系影响之深。……从而可以说，郑玄接续刘歆而崇信谶纬是必然的；谶纬之于汉代经学内容之丰富发展，是不可或缺的。"②葛氏认为郑玄的古文经学是绍述刘歆而来，以《周礼》最为代表，而刘歆与谶纬关系密切，郑玄对于谶纬的吸收自然也不足为奇。③郑玄与刘歆的关系，一直是学界研究的盲点，对二者作比较研究者相对较少，而从谶纬学来理解二者的关系，从而对郑玄谶纬学绍述刘歆之学以及刘歆所代表的古文经与谶纬学的关系等作研究，俱为较好的切入点，值得关注。

二、研究评述

通过以上综述可知，郑玄谶纬学在学界并不是热点问题，诸多方面

---

① （日）乔秀岩：《论郑王礼说异同》，载氏著：《北京读经说记》，台北：万卷楼图书股份有限公司，2013年版，第171页。

② 葛志毅：《汉代谶纬河洛说的历史文化意义》，载氏著：《谭史斋论稿四编》，哈尔滨：黑龙江人民出版社，2008年版，第255页。

③ 葛志毅：《河洛谶纬与刘歆》，载氏著：《谭史斋论稿四编》，哈尔滨：黑龙江人民出版社，2008年版，第307页。

缺少成体系的研究，有的领域接近空白，并未形成一种研究风气。但仍要承认的是诸家学者从多角度、多层次都进行了一定程度的研究，或片言只语，点到为止，或洋洋洒洒，乃成一篇论文甚或一本专著，郑玄谶纬学的重要性不言而喻。概而言之，以往的郑玄谶纬学研究，有几个大方向：

一者，全盘否定式的研究。这种观点或站在传统"为郑玄讳"的观点，先否定谶纬学，继而认为郑玄没有"谶纬学"思想，或以马克思主义史学为代表，承认郑玄谶纬学的存在，但认为郑玄引用谶纬注经或直接注纬等价值不大，多为荒诞不经之说，甚至因此成为郑玄之学术污点，此类研究以民国学者夏曾佑，现代学者范文澜、侯外庐、杨冬晨、何耿镛等先生为代表。

二者，从现代人文社会科学的角度进行研究，在社会学、哲学、宗教学、政治学、历史学、文献学、考古学等方面分而论之，其思想内涵还是现代社会科学，可谓是谶纬的面子、西学的里子。这种站在西方现代学科的视角居高临下地审视郑玄谶纬学的价值与意义，相对缺少"了解之同情"，虽然会有一些新的观点与启发性意义，但却难得郑玄谶纬学的要领，如大陆学者孙英刚、陈苏镇、刘小枫等先生全面论述了郑玄谶纬学在不同学科背景之下的意义，而大陆学者钟肇鹏、金春峰、张涛、朱岩、张峰屹、李世萍、罗建新、刘明、张舜徽、李锦山、宋艳萍、史应勇，台湾学者吕凯、车行健诸先生，从郑玄谶纬学的不同篇章或某一方面内容着手，分析郑玄谶纬学的价值。笔者承认，现代学科是研究传统文化的重要手段之一，在现代学科交融会通的大背景下，毋庸置疑。但笔者认为：如果仅仅从所谓的现代学科入手，以已经成型的学科领域框架为根本，选取传统文化中一些内容进行模式化补充而强加论证，可谓是先有结论，再找证据，则使传统文化有支离破碎之感，缺少温情与敬意，是以今人观点强加于古人。同时，诸多单篇和单向度的专题研究，导致郑玄谶纬学的整体思想不明晰，形成了郑学研究的点线式前进，却不具备成面的宏观性探索，不能完全代表郑玄谶纬学的全部意义与价值。虽然单篇研究是为了整体思想研究做准备，没有单篇性质的提炼，就没有整体思路的把握，但我们更应该看到，郑玄谶纬学绝对不是只在某一个篇章、某一个谶纬注或者五经注中能够全部体现出来的，就如同郑玄的经学体系被归结为"以《周礼》为宗"一样，如果只看到郑玄的某一篇作品、某一处结论，是难以得出这样的结论的。那么，如何研究郑玄谶纬学，是否能够探求出郑玄谶纬学整体上具有的一以贯之思想，则是我们亟须解决的问题。如若不然，只关注于某几个篇章的研究，对于郑玄谶纬学没有整体的把握，郑玄谶纬学永远不能取得新的进展，那么对于整个郑学、谶纬学来说，都是一种令人遗憾的局面。

三者，从郑玄学说自身独特的经学体系进行研究，即以郑学为宗，关注其思想的整全性与建构性。此处代表包括：大陆学者如葛志毅、陈壁生、徐兴无、林忠军、王启发等先生，台湾学者罗健蔚，日本学者池田秀三、乔秀岩、楠山春树诸先生。郑玄的学说被称之为"郑学"，孔颖达说"礼是郑学"，古往今来之学者也多承认郑玄的根本在于《三礼》之学。因此，郑玄学说的根基只能是经学，故以一种立足于郑玄自身的经学视角来研究郑玄谶纬学，从郑玄的经学与谶纬学的互动角度着手，回到郑玄学说的整体性结构，落实到郑玄对于谶纬学之价值关怀与意义重构，则可谓一种有益的补充与尝试。

近现代以来，"理性与科学"成为时代的标签，尤其是在西方知识的宰制下，以西方之学术范式与学科划分肢解、分裂了中国传统学术体系，同时，因为受政治取向之影响，一些学者对传统文化的评价戴上了有色眼镜，评判学术逐渐意识形态化。在某种程度上，我们"决定"了古人的思想与学说体系，其中与西方核心价值观相合之处就大加赞扬，不符合这个标签的内容就被扫进历史垃圾场，对其嘲讽谩骂。今天的"理性与科学"固然已经成为全球化的文明准则，笔者也承认这种价值观的重要意义，但若完全以这样的标准来审视与重构中华文化，就会产生很多问题。因为知识是有差异性的，不同时空的知识都会如此，所以完全以西方式的视角来审视中国古代文化，则无法站在中国古人的立场上来真正理解古人之思想，进而正确理解中华文化。古人的知识系统在我们今天看来，或荒诞不经，或难以接受，但这些内容在古人看来却是有其完美性与正当性，我们要承认古人的知识系统的合法性。所以，我们既不用以今人标准来为古人避讳，阐发古人已经具备种种现代价值体系与文明成果而沾沾自喜，也无须站在当今世界之角度否定古人独特的文化体系，将其扫进历史垃圾堆，而是需要一份温情与敬意，去真正理解、了解古人，重新发现中国文化之美。笔者认为，能站在中国文化本源性基础之上，以"了解之同情"去发现其本来的价值体系，就是对古人真正的尊重。所以，当我们认识中国古代文化时，如果一开始就抱着其是"理性科学"的态度，或者其是"荒诞神秘"的认知，这样的价值判断、"前见"与"前理解"，只会让我们离古代文化渐行渐远，而始终难以达到真正认识这种文化的本然面目。郑玄谶纬学思想，就是这样一种被"误解"的文化，当谶纬的标签被定性为"神秘""迷信""糟粕"之时，我们对于它的理解也只能止步于此。

　　当下而言，现时代的我们应该如何看待这些之前被认为是"糟粕"的思想？笔者认为，只有从郑玄本身的思想体系入手，对汉代经学抱有"了解之同情"，对于郑学的思想进行深层次的挖掘与开发，将郑玄谶纬学还原回郑学这一严密完整的经学概念体系之中，才能真正发掘郑玄谶纬学的价值。

第三节 本书逻辑与研究方法

一、本书逻辑与知识系统

（一）事实性知识与信仰性知识

知识，可谓是被验证过的正确而又被人们所相信的内容。一般认为：知识可以包括事实性知识和信仰性知识两种，事实性知识是那种无可争议而显而易见的知识，信仰性知识则是那种建立在信仰体系之上似乎有所争议的知识。但需要说明的是，事实性知识往往是信仰性知识的基础，信仰性知识往往是依据于事实性知识。换言之，信仰性知识与事实性知识都是建立在当时人们的认识判断之上的，即被当时人认为是正确的事实，我们必须要承认知识具有时代差异性。因此，古人相信并认为是正确的知识，我们也需要承认这种知识的合法性。

笔者认为谶纬起源具有两种知识模式：一是事实性知识，即谶纬起源于哀平之际（抑或是成哀之际），这是学界较为认可的通说；二是信仰性知识，即谶纬是孔子所作，真正代表了孔子的思想，这也是郑玄言孔子"改先王之法"而"阴书于纬，藏之以传后王"①的思想来源。所以，郑玄对于谶纬的认知也是一种信仰性知识。这种信仰性知识建立在当时代的事实性知识之上，即汉代学人认为其是正确而可以通过验证的有效性知识。这种知识，在我们今天看来或是具有荒诞不经之处，但古

---

① ［东汉］郑玄撰，［清］皮锡瑞疏证，吴仰湘点校：《发墨守箴膏肓释废疾疏证》，载吴仰湘编：《皮锡瑞全集》第四册，北京：中华书局，2015年版，第439页。

人并不作如此判断，所以要承认这种信仰性知识的价值。而且在历史与现实之中，真正起作用的往往是信仰性知识。

关于事实性知识与信仰性知识的分歧，也体现了关于真与善的反思，即历史思想研究中从来都会涉及求真与求善的分歧：是为了探求历史上最本真的真实性？还是需要接受求善的道德伦理性阐释？一般认为，事实性知识体现了求真的探索，信仰性知识体现了求善的认可，二者具有一定的张力：求真是为了更真实地认识历史，而不是曲解历史；求善是为了更好地理解古人，而不是强加自己的观点。所以笔者认为，求真是一种必不可少的方法，追本溯源以求极致，可以发现很多问题；但求善的态度要比求真的追本溯源更加重要，在面对古典文化时的温情脉脉，其实反映了今人对于古人的尊重，对于善意的认可，对于更多可能性的宽容。

另，历史事实具有唯一性，但是对历史事实的诠释具有多样性，我们应承认并积极应对这种多样性诠释的存在。历史事实的唯一性与解释的多样性，二者并不互相排斥。换言之，历史书写的自由度是有限制的，很多已经成型的历史事实并不容易篡改，但是历史研究的思维与方法是可以有更多自由度的，论从史出，二者并不矛盾，可以并存。对于理解来说，寻找更好的理解，不一定就是完全真实性的理解，而需要有更加广泛的视角、更加宏观的诠释。

（二）意义追问与客观性研究

今人研究古代思想，不可避免会展现两种意义倾向：站在今人视角之意义与站在古人视角之意义。站在今人视角的意义较为广泛，现今很多研究论文与专著皆如此；而站在古人视角以发现其在古人知识系统之中的意义，则相对欠缺。因此今人多以"文化优势"（某种程度上也是文化霸权主义）居高临下地评判、批评古人的知识系统，而没有做到对于古人的"了解之同情"。

所以，研究郑玄谶纬学，我们需要有一种意义追问，即一种与自我相通的双重认知：郑玄谶纬学的意义何在？我们要承认：意义并不等于价值或有用，意义也代表一种共识与认可。同时，意义并不是只对我们今人产生关系，古人的意义在于其各自充盈的知识体系之中。今人的判断不等同于古人的判断，我们要承认古人知识系统的正当性。因为知识体系是不断被塑造出来的，今人的观念也会被后人所"超越"。所以，真正的科学研究从来不是否定、无视或粉饰这种"传统"，而是给予其足够的温情与敬意。

对于谶纬学来说，纯粹的"客观"是不存在的，人一定会有立场与前见，抑或说是"所弊"与"所知障"，这是人类的局限性，却也是人类可以依仗之所在。我们不能忽略这种特性，那么就要承认并接受这种特性，即人总是主客观合一的产物，客观性是带有主观意味的。所以，对于郑玄谶纬学，能够认识到其中的意义，达到一种共识，就已经是一种建立在主观与客观融合基础上的"客观性研究"。

（三）经学逻辑与真假逻辑

经学逻辑是立足于经本身，信仰经的真实性而安放不同的文献，也可以说是求善的思维；真假逻辑则一定要区分真假，非此即彼，一定要在其中求一个真、一个假。求善的思维，看似彼此矛盾的地方也可以共存，因为二者融涉在一个更广阔的经学逻辑背景之下；求真的思维，遭遇矛盾之处则一定要剖判二者真假，因此矛盾之处，此处为真，他处必为假。

笔者认为，郑玄在面对经中出现礼制矛盾之处时，不会认为此处为真，彼处必为假，即不会只做非真即假、非此即彼之简单判断，这是研究经学思想时不可取的思路。郑玄整理经学不同文本，在统一经义的基础上会有一个完满性的解决方法，例如郑玄之"以《周礼》为宗"说，强调三礼统一，而以《周礼》为核心，故《礼记》也应以记载周礼为中心，但《礼记》文本中有一部分与周制不合的记录，郑玄解决问题的办法就是判定这些与周制不合的礼制，或是殷制，或为夏制，从而避免了经学分歧，实现了三礼之统合，这是郑玄经学逻辑中较为高明的说法。

今人或认为这种逻辑是有问题的，但今人逻辑不同于郑玄之思维逻辑，不可以此指摘郑玄。今人分析诸古典文献，也有非此即彼的简单性研究定论，而在郑玄的逻辑中则不会完全如此。继而言之，郑玄面对谶纬文献，则认为谶纬是孔子之作，而不是直接指摘谶纬是造假之作，并在其经学体系中给予其应有的层次与应得的地位，这是郑玄经学中必须重视而肯定的地方。这种逻辑与今人说法完全不一致，故此研究经学一定要立足于经学思维。

（四）总体研究逻辑说明

本书所研究之"郑玄谶纬学天论体系构建""郑玄谶纬学与汉代政治文化""郑玄谶纬学之祭礼论考"等中心章节，涵盖郑玄吸收谶纬学感生说与六天说思想、谶纬所论孔子感生—受命—改制思想、谶纬所言祭祀天神—地祇—祖先等内容所构建的郑玄谶纬学思想。因为郑玄思想博大精深，兼容并包，对于天论、汉制、祭礼等方面论述涵盖内容极多，故本书只基于谶纬学的天论体系基础上进行论述，而事实上这一部分内容也是郑玄谶纬思想的核心所在。所以，本书是关于郑玄谶纬学之研究，但并不是关于郑玄谶纬学之全部研究，换言之，本书是关于郑玄谶纬学中最为核心思想的研究，即谶纬天论体系与郑玄经学的关系，而不是对于郑玄谶纬学之全面性研究。通过郑玄谶纬学之天论体系这一最核心思想研究，可知谶纬学对于郑玄之重要性，也可以通过本研究了解郑玄思想中更为博大精深之所在。以本书之研究勾勒出一个不同于以往郑玄经学思想的模式，使得郑玄经学思想指向一个更为宏阔而不失细微的学术图景，是本书期许之处。

二、研究方法

（一）文献考据比较法

郑玄谶纬学所涵盖的内容较多、范围较广，前文已述者包括：郑玄谶纬注类文献、郑玄引谶纬注经类文献、其他郑氏作品中所反映出来的谶纬学思想文献、其他经学家对于郑玄谶纬学思想的评述与分析类文献。因此不同作品中的文献思想或大同小异，或似是而非，故均需将其放在同一结构之下进行辨析与比较，或运用图表以整齐划一作比较分析，或运用数据罗列材料以贯通前后，方可得出切实可信之结论。因此，郑玄谶纬学研究一定是要立足于文献本身，坚持言之有物、持之有据，在文献分析的基础上融会贯通，才能发掘郑玄谶纬学的真正价值。

（二）中西诠释法

诠释学是现代人文学科常用的研究方法之一，虽然其本身作为一种西方哲学流派，并不具备放之四海而皆准的有效性，但是在其范畴不断被扩大的基础上，也可以作为一种研究方法。具有代表性的论点，如德国哲学家伽达默尔认为在诠释学三位一体的"理解、解释、应用"中，应"通过解释、应用而达到理解"，即强调通过应用来理解，靠解释来理解。因此，理解是最重要的核心内涵，而解释与应用都是理解的手段而已。对于人文学科来说，就是在研究者与研究之文本对象之中达成一种直指人心的共识，实现"诠释学对话"。这种诠释思路对于中国传统文化的研究也具有极其深远的意义。中国传统的注经体例有传、记、注、疏、章句、笺释、疏证、正义、述议、解等，体现了对于经的不同诠释路向。而中西方诠释学的会通，则是学界必须重视的研究思路。所以余敦康先生认为："诠释学是哲学和哲学史的唯一的进路。"[1]成中英先生也认为伽氏之哲学诠释学比任何一种西方哲学更易于和中国哲学进行融合[2]。因此诠释学对于中国哲学与中国传统文化的研究来说，是有

---

[1] 余敦康：《诠释学是哲学和哲学史的唯一的进路》，载《北京青年政治学院学报》2005年第2期，第29—33页。但余先生认为中国有诠释学实践，但没有诠释学理论。

[2] 蔡德贵：《当代海外和港澳台儒学的五大学派》，载《探索与争鸣》2007年第10期，第15页。

其重要价值的。

具体关于中国古籍诠释的思路，刘笑敢先生认为包含"客观性"和"主观性"两大路径，即"面向文本与历史的客观性定向和面向当下和现实的主观性定向。两种定向在同一个理解、诠释、应用的过程中相互推移、纠结，其诠释作品就成了两种定向之间冲突、融合与妥协的结果，是内在的两种定向外化凝固的结果。"①因此，关于历史文本，需要回到历史中去研究，诉说表达历史者的原意，用文献学、训诂学、文字学等来表示历史"真实"；同时，历史文本中所体现出来的哲学性意义，则需要反向格义，使用其他进路，寻找其现代价值；这两种定向是统一的。清代经学家周贻徽在《诗经通论·序》中言："吾人读古人书，未尝不窃有所疑；然重视古人，不敢排击，非不敢也，不能也。偶获创解，而不能贯串全书，综核众说，自成一家言，则平日之窃有所疑者与一无所疑者何异！"所以，研究郑玄谶纬学的思想，不仅要"顺向"地回归传统，立足文本，同时也要"逆向"地加入自我思考，最终形成一个圆满的诠释体系，以"成一家之言"。

（三）二重证据法

现时代研究郑玄谶纬学的优势在于，新的文献资料在一定程度上可以补充古籍的缺乏，解决一些传统异义，并给研究带来启发与灵感。因此，与汉唐经学，尤其是与郑学有关的大量出土文献与海外文献，如敦煌经部文献、定州简本《论语》、海昏侯简帛、汉碑石刻、日本藏汉唐经书文本等，都可以与现存传世文献相对照，以此二重证据法来尽可能发掘最有价值的文献与资料，以推动郑玄谶纬学的研究。

---

① 刘笑敢：《从注释到创构：两种定向两个标准——以朱熹〈论语集注〉为例》，载《南京大学学报（哲学·人文科学·社会科学版）》2007年第2期，第98页。

第一章

郑玄谶纬学之相关考辨

第一节　郑玄经学及其时代风气

东汉可谓历史上经学极其繁荣之时代。《后汉书·儒林传》范晔论曰："自光武中年以后，干戈稍戢，专事经学，自是其风世笃焉。其服儒衣，称先王，游庠序，聚横塾者，盖布之于邦域矣。"[1]司马光说："自三代既亡，风化之美，未有若东汉之盛者也。"[2]顾炎武言："三代以下风俗之美，无尚于东京者。"[3]在东汉这种风化之美、儒学极盛的影响下，东京经学相比之西京经学，师法家法与学者各自思想都更加复杂而繁荣，从西京通一经到东京通五经的学者不胜枚举，对于经学的建构与整合，也出现了不同的进路。

一、纷繁统合：东汉之经学风气

东汉时代，经学流派众多，思想繁荣，异说纷起，经学思想呈现"争鸣"现象。

西汉时代，诸儒生多专治一经，博通五经者较少，是如清儒王捷南所言："西京儒者，自韩婴、申培、后仓、孟卿、庸生、江翁而外，学

---

① ［南朝宋］范晔撰，［唐］李贤等注：《后汉书》（点校本）第九册，北京：中华书局，1965年版，第2588页。

② ［宋］司马光编著，［元］胡三省音注，"标点资治通鉴小组"校点：《资治通鉴》，北京：中华书局，1956年版，第2173页。

③ ［清］顾炎武著，［清］黄汝成集释：《日知录集释》，上海：上海古籍出版社，2014年版，第752页。

士大都专治一经，兼经者概不多得而见。"①可知西京学者较少通五经者。然虽不多见，有名有姓者仍有数人，除以上韩婴等诸儒外，如《汉书·儒林传》载："仲舒通《五经》，能持论，善属文。"②可知董仲舒博通五经，但董子经学作品唯《天人三策》与《春秋繁露》等，并无遍注群经之举，而最终落脚点是公羊学。可以说，董子虽通五经，但最终只守一经，这是西汉经学所具备的独特性。《史记·太史公自序》载司马迁说："以拾遗补艺，成一家之言，厥协六经异传，整齐百家杂语。"《史记索隐》："《汉书》作'补阙'，此云'艺'，谓补六义之阙也。……迁言以所撰取协于六经异传诸家之说耳，谦不敢比经艺也。异传者，如子夏《易传》、毛公《诗》及韩婴《外传》、伏生《尚书大传》之流者也。"《史记正义》："太史公撰《史记》，言其协于六经异文，整齐诸子百家杂说之语，谦不敢比经艺也。异传，谓如丘明《春秋外传国语》、子夏《易传》、毛公《诗传》、《韩诗外传》、伏生《尚书大传》之流也。"③可知太史公司马迁作《史记》有"厥协六经异传"之意，即统合诸经异说，"六经"为《易》《书》《诗》《礼》《乐》《春秋》所代表之六艺之学，"异传"包括《国语》、子夏《易传》、毛公《诗传》、《韩诗外传》、《尚书大传》等六经传记，也均在六经系统之内，可知司马迁应为西汉通五经者。但太史公虽通六经，然最终会通于《史记》，并无注经之作。故此"前汉多专一经，罕能兼通。经学初兴，藏书始出；且有或为《雅》、或为《颂》，不能尽一经者。若申公兼通《诗》《春秋》，韩婴兼通《诗》《易》，孟卿兼通《礼》《春秋》，已为难能可贵。夏侯始昌

---

① [清] 王捷南：《五经异义疏证后序》，载 [清] 陈寿祺、[清] 皮锡瑞撰，王丰先点校：《五经异义疏证、驳五经异义疏证》，北京：中华书局，2014 年版，第 6 页。

② [东汉] 班固撰，[唐] 颜师古注：《汉书》（点校本）第十一册，北京：中华书局，1962 年版，第 3617 页。

③ [西汉] 司马迁撰，[南朝宋] 裴骃集解，[唐] 司马贞索隐，[唐] 张守节正义：《史记》（修订本）第十册，北京：中华书局，2014 年版，第 4027—4028 页。

通五经，更绝无仅有矣"①。

两汉之际至于东汉则不同。《后汉书·桓谭传》载：

> 桓谭字君山，沛国相人也。……博学多通，遍习五经，皆
> 诂训大义，不为章句。能文章，尤好古学，数从刘歆、杨雄辩
> 析疑异。②

《后汉书·杜林传》载：

> 杜林字伯山，扶风茂陵人也。……林少好学沈深，家既多
> 书，又外氏张竦父子喜文采，林从竦受学，博洽多闻，时称通
> 儒。……林前于西州得漆书《古文尚书》一卷，常宝爱之，虽
> 遭难困，握持不离身。出以示宏等曰："林流离兵乱，常恐斯
> 经将绝。何意东海卫子、济南徐生复能传之，是道竟不坠于地
> 也。古文虽不合时务，然愿诸生无悔所学。"③

桓谭、杜林学术渊博，而尤好古学、重视古文经，可知两汉之际时
已有儒生可通五经，而不只偏守一经，且多以古文经学家为主。《公羊

———————————

① ［清］皮锡瑞著，周予同注释：《经学历史》，北京：中华书局，2011年版，
第84页。

② ［南朝宋］范晔撰，［唐］李贤等注：《后汉书》（点校本）第四册，北京：
中华书局，1965年版，第955页。

③ ［南朝宋］范晔撰，［唐］李贤等注：《后汉书》（点校本）第四册，北京：
中华书局，1965年版，第934—935、937页。

序》徐彦疏引《繁露》云:"能通一经曰儒生,博览群书号曰洪儒。"①
另,《论衡·超奇篇》云:"能说一经者为儒生,博览古今者为通人,采
掇传书以上书奏记者为文人,能精思著文、连结篇章者为鸿儒。"②而汉
人对通儒的解释也在于其通古今之学而具有经世致用之才,否则只会泛
泛而谈,不能践行之,则是俗儒,如《风俗通·徽称》曰:"儒者,区
也,言其区别古今,居则玩圣哲之词,动则行典籍之道,稽先王之制,
立当时之事,纲纪国体,原本要化,此通儒也。若能纳而不能出,能言
而不能行,讲诵而已,无能往来,此俗儒也。"③可知随着经学的完善与
精密化,汉儒对于通五经也愈加重视,五经的交融贯通是经学发展的必
然趋势。而东汉时代,通儒如雨后春笋般涌出,如《后汉书·班固传》
载班固"博贯载籍,九流百家之言,无不穷究"④,可知班固通五经及
百家之学。皮锡瑞言:"后汉则尹敏习欧阳《尚书》,兼善《毛诗》《榖
梁》《左氏春秋》;……何休精研六经,许慎五经无双,蔡玄学通五
经。"⑤康有为亦言:

　　　观传古学诸人,杨雄则称"无所不见",杜林则称"博洽
多闻",桓谭则称"博学多通",贾逵则"问事不休",马融则

---

　　① 按:今本《春秋繁露》并不见此文。而《春秋繁露·重政第十三》载:"为
人师者,可无慎邪! 夫义出于经,经传,大本也。"苏舆言:"《公羊序》疏引《繁
露》云:'能通一经曰儒生,博览群书号曰鸿儒。'疑是此篇中脱文。"故仍作为董
子之言。见〔清〕苏舆撰,钟哲点校:《春秋繁露义证》,北京:中华书局,1992年
版,第149页。
　　② 张宗祥:《论衡校注》,上海:上海古籍出版社,2010年版,第278—
279页。
　　③ 〔东汉〕应劭撰,王利器校注:《风俗通义校注》(下),北京:中华书局,
1981年版,第619页。
　　④ 〔南朝宋〕范晔撰,〔唐〕李贤等注:《后汉书》(点校本)第五册,北京:
中华书局,1965年版,第1330页。
　　⑤ 〔清〕皮锡瑞著,周予同注释:《经学历史》,北京:中华书局,2011年版,
第84页。

"才高博洽"，自余班固、崔骃、张衡、蔡邕之伦，并以宏览博

达，高文赡学，上比迁、向者，并校书东观、传授古学。①

此外，康氏在《新学伪经考》中列《费易》《古文尚书》《毛诗》
《周官》《左氏春秋》《古论语》《古孝经》"小学""通学"等古文经传授
表目，认为两汉之际之于东汉时，可誉之"通学者"达五十三人之多②，
经学发展到"极盛时代"③，此言不虚。

东汉虽古文大盛，然立于官学者依然是西汉之今文经十四博士：
《易经》则施雠、孟喜、梁丘贺、京房四家；《尚书》则欧阳高、夏侯胜
（大夏侯）、夏侯建（小夏侯）三家；《诗经》则鲁（申公培）、齐（辕固
生）、韩（韩婴）三家；《礼》则戴德（大戴）、戴胜（小戴）两家；《春
秋》则公羊学之严彭祖、颜安乐两家。今文经之师法、家法严格，因此
十四博士之学一直是东汉官方经学。

除了今古文经学之外，东汉时代兴起了谶纬之学。清儒蒋清翊言：
"纬学东汉最盛。"④《后汉书·赵典传》载赵典"博学经书"而弟子众
多，未明言其与谶纬之关系，然谢承《后汉书》曰："（赵）典学孔子
《七经》《河图》《洛书》，内外艺术，靡不贯综，受业者百有余人。"⑤可
知赵典博学之"经书"，不仅包括七经，也有谶纬文献中的《河图》《洛
书》之学。另，《后汉书·苏竟传》载："苏竟字伯况，扶风平陵人也。

---

①［清］康有为著，姜义华、张荣华编校：《新学伪经考》，北京：中国人民大
学出版社，2010年版，第154—155页。

②［清］康有为著，姜义华、张荣华编校：《新学伪经考》，北京：中国人民大
学出版社，2010年版，第257—260页。

③［清］皮锡瑞著，周予同注释：《经学历史》，北京：中华书局，2011年版，
第65页。

④［清］蒋清翊：《纬学原流兴废考》（卷中），载姜忠奎：《纬史论微》，上海：
上海书店出版社，2005年版，第420页。

⑤［南朝宋］范晔撰，［唐］李贤等注：《后汉书》（点校本）第四册，北京：
中华书局，1965年版，第947页。

平帝世，竟以明《易》为博士讲《书》祭酒。善图纬，能通百家之言。"①蒋清翊言："（苏）竟与刘龚书，多引图谶占天象。"②《后汉书·景鸾传》言："景鸾……能理《齐诗》《施氏易》，兼受《河》《洛》图纬，作《易说》及《诗解》，文句兼取《河》《洛》，以类相从，名为《交集》。又撰《礼内外记》，号曰《礼略》。又抄风角杂书，列其占验，作《兴道》一篇。及作《月令章句》。凡所著述五十余万言。"③可知在东汉时代，赵典、苏竟、景鸾不仅是谶纬大家，而且博通五经、百家学说，亦可谓之通学。

故东汉以降，经学思想基本形成了三大派：今文经、古文经与谶纬学。西汉末年古文经大盛之后，今古之学彼此沟通与争锋加大，几次争论也各自产生了巨大影响；谶纬学经过杂谶纬到统一的图谶之学，也奠定了其"内学"地位，今古文二家之于谶纬，或反对，或接受，形成当时诸家学说会通的现象，这些都是东汉经学家面临的时代学术风气。

另一方面，繁荣之下的东京经学出现了繁琐化的问题，使得经说庞杂，并有功利化的倾向。如班固言：

> 自武帝立《五经》博士，开弟子员，设科射策，劝以官禄，讫于元始，百有余年，传业者浸盛，支叶蕃滋，一经说至百余万言，大师众至千余人，盖禄利之路然也。④

---

① ［南朝宋］范晔撰，［唐］李贤等注：《后汉书》（点校本）第四册，北京：中华书局，1965年版，第1041页。

② ［清］蒋清翊：《纬学原流兴废考》（卷中），载姜忠奎：《纬史论微》，上海：上海书店出版社，2005年版，第424页。

③ ［南朝宋］范晔撰，［唐］李贤等注：《后汉书》（点校本）第九册，北京：中华书局，1965年版，第2572页。

④ ［东汉］班固撰，［唐］颜师古注：《汉书》（点校本）第十一册，北京：中华书局，1962年版，第3620页。

对于经典的过度诠释问题也很严重，例如汉儒桓谭《新论》载："秦近君能说《尧典》，篇目两字之说，至十余万言，但说'曰若稽古'二三万言。"①由于文献缺失，并无法评判这部分经说内容之价值，但对于经学统合与确立简洁明快的统一性经义，显然是无益的。班固评论汉代六艺学也说："古之学者耕且养，三年而通一艺，存其大体，玩经文而已，是故用日少而畜德多，三十而五经立也。后世经传既已乖离，博学者又不思多闻阙疑之义，而务碎义逃难，便辞巧说，破坏形体；说五字之文，至于二三万言。后进弥以驰逐，故幼童而守一艺，白首而后能言；安其所习，毁所不见，终以自蔽。此学者之大患也。"②

繁琐化之后的今文经学出现了很多问题，不能对经学有更好的解说，有学者认为其成为"无用之学"，故皮锡瑞评论道："凡学有用则盛，无用则衰。存大体，玩经文，则有用；碎义逃难，便辞巧说，则无用。有用则为人崇尚，而学盛；无用则为人诟病，而学衰。"③因此，必须对于这些经学流派进行整合，同时对于经学无用之说进行删减，以实现经学的"经世致用"，以期构建起更完善的经学体系。

由于经学（亦包括谶纬学）是国家根基，官方统治哲学，因此汉王朝不能放任诸家各自为政，无有定论，故需要规范经典文献，统合经义。这也是秦汉以来"大一统"王朝的应有之义，从政治、经济、军事、思想到文化（经学），均如此。同时古文经学兴起之后，经学也成为学者构建经学体系的重要内容，所以学者个人统合经义的努力也成为汉代经学十分重要的特点。

杨天宇先生说："从为政治服务的角度来说，今文经学的烦琐化，

① ［东汉］桓谭撰，朱谦之校辑：《新辑本桓谭新论》，北京：中华书局，2009年版，第38页。

② ［东汉］班固撰，［唐］颜师古注：《汉书》（点校本）第六册，北京：中华书局，1962年版，第1723页。

③ ［清］皮锡瑞著，周予同注释：《经学历史》，北京：中华书局，2011年版，第90页。

固已愈益难餍统治者所需，而今古文经学之间对经书解说的歧异和争议，亦使经学日益背离'尊儒'的初衷。因此，改造传统经学的任务，自然就提到日程上来了。这种改造，在经学范畴内，就只能走融合的道路。今文经学虽烦琐，但并非一无是处。所谓融合，就是兼采今古文经学之长，革除今文经学的烦琐之弊，重新对经书作简明扼要的阐释，而造成一种新的经说。这一任务，在当时，只能由兼通今古的古文经学家来完成。"①杨氏论述对于传统经学改造只能走融合的道路，确为信论。然关于改造统合的主体，仍有值得商榷之处，因为在当时统合经学，尤其是今古文经与谶纬学的过程中，除了古文经学家，也有今文经学家，甚至还有官方统合的力量，均不容忽视。

由于经学在汉代具有国宪之地位，因此"整齐章句"是官学一直以来的努力。史书所载较为重要的统合经学之举，主要有西汉的石渠阁会议与东汉的白虎观会议②。

石渠阁会议召开于西汉宣帝甘露三年（公元前51年），由于宣帝本身政治身份认同的期望，石渠阁会议的核心议题是《穀梁传》《公羊传》异同以及《穀梁》是否立于官学等。然另一方面，经学已经是武帝之后国家政治文化的重要参照，因而如何平衡诸家学说，实现经学统一，也是石渠阁会议的重要内容。所以《后汉书·杨终传》载："宣帝博征群儒，论定《五经》于石渠阁。"③钱穆先生说："自汉武置五经博士，说经为利禄之途，于是说经者日众。说经者日众，而经说益详密，而经之异说益歧。经之异说益歧，乃不得不谋整齐以归一是。于是有宣帝石渠阁会议诸儒论五经异同之举。其不能归一是者，乃于一经分数家，各立

---

① 杨天宇：《略论汉代今古文经学的斗争与融合》，载《郑州大学学报（哲学社会科学版）》2001年第2期，第110页。

② 官方统一谶纬学的努力有王莽的"班《符命》四十二篇于天下"与光武的"宣布图谶于天下"，此处不作讨论，下文将重点论述之。

③ ［南朝宋］范晔撰，［唐］李贤等注：《后汉书》（点校本）第六册，北京：中华书局，1965年版，第1599页。

博士。其意实欲永为定制，使此后说经者限于此诸家，勿再生歧也。"①
可知石渠阁会议主要议题也在于论定五经异同以实现经学统合，刘向之
《五经通义》②即是根据石渠阁会议而作。最终会议形成《石渠议奏》一
百五十五篇，除少量见于杜佑《通典》外，皆散佚。③

白虎观会议召开于东汉章帝建初四年（79年），源于章帝下诏：

> 中元元年诏书，《五经》章句烦多，议欲减省。至永平元
> 年，长水校尉儵奏言，先帝大业，当以时施行。欲使诸儒共正
> 经义，颇令学者得以自助。④

"减省章句""共正经义"说明统合经义是白虎观会议的主要议题。
但白虎观会议相较之石渠阁会议，多了古文经与谶纬之学的争锋。"东
汉承新莽之后，古今文之争曾一度紧张，再加以谶纬思维的尊崇，经义
取舍难免有别，思想界之混乱可想而知，在这种背景下，因而有白虎观
会议的举行。"⑤正是由于东汉以来今文经学、古文经学、谶纬思想的争
锋，使得当时再次出现了解经繁杂无序的情形，所以必须统合经义。

白虎观会议最终形成了完整的《白虎通义》定本，保存较多汉代今

① 钱穆：《两汉博士家法考》，载氏著：《两汉经学今古文平议》，北京：商务印书馆，2001年版，第218页。

② 清儒陈寿祺言："《石渠议奏》肢体，先胪众说，次定一尊，览者得以考见家法。刘更生采之为《五经通义》，惜皆散亡。"见陈氏《五经异义疏证自序》，载[清]陈寿祺、[清]皮锡瑞撰，王丰先点校：《五经异义疏证、驳五经异义疏证》，北京：中华书局，2014年版，第4页。《五经异义》今日仅有辑本。

③ [清]皮锡瑞著，周予同注释：《经学历史》，北京：中华书局，2011年版，第77页。

④ [南朝宋]范晔撰，[唐]李贤等注：《后汉书》（点校本）第一册，北京：中华书局，1965年版，第138页。

⑤ 殷善培：《谶纬思想研究》，新北：花木兰文化出版社，2008年版，第182页。

文经十四博士之学。但《白虎通义》由汉章帝"称制临决"，班固整理成书，记载了当时诸家学说之定论，仍缺少统合经学的真正核心理论，因此并不是能完全自成体系之内容。由于官方统合经义，并没有实现完满经学理论的建立，东汉学者自身的统合之举就显得格外重要。

前文已述，东京比西京经学更加繁荣的地方在于更多东汉学者博通五经，不断建立各自的经学统合理论。如许慎用《五经异义》①和《说文解字》来统合经义，作出了一些贡献。《后汉书·许慎传》载：

> 许慎字叔重，汝南召陵人也。性淳笃，少博学经籍，马融常推敬之，时人为之语曰："《五经》无双许叔重。"……初，慎以《五经》传说臧否不同，于是撰为《五经异义》，又作《说文解字》十四篇，皆传于世。②

清儒陈寿祺于《五经异义疏证自序》中言："自建武以后，范升、陈元之徒，忿争谨哗，颇伤党伐。永元十五年，司空徐防言太学试博士皆以意说，不修家法，妄生穿凿，轻侮道术。以为博士及甲乙策试，宜从其家章句开五十难以试之，解释多者为上第，引文明者为高说。是时师法已衰，至安帝薄于艺文，博士倚席不讲，经术之风微矣。叔重此书，盖亦因时而作，忧大业之陵迟，捄末师之蹇陋也。"③可知许慎之《五经异义》有对于东汉以来之今古文经学出现的争论进行融合的倾向，并对其时博士不守师法、家法的经学进行回溯，对穿凿附会、不尊孔门之道的现象进行补救，以弥合诸经矛盾，重塑经术之风。但是《五经异

---

① 《五经异义》也是对于白虎观会议的总结，但记载了更多今古文之交锋的具体学派情况，较之《白虎通》只言结论，更能彰显东京经学之繁冗复杂。

② ［南朝宋］范晔撰，［唐］李贤等注：《后汉书》（点校本）第九册，北京：中华书局，1965年版，第2588页。

③ ［清］陈寿祺、［清］皮锡瑞撰，王丰先点校：《五经异义疏证、驳五经异义疏证》，北京：中华书局，2014年版，第4页。

义》并没有解决经学核心问题，多流于今古之争，并不能做到统合经义。而《说文解字》试图从文字上来统合经义以"纵贯万原"[①]，虽有对于经学文字的重大理论贡献，仍不是经学核心思想的统合。其余诸儒如古文家马融、今文家何休等，皆有以不同面向来建构其经学思想的努力，体现了东汉时代对于经学统合、建构完善的经学体系的时代需求。诸儒虽各有建树，但均难以建立较为完善的经学统合理论。

随着东汉在历史上趋近落幕，在诸多东京经学流派理论的影响与诸多先贤统合的努力之下，"经学统合"还未真正完全实现，而已经十分成熟的东汉经学思想正面临着总结与统一，故时代需要整理统合东汉乃至两汉时代的经学思想。郑玄正是在这样的背景下成长为东京经学的翘楚。

二、学贯今古：郑玄之学术背景

郑玄（127—200），字康成，北海高密人（今山东高密市），东汉经学家，被誉为"经神"[②]，可谓中国古代最著名之经学大师。古人除了直呼其名"郑玄"，或称其为"郑康成""康成"之外，也尊称其为"北海""郑君""北海郑君""郑司农""郑公""世儒宗""百世儒宗""后郑""纯儒""通儒"等，足见其人影响之大，后人尊敬有加。而今人对于郑玄的评价颇具现代性意味，如张舜徽先生说"他是中国历史上最著

---

① ［清］陈寿祺：《五经异义疏证自序》，载 ［清］陈寿祺、［清］皮锡瑞撰，王丰先点校：《五经异义疏证、驳五经异义疏证》，北京：中华书局，2014年版，第4页。

② 王嘉云："康成锋起而攻之，求学者不远千里，赢粮而至，如细流之赴巨海。京师谓康成为'经神'，何休为'学海'。"［晋］王嘉撰，［南朝梁］萧绮录，齐治平校注：《拾遗记校注》，北京：中华书局，1981年版，第155页。

名的经籍文献学家"①，彭林先生说"郑玄是中国古籍整理的奠基人"②，杨天宇先生也说"郑玄堪称是中国文化史上的一位伟人，一位学术巨匠"③。但只称其为"经籍文献学家""古籍整理的奠基人"等有失偏颇，同时称其为"伟人""巨匠"又语焉而不详，比较模糊。皮锡瑞评价郑玄："至郑君出而遍注诸经，立言百万，集汉学之大成。"④史应勇先生亦说"郑玄被称为两汉经学的集大成者"⑤，此说较为公允，颇合古义，也是学界共识。

范晔《后汉书》载郑玄作品颇丰："门人相与撰玄答诸弟子问《五经》，依《论语》作《郑志》八篇。凡玄所注《周易》《尚书》《毛诗》《仪礼》《礼记》《论语》《孝经》《尚书大传》《中候》《乾象历》，又著《天文七政论》《鲁礼禘祫义》《六艺论》《毛诗谱》《驳许慎五经异义》《答临孝存周礼难》，凡百余万言。"并高度评价："郑玄括囊大典，网罗众家，删裁繁诬，刊改漏失，自是学者略知所归。王父豫章君每考先儒经训，而长于玄，常以为仲尼之门不能过也。及传授生徒，并专以郑氏家法云。"⑥可知郑玄于汉代经学中地位之高，学术著作之丰硕。而郑玄之所以会取得如此高的经学成就，是与东汉的经学时代风气相一致的，郑玄的学术脉络也经历了纷繁统合的过程。

① 张舜徽：《郑学叙录》，载氏著：《郑学丛著》，武汉：华中师范大学出版社，2005年版，第1页。

② 彭林：《郑玄通学及郑王之争研究序》，载史应勇：《郑玄通学及郑王之争研究》，成都：巴蜀书社，2007年版，第2页。

③ 杨天宇：《郑玄三礼注研究》，天津：天津人民出版社，2007年版，第14页。

④ ［清］皮锡瑞著，周予同注释：《经学历史》，北京：中华书局，2011年版，第85页。

⑤ 史应勇：《郑玄通学及郑王之争研究》，成都：巴蜀书社，2007年版，第48页。

⑥ ［南朝宋］范晔撰，［唐］李贤等注：《后汉书》（点校本）第五册，北京：中华书局，1965年版，第1212—1213页。

郑玄少为乡啬夫，然不乐为吏，对华美服饰、高官厚禄皆不在意，言"此非我志，不在所愿"①。那么其志愿在何处？康成之志愿在于经学与时代学术。《郑玄别传》载："玄少好学书数，十三诵五经，好天文、占候、风角、隐术。……年二十一，博极群书，精历数图纬之言，兼精算术。"②随后去吏，入太学受业于第五元先，通《京氏易》《公羊春秋》《三统历》《九章算术》等；后又师承张恭祖，受《周官》《礼记》《左氏春秋》《韩诗》《古文尚书》等。因涿郡卢植引荐，受学于当时名儒马融。学成后游学十余年而归乡。党锢之祸起，被禁锢而潜心著述，遍注群经。何休其时亦被禁锢，作《公羊墨守》《左氏膏肓》《穀梁废疾》。康成于是作《发墨守》《箴膏肓》《释废疾》三书辩之。

从上文可知郑玄所学者十分驳杂，从天文历法到谶纬术数，从今文经学到古文经学，无所不学、无所不通。而郑玄所交游者皆为当世名家，其授业恩师第五元先、张恭祖、马融等，皆当世大儒，而康成与许慎、何休等经学大家皆有联系，驳许叔重之《驳五经异义》与驳何邵公之《驳何休三书》等说明康成积极参与当时的学术论争之中，对于诸多经学问题皆有其独到理解，引领一代风气，郑玄可谓东京最前沿的经学家。

经过系统的经学学习之后，郑玄并未以之为禄利之途，而是希望能"念述先圣之元意，思整百家之不齐"③，即传先圣作经之本意，整齐汉代注经杂说，以成统一之经学体系。余英时言："盖东京以降，经学有今古之分，异端纷纭，莫衷一是，而学者探根本、重义理之要求则与日俱增。郑玄之'网罗众家，删裁繁芜'，即相应于此一时代之需要而起

① ［南朝宋］范晔撰，［唐］李贤等注：《后汉书》（点校本）第五册，北京：中华书局，1965年版，第1207页。

② 周兴陆编著：《世说新语汇校汇注汇评》（上），南京：凤凰出版社，2017年版，第323页。

③ ［南朝宋］范晔撰，［唐］李贤等注：《后汉书》（点校本）第五册，北京：中华书局，1965年版，第1209页。

者也。郑学既出，众论翕然归之。"①故郑玄早年作《六艺论》以谶纬统合六经，其后郑玄经学的主体转变为"以《周礼》为宗"，说明郑玄在接受诸家学说思想之后，以此为基础而整合经义。所以，康成学说被称之为郑学、"通学"，其思想内容不仅兼容并包，而且又有极强的统合性，此即皮锡瑞言："郑君徒党遍天下，即经学论，可谓小统一时代。"②此说不谬，郑玄之"经学小统一"影响极远。

第二节　谶纬考辨

一、谶

一般认为，谶是方士或巫师编造的一种隐语、预言、文字、图录，可以预言吉凶。③但这种宽泛定义，虽然对于谶有"预言"的判定，并没有说明预言之后的"征验"义，也没有涉及谶的历史意义，尤其对于汉代谶纬文献中的"谶"到底所指何种文献，并未说明。《说文解字》言："谶，验也。从言韱声。"④《说文》此处对于"谶"的解释有两方面的含义：即"谶"的义释义"验"与"谶"的字形义"从言韱声"。

---

① 余英时：《士与中国文化》，上海：上海人民出版社，1987年版，第356页。

② [清] 皮锡瑞著，周予同注释：《经学历史》，北京：中华书局，2011年版，第103页。

③ 王力主编：《王力古汉语字典》，北京：中华书局，2000年版，第1305页。商务印书馆辞书研究中心修订：《古代汉语词典》，北京：商务印书馆，2014年修订版，第154页。

④ [东汉] 许慎撰，[北宋] 徐铉校定：《说文解字》，北京：中华书局，2013年版，第46页。

下文分而述之。

《说文》之六书理论区分汉字为六大类：象形、指示、会意、形声、转注、假借[1]，讝"从言韱声"，即《说文》所言形声字，隶属言部字。从字形上可以拆分为"言"与"韱"两部分，"从言韱声"指"言表意""韱表音"，即言为言说之意，表含义；"韱"表音，即与发音相关。"韱"是韭部字，在"讝"中自然有表音之意，但是否"韱"只表音而不表意？可以从"韱"字本义进行考证。

> 《说文》："韱，山韭也。从韭声。"
> 段注："韱，山韭也。山韭谓山中自生者。"[2]

"韱"意为山韭，即山中自生之韭菜，是为草本植物，亦可食用。而"韭"在《说文》中为："菜名。一种而久者，故谓之韭。"[3]许慎在解释"讝"时明确标记为"从言韱声"，而后儒认为《说文》中表音者无义。如《释名疏证·毕序》载毕沅比较《说文》与《释名》区别时言：

> "《说文》：'锦，从帛，金声。'凡为声者，皆无义，而此云：'锦，金也，作之用功（重），其价如金，故其制字帛与金（也）。'是以谐声之字为会意。"[4]

① 许慎之前，班固已在《汉书·艺文志》载："古者八岁入小学，故《周官》保氏掌养国子，教之六书，谓象形、象事、象意、象声、转注、假借，造字之本也。"此处与许慎提法不同，但内容一致。见［东汉］班固撰，［唐］颜师古注：《汉书》（点校本）第六册，北京：中华书局，1962年版，第1720页。

② ［清］段玉裁：《说文解字注》，北京：中华书局，2013年版，第340页。

③ ［东汉］许慎撰，［北宋］徐铉校定：《说文解字》，北京：中华书局，2013年版，第146页。

④ ［东汉］刘熙撰，［清］毕沅疏证，［清］王先谦补，祝敏徹、孙玉文点校：《释名疏证补》，北京：中华书局，2008年版，第5页。"（ ）"为毕沅所引缺者。

又云："案《说文》：'锦，襄邑织文也，从帛，金声。'是谐声字。从帛与金，说为会意，非制字之本旨矣。"①

毕沅之意，许慎《说文》中"某声"无意义，只表音，不表义，是谓"谐声字"；《释名》言"制字帛与金"，即是会意字，但并非锦字本义。

笔者认为，《说文》中所载大部分为形声字，而形声字中大量有会意的构造，即《说文》中含有大量的会意形声字②，如《说文》："性，人之阳气，性善者也。从心生声。"许慎认为"性"为形声字，然清儒阮元说："性字本从心从生，先有生字，后造性字。商、周古人造此字时即以谐声，声亦意也。"③阮氏认为"性"为会意字，但属于会意形声字，声亦表意，并认为是商、周时古人造字之法。由此可推之："谶"的"从言韱声"不能仅仅从"言表意""韱表音"来理解，因为"韱"不仅表音，也有表意的作用，故也要结合"韱"的本义"山韭"的特点来理解"谶"。山韭有"一种而久者"与"山中自生者"的特点，"韭"与"久"为同源字④，音近义通，即播种一次就可以多次收获，并非人为，而属自生生物，因此有长久自生之意。与言说相结合，就表明自然而然之语，即非人为所规定的言说，最终有多次可以应验之意，或谓证验的时间并非短暂，而有效时间较长，与许慎对"谶"作"验"的义释义相合。

---

① ［东汉］刘熙撰，［清］毕沅疏证，［清］王先谦补，祝敏彻、孙玉文点校：《释名疏证补》，北京：中华书局，2008年版，第150页。

② 许慎未言形声字之表音是否具有表意之用，但是有学者研究这一部分的"会意兼形声字"，又叫"兼声字""亦声字""形声兼会意字"，即形声字之表音文也具备表意文，参考黄永武：《形声多兼会意考》，台北：文史哲出版社，1984年版。

③《揅经室集·一集卷十·性命古训》，《四部丛刊》景清道光本。

④ "韭，久。两字同为见母，'韭'幽部，'久'之部，幽之旁转。"参见王力主编：《王力古汉语字典》，北京：中华书局，2000年版，第1638页。

另，"签"字可证明"韱"表意：

> 《说文》："签（籤），验也。一曰锐也，贯也。从竹韱声。"
>
> 段注："签（籤），验也。验当作譣。占譣然不也。小徐曰：签出其处为验也。"①

"签"（籤）字属竹部字，与言说无关，但属形声字，"从竹韱声"，为证验、占验之意，即占筮之测签之法，签出瓶为验，也是强调证验之意，而其为韱声，正说明"韱"的含义与证验相联系。

> 《说文》认为"韱"字含义为"验"，何者为验？
>
> 《说文》："验，马名。从马佥声。"
>
> 徐锴《说文解字系传》："验，马名。从马佥声。臣锴曰：今亦云效也。"②
>
> 段注"韱"字条："验本马名，盖即譣之假借。韱、验叠韵。"
>
> 段注"验"字条："验，马名。今用为譣字，证也，征也，效也。不知其何自始。验行而譣废矣。从马佥声。"③

关于"譣"字：

> 《说文》："譣，问也。从言佥声。《周书》曰：'勿以

---

① ［清］段玉裁：《说文解字注》，北京：中华书局，2013年版，第198页。

② ［南唐］徐锴传释，［南唐］朱翱反切：《说文解字系传》（四），北京：中华书局，1985年版，第543页。

③ ［清］段玉裁：《说文解字注》，北京：中华书局，2013年版，第91、468页。

譣人。'"

段注："譣，问也。按言部讖，验也。竹部签，验也。验在马部为马名。然则云征验者，于六书为假借，莫详其正字。今按：譣，其正字也。譣训问，谓按问。与试验、应验义近。"①

关于"征"字：

《说文》："征，召也。从微省，壬为征。行于微而文达者，即征之。"

段注："征，召也。召者，誖也。……按征者，证也、验也。有证验，斯有感召，有感召，而事以成，故《士昏礼》注、《礼运》注又曰：征，成也。依文各解，义则相通。……言行于隐微而闻达，挺箸于外，是乃感召之意也。"②

从上文可知，"譣"的义释义为验，验属马部，本义为马名。以"譣"字云为假借义，有"证也，征也，效也""按问"之意，即证验、征验、问验、效验、应验、成验之意。而征验强调先有征兆，后有验证，征兆与验证均不可或缺。因此，从字义来论：譣者，验也，譣有占验、征验之意，验，强调有效性。古人多讲征验是因为其有效果，具有有效性，而在秦汉时代，天的征验性要高于人间，这不同于先秦时代的人文化天道观，也不同于今日对于天的客观性理解，所以这种征验性对于汉人来说具有极高的价值，是一种实体化的天神言语，与直接对应着天神的星象相合，故古人认为譣所代表的就是这种极高的天意，与天命

---

① [清] 段玉裁：《说文解字注》，北京：中华书局，2013年版，第93页。
② [清] 段玉裁：《说文解字注》，北京：中华书局，2013年版，第391页。

相合①。天对于人的参照性在秦汉时代不可忽视，这也是郑玄经学中常见的内容。

《后汉书》本传载张衡之言："立言于前，有征于后，故智者贵焉，谓之谶书。"②故张平子认为谶是指先有言说，后有征验的内容。刘熙认为："谶，纤也。其义纤微而有效验也。"③《说文》言："纤（纖），细也。从糸韱声。"④"纤"字属糸部，有细微、细少之意，是从"韭"的另一含义出发，即韭菜叶茎的细长特征，引申为细微之意。因"韱"亦与征验义相合，故刘熙在此处强调所说之话细微而有证验。《说文解字系传》言："谶，验也。从言韱声。臣错曰：凡谶纬，皆言将来之验也。"⑤可知徐锴认为谶⑥是反映未来证验的内容。

谶与灵台关系密切。《后汉书·桓谭传》载："其后有诏会议灵台所处，（光武）帝谓谭曰：'吾欲以谶决之，何如?'"⑦"灵台"是古代帝王观察天文星象、妖祥灾异的重要建筑物。张衡《东京赋》云："左制

---

① 汉时谶之对象多指向帝王，偶尔会涉及将相等主要人物，与董仲舒言灾异与帝王相合的思路是一致的，也说明谶与灾异祥瑞等汉儒思想关键词具有一致性，在思想上是统一的，也可以认为二者具有某种继承性或学理上的关联性。而之后谶语逐渐下移，政治化因素依然存在，但已经指向了更多普通民众，具有普遍性，这也与经学对于现实政治的影响逐渐式微有关系。

② ［南朝宋］范晔撰，［唐］李贤等注：《后汉书》（点校本）第七册，北京：中华书局，1965年版，第1912页。

③ ［东汉］刘熙撰，［清］毕沅疏证，［清］王先谦补，祝敏徹、孙玉文点校：《释名疏证补》，北京：中华书局，2008年版，第212页。

④ ［东汉］许慎撰，［北宋］徐铉校定：《说文解字》，北京：中华书局，2013年版，第273页。

⑤ ［南唐］徐锴传释，［南唐］朱翱反切：《说文解字系传》（一），北京：中华书局，1985年版，第122页。

⑥ 徐氏已经将谶与纬看作是同一类型的文献。

⑦ ［南朝宋］范晔撰，［唐］李贤等注：《后汉书》（点校本）第四册，北京：中华书局，1965年版，第961页。

辟雍，右立灵台。"薛综注："司历纪候节气者曰灵台也。"①人间有灵台，天上则有"灵台星"相对，《晋书·天文志》载："其（太微）西南角外三星曰明堂，天子布政之宫。明堂西三星曰灵台，观台也，主观云物，察符瑞，候灾变也。"②可知灵台多与星象占卜相关，是古时重要的观测机构。《礼纬含文嘉》亦言："《礼》：天子灵台所以观天人之际、阴阳之会也。揆星度之验，征六气之端应，原神明之变化，睹日气之所验，为万物获福于无方之原，招大极之清泉以兴稼穑之根。仓廪实，知礼节；衣食足，知荣辱。天子得灵台之礼，则五车三柱明，制可行，不失其常，水泉川流，无滞寒暴暑之灾，陆泽山陵，禾尽丰穰。"③光武帝议"灵台"之位置，之所以要"以谶决之"，在于观测星象、司候节气、察符瑞、候灾变等本就是谶纬中的重要组成部分，所以光武欲以谶决议，其实反映了谶纬与灵台相合，具有依靠天象而预测吉凶的特质。而灵台与帝王受命关系极大，《易纬是类谋》曰："文王比隆兴，始霸伐崇，作灵台，受赤雀丹书，称王制命，示王意。"郑注云："入戊午蔀，二十九年时，赤雀衔丹书而命之。"④《易纬乾凿度》云："入戊午蔀，二十九年伐崇侯，作灵台，改正朔，布王号于天下，受录应《河图》。"郑注云："受命后五年而为此者，《孝经援神契》所谓'文王优游典部'。即上所纪者，数不可改，其名而应图，犹如也。如前世圣主，河图言之，其数故应也。"⑤因此，作灵台是王者受命的重要内容，正是通过天

① ［南朝梁］萧统编，［唐］李善注：《文选》（一），上海：上海古籍出版社，1986年版，第106页。

② ［唐］房玄龄等撰：《晋书》（点校本）第二册，北京：中华书局，1974年版，第292页。

③ ［清］赵在翰辑，钟肇鹏、萧文郁点校：《七纬（附论语谶）》（上），北京：中华书局，2012年版，第271页。

④ （日）安居香山、（日）中村璋八辑：《纬书集成》（上），石家庄：河北人民出版社，1994年版，第299页。

⑤ ［清］赵在翰辑，钟肇鹏、萧文郁点校：《七纬（附论语谶）》（上），北京：中华书局，2012年版，第49—50页。

象的谶语来判断受命根源。

两汉史书所载谶语极多，如《释名疏证补》引叶德炯曰："如秦语卢生奏录图曰：'亡秦者，胡也。'《史记·秦本纪》：'有人遮使者曰：今年祖龙死。'《汉书·高帝纪》：'妪曰：吾子白帝子也，今者赤帝子斩之。'《后汉·光武纪》：'宛人李通说光武云：刘氏复起，李氏为辅。'及货泉字文为白水真人之类，皆有效验。"①但这些谶语在谶纬文献中并不具备多少价值，很多内容也不能纳入谶纬文献之中。在东汉成型的谶纬文献中，谶主要包括光武八十一篇之《河图》《洛书》等文献。如《后汉书·祭祀上》载《河图赤伏符》曰："刘秀发兵捕不道，四夷云集龙斗野，四七之际火为主。"②《后汉书·光武纪》又言谶记曰："刘秀发兵捕不道，卯金修德为天子。"③因此《河图赤伏符》是谶无疑。

> 《一切经音义·慧琳音义·第四十六卷》："谶记：《三苍》④：谶，秘密书也。出《河》《洛》。《记（说）文》：谶，验也，谓占后有效验也。"⑤
>
> 《一切经音义·慧琳音义·第七十八卷》："谶记：《河》

---

① ［东汉］刘熙撰，［清］毕沅疏证，［清］王先谦补，祝敏徹、孙玉文点校：《释名疏证补》，北京：中华书局，2008年版，第212页。

② ［南朝宋］范晔撰，［唐］李贤等注：《后汉书》（点校本）第十一册，北京：中华书局，1965年版，第3165页；又见《后汉书·光武纪》载《赤伏符》曰："刘秀发兵捕不道，四夷云集龙斗野，四七之际火为主。"载［南朝宋］范晔撰，［唐］李贤等注：《后汉书》（点校本）第一册，北京：中华书局，1965年版，第21页。

③ ［南朝宋］范晔撰，［唐］李贤等注：《后汉书》（点校本）第一册，北京：中华书局，1965年版，第22页。

④ 秦李斯《苍颉》七章、秦赵高《爰历》六章、汉胡毋敬《博学》七章，汉代合此三书为《苍颉篇》，亦称为《三苍》。

⑤ 徐时仪校注：《一切经音义三种校本合刊》，上海：上海古籍出版社，2010年版，第1311页。

《洛》出瑞书也。征验也。"①

《文选·思玄赋》注引《仓颉篇》："谶书，河洛书也。"②

段注："谶，验也。验本马名，盖即谶之假借。谶、验叠韵。有征验之书。河、洛所出书曰谶。"③

段氏在此将"谶"文献化，采纳李善的说法，即并非所有反映征验性质的言语与论说都可以称之为文献意义上的谶，而是具体有所指，即《河图》《洛书》这样具有征验效果的具体文献才是汉代的谶④。《后汉书·光武帝纪》李贤注："谶，符命之书。谶，验也。言为王者受命之征验也。"⑤李贤之意在于谶是讲符命的书，与李善的"有征验之书"相合，而进一步说明，谶一定要与帝王受命相合，是揭示帝王受命的证验，而不是所有的谶语，这应是在经学化之后才产生的观点。李贤（655—684）与李善（630—689）为同一时代之人，对于谶的文献含义具体到《河图》《洛书》这样的受命之书，应该有较为相近的看法。那么，站在李善、李贤与段玉裁的角度，谶本身就是《河图》与《洛书》，而谶纬文献中又有《河图》《洛书》之篇章，说明谶在这种情况下就是专指某一类文献，具有了明确的文献属性。而在谶纬的所有文献中，谶代表了《河图》《洛书》，纬代表了《七经纬》，共同构成了谶纬的整全

---

① 徐时仪校注：《一切经音义三种校本合刊》，上海：上海古籍出版社，2010年版，第1885页。

② ［南朝梁］萧统编，［唐］李善注：《文选》（二），上海：上海古籍出版社，1986年版，第663页。

③ ［清］段玉裁：《说文解字注》，北京：中华书局，2013年版，第91页。

④ 后世也有不同之说，如胡应麟认为《河图》《洛书》是《易纬》："《河图括地象》……《洛书录运法》……等，寻其命名亦《易纬》之类。……《河图》《洛书》等纬皆《易》也。"［明］胡应麟：《少室山房笔丛》，上海：上海书店出版社，2001年版，第293—295页。

⑤ ［南朝宋］范晔撰，［唐］李贤等注：《后汉书》（点校本）第一册，北京：中华书局，1965年版，第3页。

性文献。这是在汉代谶纬成为主流价值思想，具备了经典文献形式之后才产生的看法，否则当《河图》《洛书》不具备具体的文献形式，是不可能被认作为谶。

另，台湾学者殷善培先生认为："《河图》《洛书》是受命之符瑞，说的准确些则是'即将受命的符瑞'。这，就是谶了。将此符瑞以文辞具体表述就成了'谶言''谶文'。"①郑玄对此亦有明确说明，如《六艺论》载："《河图》《洛书》，皆天神言语，所以教告王者也。"②这部分是谶而不是纬，说明从文献来源上讲，强调《河图》《洛书》中天神言语的内容十分重要，具有天神之语对于人间的征验性，所以郑玄早期《六艺论》言"六艺者，图所生也"，即言六艺具备这种神圣性，是从谶中而来。但郑玄注《易纬乾凿度》时云："言孔子将此应之而作谶三十六卷。"③可知郑玄此处将一般认为的纬书三十六篇也称之为"谶"，说明郑玄认可谶纬这两种文献其实具有同一性的内容，那么这种同一性的属性即是证验性。

综上诸家而言，谶可以定义为：含有细微、纤微之意，自然而然、非人为刻意所产生的，通过时间顺序在先的语言（文献）表达出来的，能经过长时段的检验，反映未来的王者受命的有征验的内容，并最终有效，与汉代政治文化密切相关。从汉世谶纬文献而论，谶所指应为《河图》《洛书》这样经学化之后并与帝王受命关系极大的传世文献。郑玄谶纬学中的"谶"，当以这种文献化的谶为研究内容，而不是所有包含谶的广义范围的零星谶语或者文本。

① 殷善培：《谶纬思想研究》，新北：花木兰文化出版社，2008年版，第13、44页。

② ［东汉］郑玄撰，［清］皮锡瑞疏证，吴仰湘点校：《六艺论疏证》，载吴仰湘编：《皮锡瑞全集》第三册，北京：中华书局，2015年版，第508页。

③ ［清］赵在翰辑，钟肇鹏、萧文郁点校：《七纬（附论语谶）》（上），北京：中华书局，2012年版，第51页。

二、纬

一般认为，纬之释义有四：第一是纬之本义，即"织物上的横线"，所以"编织""古筝之弦""缠，束"等皆从此意。第二是纬之引申义，由"织物的横线"引申为"东西向的道路或土地"、由"编织"引申为"组织、编写"以至于"治理"。第三是专指某一类事物，如段玉裁注"捻"字条中言："空首、稽首、顿首三拜为经，振动、吉拜、凶拜、奇拜、褒拜、肃拜为纬。"①又如《文献通考》所载："古人之论琴声有经，有纬，有从。宫商角徵羽文武以上为经声也，黄钟及大吕闰晖以上十三声为纬声也。"②说明经与纬已经延伸到日常生活的方方面面，所涵盖的含义也十分广泛。第四是专指某一类文献，纬书是汉代以神学内容附会儒家六经宣扬符箓瑞应占验的各种著作。③"神学附会"云云解释太过模糊，难以抓住纬书的本质，更不清楚纬书与谶的区别，也无法厘清纬书之文献属性。

《说文解字》云："纬，织横丝也。从系韦声。"不同于"谶"的义释义"验"是"谶"字假借，字形义也有不同含义，《说文》对于"纬"的解释是将义释义与字形义融合在一起而形成的。首先"纬"的义释义是"织横丝"，即织布的横丝，是丝在方位上的一种描述。则"纬"之本义为织线的横丝，仅仅是一种丝织物的组成部分。历代对于"纬"的解释也有"皮革"等意，这是从"纬"的本义而言，但并非唯一解释。而"纬"的字形义是"从系韦声"，表明"纬"是系部字，是丝一类的

① ［清］段玉裁：《说文解字注》，北京：中华书局，2013年版，第601页。

② ［宋］马端临著，上海师范大学古籍研究所、华东师范大学古籍研究所点校：《文献通考》（七），北京：中华书局，2011年版，第4184页。

③ 商务印书馆辞书研究中心修订：《古代汉语词典》，北京：商务印书馆，2014年修订版，第154、1537—1538页。

物品。按照形声会意字中"韦声"不仅表音，也表意的理解，"纬"的意义中也有"韦"的含义构成。

《说文》："韦（韋），相背也。从舛口声。兽皮之韦，可以束枉戾相韦背，故借以为皮韦。凡韦之属皆从韦。"

段注："韦，相背也。故从舛。今字违行而韦之本义废矣。……兽皮之韦，此韦当作围，谓绕也。"①

《说文通训定声》："兽皮之韦可以束枉。戾相违背，故借以为皮韦。按，熟曰韦，生曰革。"②

可知《说文》释"韦"字含义为"相背"，因为可用来缠束矫正弯曲相违之物，所以假借为"相背"，又有训为熟制兽皮等义。此两说皆不符合韦字本意。但段注"兽皮之韦，此韦当作围，谓绕也"，已经将其作"围绕"义。"韦"字甲骨文作"𤔔""𠁥""𤔮"，金文作"韋"，均为从囗从止之会意字：囗是邑的初文，即城邑；止即趾，脚趾之象形，甲骨文或作南北东三向（亦有东西南北四向），或作东西向，或作南北向；因此"韦"字整体会意为在城邑四周巡逻。③因此也可以认为韦是围绕之意，即人围绕着城邑周围而行进，如李孝定《甲骨文字集释》："（甲文）二止则象二人，或象多人。""韦实即古围字也。"徐灏《段注笺》："上下皆象革缕束物之形，中从⊙者，围绕之意。"④均将其作为围绕义解释之。故此在语义上，古人多取其"围绕"义，与纬之

---

① ［清］段玉裁：《说文解字注》，北京：中华书局，2013年版，第237页。

② ［清］朱骏声：《说文通训定声》（下），北京：中华书局，2016年第2版，第565页。

③ 从甲骨文、金文可知许慎《说文》中"韦"字的释义为误，因为许叔重其时未见甲骨文、金文中"从囗从止"的会意字，因此训为"从舛口声"的形声字。

④ 转引自［东汉］许慎著，汤可敬撰，周秉钧审订：《说文解字今释》（上册），长沙：岳麓书社，1997年版，第733页。

"织横丝"义相合。故纬之"织横丝"是与经之"织纵丝"之义相关的。

《说文》："经，织也。从糸巠声。"此处许慎并没有对"经"作"织纵丝"的释义，段注依《太平御览·卷八百二十六》补"从丝"二字："经，织从丝也。……织之从丝谓之经，必先有经而后有纬，是故三纲五常六艺谓之天地之常经。"①可知经纬本义都与丝有关，经为纵丝，纬为横丝，经纬缠绕方成锦。所以在《说文》中与纬相关者都是指横丝："杼，机之持纬者。""绺，纬十缕为绺。""緷，纬也。""绡，帛青经缥纬。"②但在文字演化过程中，经因其纵丝的特殊性，相当于事物之根本，遂成为经典之意③，才有了段氏所谓"三纲五常六艺谓之天地之常经"，而织布顺序是先有经后有纬，因此纬在经后。段注："纬，织衡丝也。……汉人左右六经之书谓之秘纬。"④纬（横丝）因缠绕经（纵丝）而成，这种意向附会到经典中就是纬书，所以段注说"汉人左右六经之书谓之秘纬"，即在六经之旁，辅翼六经的文本就是纬。⑤刘熙《释名·释典艺》也是顺着这样的思路来论述纬之性质："纬，围也。反覆围绕以成经也。"即纬是围绕经而成，取纬的"围绕"义。《释名疏证补》补充道："案古言经纬皆对文，地球以南北极为枢纽，有经纬度，日月绕地球东西而行，是纬度也。此云反覆围绕，正是此义。苏舆曰：纬之为书，比傅于经，辗转牵合，以成其谊。今所传《易纬》《诗纬》诸书，

---

① ［清］段玉裁：《说文解字注》，北京：中华书局，2013年版，第650页。

② ［东汉］许慎撰，［北宋］徐铉校定：《说文解字》，北京：中华书局，2013年版，第118、272、274页。

③ 姜广辉先生认为：经、径、茎、胫等字均有"直而长"的特点，是基于漫长植物采集生活而形成的认识，"经"作为织机的纵线义较晚起，经典之"经"也是晚起之引申义。见姜广辉主编：《中国经学思想史》（第一卷），北京：中国社会科学出版社，2003年版，第27页。

④ ［清］段玉裁：《说文解字注》，北京：中华书局，2013年版，第651页。

⑤ 抑或说是纬有左右六经，即对于六经解释的重要影响力。

可得其大概。故云'反覆围绕以成经'。"①苏舆认为纬地位不同于经，此处"反覆围绕以成经"指的是"纬之为书，比傅于经，辗转牵合，以成其谊"，即纬书依附经而牵合经文，因此纬书地位低于经书。

学界多论"经纬"，二者一般相对而说，所以纬在很多诠释的语境下都与经相关。经"织（纵）丝"，则纬是"织横丝"，二者在织线上一一对应；经书是儒家经典，纬书则是经书的对应，也有相应的文献，在某种程度上纬书可以看作经书的注解。例如：

> 《孝经·庶人章第六》："谨身节用，以养父母，此庶人之孝也。"②
>
> 《孝经援神契》："庶人行孝曰畜，畜者含蓄为义。庶人合情受朴，躬耕力作，以蓄其德，则其亲获安，故曰畜也。"③

可知此处《孝经纬》之文是对《孝经》的注释，有深化经文之意。

但容易忽略的问题是："东汉人所讲求学习的'图谶''纬候''纬术''星纬''谶纬'之'纬'，常常是指星象。"④在经纬对应的系统中，有经星纬星之分，如《史记·天官书》云："故紫宫、房心、权衡、咸池、虚危列宿部星，此天之五官坐位也，为经，不移徙，大小有差，阔狭有常。水、火、金、木、填星，此五星者，天之五佐，为纬，见伏有

---

① ［东汉］刘熙撰，［清］毕沅疏证，［清］王先谦补，祝敏徹、孙玉文点校：《释名疏证补》，北京：中华书局，2008年版，第211页。

② ［清］皮锡瑞撰，吴仰湘点校：《孝经郑注疏》，北京：中华书局，2016年版，第46页。

③ ［清］赵在翰辑，钟肇鹏、萧文郁点校：《七纬（附论语谶）》（下），北京：中华书局，2012年版，第677页。

④ 吕宗力、栾宝群：《纬书集成前言》，载（日）安居香山、（日）中村璋八辑：《纬书集成》（上册），石家庄：河北人民出版社，1994年版，第2页。

时，所过行赢缩有度。"①古人将二十八宿诸恒星称作经星，将运行于二十八宿黄道圈的木、火、土、金、水五行星称作纬星，经星不动，纬星动，也与经之纵线与纬之横线义相合②。郑玄注《易纬乾凿度》亦云："五纬，五星也。"③而吕宗力、栾宝群二位先生认为纬书中天文占、五行占和史事谶的内容特别多，尤其是天文占的内容约占现存纬书佚文的一半以上④。因此，木、火、土、金、水五纬之功用并不是客观之天象，对于汉人来说，五纬之作用在于卜筮、预测吉凶，指导人间政治，预示王者受命。如《开元占经》："日月运行，历示吉凶。五纬更次，用告祸福。则天心于是见矣。"⑤所以纬也是此类预测吉凶之所在的依据，因此在占验性质上，谶纬都具备预测有效性的特质。清儒"谶驳纬醇"之划分在纬书中不能作为定论，纬书中言占验者不胜枚举。例如，徐锴在《说文解字系传》解释"谶"字条时说："凡谶纬，皆言将来之验也。"⑥说明徐锴认为纬与谶一样，都是反映将来证验的内容，有征验的效果，这是论述纬的预言性质与征验效果，与纬的本义并无关系，取谶与纬的共性，即对于纬的征验义进行阐发。事实上，纬书中也含有大量的带有征验、命历性质的内容，从纬书标题即可窥一二：如《易纬通卦验》《尚书帝命验》等，说明谶与纬都与证验有关；而与命历时期相关者尤多，如《尚书运期授》《诗纬记历枢》《礼纬稽命征》《孝经钩命决》《春

---

① ［西汉］司马迁撰，［南朝宋］裴骃集解，［唐］司马贞索隐，［唐］张守节正义：《史记》（修订本）第四册，北京：中华书局，2014年版，第1608页。

② 王力主编：《王力古汉语字典》，北京：中华书局，2000年版，第934页。

③ ［清］赵在翰辑，钟肇鹏、萧文郁点校：《七纬（附论语谶）》（上），北京：中华书局，2012年版，第30页。

④ 吕宗力、栾宝群：《纬书集成·前言》，载（日）安居香山、（日）中村璋八辑：《纬书集成》（上册），石家庄：河北人民出版社，1994年版，第3—4页。

⑤ ［唐］瞿昙悉达：《开元占经》（上），北京：九州出版社，2012年版，第2页。

⑥ ［南唐］徐锴传释，［南唐］朱翱反切：《说文解字系传》（一），北京：中华书局，1985年版，第122页。

秋元命包》《春秋感精符》《春秋汉含孳》《春秋佐助期》等，说明谶纬系统多与此相合。而这也是一般区分谶纬不同者所忽略之处。

具言之，从部分纬书之内容也可以看出纬之征验义。如作为《易纬》之首的《稽览图》，《四库全书总目提要》说：

> 其书首言卦气起《中孚》，而以《坎》《离》《震》《兑》为四正卦，六十卦卦主六日七分。又以自《复》至《坤》十二卦为消息，余杂卦主公卿大夫，候风雨寒温以为征应。……至所称轨数之数，以及世应游归，乃兼通于日家推步之法。……"天元甲寅以来，至周宣帝宣政元年"，则似甄鸾所推甲寅元历之术。①

日本安居香山、中村璋八两位先生也认为："《稽览图》以节候征应为主，依卦立言，主要按六日七分之候进行论述。"②可知《易纬稽览图》本以二十四节气之征候与六十四卦相结合为核心，观测天气变化以之为征验，因此其中征验性质一直是其核心内容，并非直接解经之用，不存在"纬以配经"的性质。另外，二十四节气本为观测太阳运行之轨迹所致，与"纬"即行星关系极大，也具有征占之意，可见此处《易纬》当与星象有关，而《稽览图》命名其中有"图"字，可知其与天文图相合，更知此处"图纬"之所在。在整个谶纬体系中，卦气说关系极大，说明候气之说的重要性，而候又是直接受天气影响所致，此处更凸显了谶纬中的纬也与天象、天体相合，也与谶的征验义相通。而其中所推"甲寅元"等更是汉代涉及确定历元、改元受命、改历等内容，与天

---

① ［清］永瑢等撰：《四库全书总目》（上），北京：中华书局，1965年版，第46页。

② （日）安居香山、（日）中村璋八：《解说》，载（日）安居香山、（日）中村璋八辑：《纬书集成》（上册），石家庄：河北人民出版社，1994年版，第18页。

象更是联系紧密，可知《稽览图》本身之历元观与汉代核心思想之联系，这些内容按汉人理解，也就是郑玄认为孔子所改先王之法而阴书于纬，传后王之深意。

此外，《易纬通卦验》，《四库全书总目提要》论述其主旨为："核其文义，似于'人主动而得天地之道，则万物之蕴尽矣'以上为上卷。'曰：凡《易》八卦之气，验应各如其法度'以下为下卷。上明稽应之理，下言卦气之征验也。"①可见其与卦气征验有关。《纬书集成》也认为《通卦验》是论述"八卦、暑气之应"的内容。②《易纬是类谋》，《四库全书总目提要》言其主旨云："其间多言機祥推验，并及于姓辅名号，与《乾凿度》所引《易历》者义相发明。而《隋书·律历志》载周太史上士马显所上表亦有'玉羊金鸡'之语。则此书固隋以前言术数者所必及也。"③可知此书与征验相合，记载帝王受命之历，正与纬之星占义同。《孝经钩命决》曰："予谁行，赤刘用，帝三建孝，九会备，专兹竭行，封岱青。"④此处《孝经钩命决》有揭示汉帝王受命之征验的论述，可知纬书中论此道者犹多。

因此，《后汉书·祭祀志上》载："建武元年已前，文书散亡，旧典不具，不能明经文，以章句细微相况八十一卷，明者为验，又其十卷，皆不昭晰。"⑤"八十一卷"是为光武宣布图谶八十一篇于天下，其中有七经纬三十六篇，《后汉书》认为其"明者为验"，故此纬书亦为征验书

---

① ［清］永瑢等撰：《四库全书总目》（上），北京：中华书局，1965年版，第47页。

② （日）安居香山、（日）中村璋八：《解说》，载（日）安居香山、（日）中村璋八辑：《纬书集成》（上册），石家庄：河北人民出版社，1994年版，第20页。

③ ［清］永瑢等撰：《四库全书总目》（上），北京：中华书局，1965年版，第47页。

④ ［清］赵在翰辑，钟肇鹏、萧文郁点校：《七纬（附论语谶）》（下），北京：中华书局，2012年版，第731页。

⑤ ［南朝宋］范晔撰，［唐］李贤等注：《后汉书》（点校本）第十一册，北京：中华书局，1965年版，第3166页。

之明证矣。

在唐代以前，中国古代的星象天文学一直是以占星术为主要形式，占星术主要面对国家政治、帝王圣人、自然灾异等内容，具有宏大的政治属性。占星术预测即将发生的重要内容，具有预言属性，与谶的属性相合。因此在谶纬中的纬作为星纬来解释时，其中的占星属性是值得重视的，也是谶纬中谶与纬结合的重要连接点。

因此，纬书的形成，不可仅仅认为是附会经书而成，纬书中有大量描绘天象以预示王者受命的内容，这一部分占有的比例不可小觑。殷善培认为"图纬"与天文学有关，其所论騄栝于下：第一，谶纬篇名多与星象相关，可知谶纬与天文学有关；第二，中国传统天文学是星占学，代表天命转移，而天文学春秋战国以来大兴，星占不能没有星图，即"图纬"之"图"；第三，纬在天文用语中指行星，尤指五星。星图称"图"，星象称"纬象"，合称为"图纬"。但殷氏又言：纬除了指星纬之外，也指释经之纬，是从天文学角度而展开的诠释方式，可以说是特殊的传注，图纬释经配有相应的"图"。图纬与天文推步有关，将之用在矫造符命、预言，强调其征验，便产生了图谶，在光武革命前后成为通称，指一切预决吉凶者。但是光武宣布图谶于天下后，图谶的预言功能逐渐失落，图谶成为一种文献而无"谶"的功能。由于官方重视图谶之学，学者"争学图纬"以解经，"图谶"转变为"图纬"。但是此时的"图纬"变成一种释经的文献，与之前"图纬"是特殊的传注并不同。东汉末年，"图纬"又发生转变，重视其释经功能者以"纬书"名之而略其"图"；重视其预言功能者又矫造符命渗入其中，故又称之为"图谶"。因此，或称为谶，或称为纬，或称为谶纬，渐有混用的现象。[1]这种分类对于谶纬的变化发展是有厘清的效果，有助于对谶纬认识的深

---

① 殷善培：《谶纬思想研究》，新北：花木兰文化出版社，2008年版，第34—35页。

化。但问题是东汉末年，郑玄之于谶纬，多是几种称谓共用，而郑玄并没有矫造符命，但是依然称其为"谶"，仅仅以东汉末年，谶纬再次流行，郑玄也是谶纬混用的代表来作为解说，实难服人。①

刘师培《谶纬论》所言谶纬有善者六：补史、考地、测天、考文、征礼、格物。②但这几方面均是从刘氏认为"善者"而论，并非谶纬全部特征。在汉代，谶纬的天文占、征验、帝王受命的重要性要更加显著，这是正确认识谶纬的先决条件，换言之，谶纬作为汉代的一种思想，其具有受命与解释天道的依据，因此其在汉代的地位并不是在经学之下，甚至要高于经学。但后世尊经贬谶纬，今人认识亦然，谶纬成为怪力乱神之学的代表而地位愈低，残缺不全。但这种认识并不符合东汉之社会现实，研究谶纬应立基于东京之学，方可寻其真意。

纬之起源时间，张衡认为源于"哀平之际"，学界多从之。但也有学者把纬的起源归之更早的"成哀之际"③，郑万耕先生也认为纬书起源时间可向前推至成帝或略早，"纬书的成书不可能晚于汉成帝年间"④。李中华先生则认为："纬之名后起，而纬之实却渊源甚古。……汉代张衡、荀悦……认为谶纬之名起于西汉哀平之际则可，但认为谶纬之实也起于该时则不可。……原始儒者可能兼治'经''纬'，孔子以后，儒者分化，一部分专治'经'，一部分专治'纬'，至汉代，二者又

---

① 殷善培：《谶纬思想研究》，新北：花木兰文化出版社，2008年版，第36页。

② 黄锦君选编：《刘师培儒学论集》，成都：四川大学出版社，2010年版，第142—143页。

③《儒藏·通纬逸书考》的校对者言纬书"形成于汉成帝时"，见［清］黄奭撰，郑杰文、李梅训校点：《通纬佚书考》，载于《儒藏》精华编第一三一册：经部谶纬类，北京：北京大学出版社，2013年版，第9页。

④ 郑万耕：《扬雄及其太玄》，北京：北京师范大学出版社，2009年版，第68页。

汇合，出现兼治'经''纬'的儒者。"①李氏所描述的"纬"应属纬的形式，即纬所具备的解经、传经特点，但不能说成型的纬书文献已于孔子之后形成。一般认为，纬书成型于哀平之际，张衡作为距离西汉较近而且对纬书有批判的学者，所说应属事实。但成帝时代应有部分纬文出现，可称之为谶纬的母本，是谶纬的重要组成部分，当属信论。

纬之文献构成，主要包括光武图谶八十一篇之三十六篇，即《易纬》《书纬》《诗纬》《礼纬》《乐纬》《春秋纬》《孝经纬》②等，所谓谶纬的核心部分，也是目前所能见到的谶纬主体文献。这部分是纬而不是谶，说明从文献来源上讲，是与经相对应的文献，即《七经》而有《七纬》，强调了其经学特质，但不可忽视其与谶亦有诸多相似之处。

三、谶纬

一般认为，谶纬是"汉代流行的神学迷信。谶和纬的合称。'谶'是方士、巫师编造的一种隐语或预言，预决吉凶。'纬'指附会六经宣扬符箓瑞应占验的各种著作"。③谶、纬皆有占验之意，当为信论。④但完全以"神学迷信"而论谶纬则语焉不详，对于谶与纬二者之具体关

---

① 李中华：《谶纬与神秘文化》，北京：中央编译出版社，2008年版，第10—12页。

② 此处亦有争议，详见下文分析。

③ 商务印书馆辞书研究中心修订：《古代汉语词典》，北京：商务印书馆，2014年修订版，第154页。

④《后汉书·方术列传序》言东汉时可以"探抽冥赜，参验人区，时有可闻者""望云省气，推处祥妖，时亦有以效于事"的方术包括：《河》《洛》之文、龟龙之图、箕子之术、师旷之书、纬候之部、钤决之符、风角、遁甲、七政、元气、六日七分、逢占、日者、挺专、须臾、孤虚之术等。而谶纬文献（《河》《洛》之文、纬候之部）赫然在列，说明谶纬文献都具有占验人事而有效的特性。见［南朝宋］范晔撰，［唐］李贤等注：《后汉书》（点校本）第十册，北京：中华书局，1965年版，第2703页。

系，也不明确。

张衡认为："立言于前，有征于后，故智者贵焉，谓之谶书。……成、哀之后，乃始闻之。……则知图谶成于哀平之际也。且《河洛》《六艺》，篇录已定，后人皮傅，无所容篡。"①张衡言及图谶，并未明言谶纬，然《河洛》，即《河图》《洛书》，是谶纬文献中的谶；《六艺》，即七经纬，是谶纬文献中的纬，故此处图谶是指谶纬之总体文献，则张平子之意谶纬成于哀平之际，即谶纬文献定型于哀平时期。但哀平之后，光武帝经过三十年时间整理图谶，并于中元元年"宣布图谶于天下"，这与"哀平之际"已相隔半个世纪之久，此时修改、成型的谶纬才是最后"无所容篡"的定本。因此，张衡此说并未考虑最终定型之光武本，论述不完备。另，王先谦在《后汉书集解》中引阎若璩之言则说："纬起哀、平，而平子言成、哀之后乃始闻之。读班书《李寻传》，成帝元延中，寻说王根曰'五经六纬，尊术显士'，则知成帝朝已有纬名矣。"②阎氏认为成帝时已有纬名，确为的论。上文已述，纬书形成于"哀平之际"，但成帝时已有若干纬文出现，张衡亦言"成、哀之后，乃始闻之"，故此谶纬之发展"经哀、平、新三朝，至光武帝时整理定型为图谶八十一篇。后有郑玄、宋均、宋衷（中）等为之作注，也不断掺入后代文人随现实需要的增衍造作"。③因此，整体的谶纬文献当在光武时定型。

关于涵摄于谶纬中的谶与纬归属之争论，历来犹多。《隋书·经籍

---

① ［南朝宋］范晔撰，［唐］李贤等注：《后汉书》（点校本）第七册，北京：中华书局，1965年版，第1912页。

② ［清］王先谦：《后汉书集解》上册，扬州：广陵书社，2006年影印本，第632页。

③ ［清］黄奭撰，郑杰文、李梅训校点：《通纬佚书考》，载《儒藏》精华编第一三一册：经部·谶纬类，北京：北京大学出版社，2013年版，第9页。另，李梅训论谶纬文献初本形成于汉成帝时代，"谶纬起于哀平说"是为对张衡奏疏之"误解"，见李梅训：《谶纬文献初步形成于汉成帝时期考》，载《齐鲁学刊》2013年第1期，第50—53页。

志》载："说者又云，孔子既叙六经，以明天人之道，知后世不能稽同其意，故别立纬及谶，以遗来世。"①可见其认为谶纬不同。胡应麟《四部正讹》亦然："世率以谶纬并论，二书虽相表里而实不同。纬之名所以配经……凡谶皆托古圣贤以名其书，与纬体制迥别。盖其说尤诞妄，故隋禁之后永绝，类书亦无从援引，而唐、宋诸藏书家绝口不谈。"②《四库提要》承之："儒者多称'谶纬'，其实谶自谶，纬自纬，非一类也。谶者诡为隐语，预决吉凶。……纬者，经之支流，衍及旁义。"③李学勤先生亦赞同之，认为谶纬不同，"谶……就是预言"，而"纬的命名，本以配经而言""纬书依托于孔子""纬……总是要解经"，纬书中杂入谶的内容，并非主体。因此，谶纬是不同的。④与此相对，吕宗力、栾宝群诸先生认为纬书是对一批流行于西汉末年至东汉末年的带有相当神秘色彩的书籍的总称，因此，"东汉人言及谶、纬，从来是混为一物，不加区分的，而谶非解经明矣。所以陈槃先生称纬书为谶书之别名，确为卓见"⑤。

从起源而论，今日所见谶之文献起源应比纬更早，与上古传说有关。⑥《易纬乾凿度》载孔子曰："《洛书摘六辟》曰：'建纪者，岁也。成姬仓有命在河，圣孔表雄，德庶人受命，握麟征'。《易历》曰：'阳

① ［唐］魏徵、［唐］令狐德棻撰：《隋书》（点校本）第四册，北京：中华书局，1973年版，第941页。

② ［明］胡应麟：《少室山房笔丛》，上海：上海书店出版社，2001年版，第295页。

③ ［清］永瑢等撰：《四库全书总目》（上），北京：中华书局，1965年版，第47页。

④ 李学勤：《纬书集成序》，载（日）安居香山、（日）中村璋八辑：《纬书集成》（上册），石家庄：河北人民出版社，1994年版，第2—3页。

⑤ 吕宗力、栾宝群：《纬书集成前言》，载（日）安居香山、（日）中村璋八辑：《纬书集成》（上册），石家庄：河北人民出版社，1994年版，第2页。

⑥ 徐兴无承接汉儒桓谭、今人陈槃之意，认为谶比纬要早，成型的文献要比纬的经学化时代更早，见徐兴无：《谶纬文献与汉代文化构建》，北京：中华书局，2003年版，第15—17页。

纪天心。'"①《易纬》引用《洛书》，可知《洛书》在先而《易纬》在后，而《洛书》为谶，《易纬》为纬，可知从谶与纬的划分来论，谶先纬后。因此，谶纬从文献与起源来说，二者不同，谶多载天神言语，具有征验的属性，起源更早；纬是与经相对，也有星纬之意，具有一定征验属性，起源较晚。周德良先生认为，从谶与纬起源之时间节点、早期各自主体文献与思想内涵来说，谶与纬异名当有异实。②但在西汉哀平之际，谶纬逐渐合流，成为一种文献，一类思想学说，并无优劣、主从之别。所以，"在汉人的著述中所谓'经谶''图谶'实际上都包括纬书，而'谶''纬'也往往互称，并无区别。……就谶纬的实质来看，谶与纬只是异名同实"。③

《后汉书》之记载将谶纬连用，据此可以认为汉时已然将谶纬视作一体：

> 《后汉书·薛汉传》："薛汉……尤善说灾异谶纬，教授常数百人。"④
>
> 《后汉书·廖扶传》："廖扶……专精经典，尤明天文、谶纬，风角、推步之术。"⑤

魏晋乃至隋唐时，谶纬连用之例更加普遍：

---

① ［清］赵在翰辑，钟肇鹏、萧文郁点校：《七纬（附论语谶）》（上），北京：中华书局，2012年版，第51页。

② 周德良：《〈白虎通〉谶纬思想之历史研究》，新北：花木兰文化出版社，2008年版，第44页。

③ 钟肇鹏：《谶纬论略》，沈阳：辽宁教育出版社，1991年版，第9—11页。

④ ［南朝宋］范晔撰，［唐］李贤等注：《后汉书》（点校本）第九册，北京：中华书局，1965年版，第2573页。

⑤ ［南朝宋］范晔撰，［唐］李贤等注：《后汉书》（点校本）第十册，北京：中华书局，1965年版，第2719页。

左思之《魏都赋》："藏气谶纬，阅象竹帛。"①

《隋书·经籍志》："炀帝即位，乃发使四出，搜天下书籍与谶纬相涉者，皆焚之，为吏所纠者至死。"②

郑玄亦明确提出"谶纬"这一说法，并认为谶纬是孔子所作：

孔子虽有圣德，不敢显然改先王之法，以教授于世。若其所欲改，其阴书于纬，藏之以传后王。……《公羊》正当六国之亡，谶纬见。③

《周易乾凿度》："'别序圣人，题录兴亡，州土名号，姓辅妄符'。"

郑玄注："言孔子将此应之而作谶三十六卷。"④

上文已述，谶纬在郑玄经学体系中当合二为一，异名同实，不仅是谶与纬文献上的合一，同时也有谶即纬，纬即谶的认识。郑玄谓孔子作谶纬，是在谶纬合一的基础上来论，即孔子作"谶"，亦可称之为孔子作"纬"。

钟肇鹏先生认为谶纬起源问题可分为十二类：源于上古"河图""洛书"、源于《易经》、源于古之太史、源于太古、起于周代、起源于春秋之世、源出于孔子、源出于七十子之徒、起于战国之末、始于秦王

① ［南朝梁］萧统编，［唐］李善注：《文选》（一），上海：上海古籍出版社，1986年版，第267页。

② ［唐］魏徵、［唐］令狐德棻撰：《隋书》（点校本）第四册，北京：中华书局，1973年版，第941页。

③ ［东汉］郑玄撰，［清］皮锡瑞疏证，吴仰湘点校：《发墨守箴膏肓释废疾疏证》，载吴仰湘编：《皮锡瑞全集》第四册，北京：中华书局，2015年版，第439页。

④ ［清］赵在翰辑，钟肇鹏、萧文郁点校：《七纬（附论语谶）》（上），北京：中华书局，2012年版，第51页。

朝、起源于邹衍、出于西汉之末等说法。①钟氏之论基本上涵盖了从古至今关于谶纬起源讨论的全部说法。但汉代主流观点是谶纬乃孔子之作，此说延续后世，如《华阳国志》引谯周等言："河洛符验，孔子所甄。"②《全三国文》引刘豹等上言："臣闻《河图》《洛书》，五经谶纬，孔子作甄，验应自远。"③可知谶纬是孔子所作，并有应验之征，是汉人通识，蜀汉时亦然。

因此有学者指出，对于谶纬起源会产生诸多异说，而异说的产生也就代表着对谶纬的重新定位与评价。④故康有为区分谶与纬，认为纬书"虽非孔子所作，亦必孔门弟子支流余裔之所传也"，谶书则是"刘歆王莽所伪作……与纬皆相刺谬，与今学悖驰"。⑤是康南海为其《新学伪经考》建构一套刘歆伪造经典之依据。而崔适言："纬书乃古文之支流，图谶其尤妖妄者，创自刘歆以媚莽。"⑥盖崔氏受康有为之影响，认为图谶是刘歆所造以迎合新莽。所以对谶纬的研究，需要厘清不同时代背景之下不同论者的不同观点。对于郑玄来说，他认为谶纬是孔子所作，这是研究郑玄谶纬学必须重视的地方。谶纬是孔子之作代表谶纬的地位是经，谶纬非孔子之作，即谶纬非圣人之作，代表谶纬的地位是传，或子书，经与传或子书的地位与价值不可同日而语。因此，郑玄将谶纬与经看作同样地位，原因就是郑玄笃信谶纬是孔子所作，此说一直被郑玄所

① 钟肇鹏：《谶纬论略》，沈阳：辽宁教育出版社，1991年版，第11—26页。

② ［晋］常璩著，任乃强校注：《华阳国志校补图注》，上海：上海古籍出版社，1987年版，第376页。

③ ［清］严可均辑，马志伟审订：《全三国文》（下），北京：商务印书馆，1999年版，第607页。

④ 殷善培：《谶纬中的宇宙秩序》，新北：花木兰文化出版社，2008年版，第12页。

⑤ ［清］康有为：《郑康成笃信谶纬辨》，载氏著：《康子内外篇（外六种）》，北京：中华书局，1988年版，第142、143页。

⑥ ［清］崔适：《春秋复始》，《箴何篇·杂引谶纬》，北京：北京大学出版部，1918年排印本。

坚持，也是研究郑玄谶纬学必须承认之处。

陈槃先生在《古谶纬书录解题·易说》中提及《白虎通》引谶方式：

> 考《白虎通》引图谶抑或曰"说"，如卷七《考黜篇》引《礼说》，陈立《疏证》曰："此《礼含文嘉》文也。"又《圣人篇》引《礼说》，《疏证》曰："皆《含文嘉》文。"案《白虎通》引谶纬，或曰"谶"（《诛伐篇》引《孝经谶》《春秋谶》；《辟雍篇》引《论语谶》；《日月篇》引《谶》曰）；或直称谶纬篇名（《爵篇》引《援神契》《钩命决》《中候》《含文嘉》等），是其时引谶纬，不以为嫌也。然则其引谶纬而代之以某某《经》说者，简略之辞，或则其原书之称本自如此，与康成引书之因避嫌者，自有别也。①

另，《古谶纬书录解题·易传》亦言："是《传》者百家书之通名，非私名也。唯然，故谶纬书往往亦以为称。……《白虎通义·五经篇》引《尚书璇玑钤》、《五刑篇》引《孝经钩命决》，并谓之《传》，是也。"②

可知陈槃先生认为《白虎通》征引谶纬方式有四种："谶""直称谶纬篇名""某说"与《传》。前义已述，郑玄注经时在党锢之中，因此郑玄之"某某说""某某纬""秘书""图谶"等称谓皆指谶纬类文献。而"图谶"连用，在两汉典籍中也十分常见，如《后汉书·李育传》载："李育……以为前世陈元、范升之徒更相非折，而多引图谶，不据理体，

---

① 陈槃：《古谶纬研讨及其书录解题》（下），上海：上海古籍出版社，2010年版，第536页。
② 陈槃：《古谶纬研讨及其书录解题》（下），上海：上海古籍出版社，2010年版，第542页。

于是作《难左氏义》四十一事。"①张衡言："则知图谶成于哀平之际也。"②之所以图谶可以并用，在二者皆有征验的有效性，并具有从属关系，即图是谶文献构成之一，如《释名疏证补》引苏舆言："此图谓图谶之图，故与纬谶连文。《河图挺佐辅》：'黄帝至于翠妫之川，鲈鱼折溜而至，兰叶朱文以授黄帝，名曰《绿图》。'则图本谶之属。"③可知谶纬之称谓方式在汉代复杂多变，具有多种形式。

谶纬中有《尚书中候》一书，首次征引见于《白虎通·爵篇》，郑玄对其亦有注。《后汉书·方术列传序》"纬候之部"李贤注云："纬，七经纬也。候，《尚书中候》也。"④章怀明言汉代谶纬文献中的"候"指《尚书中候》。关于《尚书中候》的成书，谶纬文献认为其是孔子编订可为后世法的百二十篇，分为《尚书》一百二十篇与《尚书中候》十八篇，如《尚书璇玑钤》曰："孔子求《书》，得黄帝玄孙帝魁之书，迄于秦穆公，凡三千二百四十篇，断远取近，定可以为世法者，百二十篇。以百二篇为《尚书》，十八篇为《中候》。"⑤此说后人多不信从，故《经义考·毖纬三》言："《中候》专言符命，当是新莽时所出之书。"⑥任蜜林先生认为《尚书中候》的形成当在刘歆之后。⑦因《白虎通·爵

---

① ［南朝宋］范晔撰，［唐］李贤等注：《后汉书》（点校本）第九册，北京：中华书局，1965年版，第2582页。

② ［南朝宋］范晔撰，［唐］李贤等注：《后汉书》（点校本）第七册，北京：中华书局，1965年版，第1912页。

③ ［东汉］刘熙撰，［清］毕沅疏证，［清］王先谦补，祝敏徹、孙玉文点校：《释名疏证补》，北京：中华书局，2008年版，第211页。

④ ［南朝宋］范晔撰，［唐］李贤等注：《后汉书》（点校本）第十册，北京：中华书局，1965年版，第2704页。

⑤ ［清］赵在翰辑，钟肇鹏、萧文郁点校：《七纬（附论语谶）》（上），北京：中华书局，2012年版，第189页。

⑥ ［清］朱彝尊撰，林庆彰等主编：《经义考新校》第九册，上海：上海古籍出版社，2010年版，第4754页。

⑦ 任蜜林：《西汉论语学传承与〈论语纬〉》，载《中国社会科学报》2014年12月1日，第A06版。

篇》引《尚书中候》，故钟肇鹏先生说："可见《中候》在东汉初已流行，其成书当与《尚书纬》相先后。"① 《尚书中候》其说受刘歆影响，有文献支持；然其书是否新莽时所出，是否与《尚书纬》同时产生，或有争议，然《中候》言符命则确为信论。

候，一般认为其有以下含义：第一，侦察，探听之意；第二，"古代在国境和道路上负责守望、侦探即迎送宾客的官吏"；第三，守望，观察之意；第四，等候，等待，迎接之意；第五，看望，问候之意；第六，诊察之意；第七，占验之意；第八，服侍之意；第九，五天为一候；第十，气候，时节之意；第十一，征兆之意；第十二，随时变化的情况；第十三，姓。② 总体而言，与谶纬相合的"候"指的是通过观察一些征兆而进行占验，从而判断吉凶，这与谶、纬的占验含义是相通的。需要说明的是，《尚书中候》中的"候"更多具有候星，即占验星象之意。③ 此说于汉代其他经典亦然，如《淮南子·兵略训》："明于奇（正）赉、阴阳、刑德、五行、望气、候星、龟策、机祥，此善为天道者也。"④ 《汉书·天文志》载："臣主共忧患，其察机祥候星气尤急。近世十二诸侯七国相王，言从横者继踵，而占天文者因时务论书传，故其占验鳞杂米盐，亡可录者。""元光中，天星尽摇，上以问候星者。对曰：'星摇者，民劳也。'后伐四夷，百姓劳于兵革。""孝昭始元中，汉宦者梁成恢及燕王候星者吴莫如见蓬星出西方天市东门，行过河鼓，入营室中。恢曰：'蓬星出六十日，不出三年，下有乱臣戮死于市。'"⑤

---

① 钟肇鹏：《谶纬论略》，沈阳：辽宁教育出版社，1991年版，第51页。

② 商务印书馆辞书研究中心修订：《古代汉语词典》，北京：商务印书馆，2014年修订版，第558页。

③ 商务印书馆辞书研究中心修订：《古代汉语词典》，北京：商务印书馆，2014年修订版，第559页。

④ 张双棣：《淮南子校释》（下），北京：北京大学出版社，2013年版，第1650页。

⑤ [东汉]班固撰，[唐]颜师古注：《汉书》（点校本）第五册，北京：中华书局，1962年版，第1301、1306页。

因此，候气与候星，二者含义是一致的，都是对于星象的占验。殷善培先生认为："所谓'候'即占候。"①张家国先生认为，占候可以分为广义与狭义二者，"广义的占候术，举凡天地山川、日月星辰、风雨雷电、霜雪雾霾、云气虹蜺等天文现象、四时气候、相地相宅、候风望气、相人解梦、候金银气，以及有关人身、草木、禽兽的各种物象之占，如喷嚏、眼瞤、耳热、艾草、钱花、鹊噪等皆属其类"，狭义的占候则是"观察日月风雨云彩、霜雪雾霾雷电、虹蜺、眼瞤以及龙蛇虫鱼五谷的异象"。②《尚书中候》中所反映出来的占候是狭义性的，主要在于以星象占验吉凶与受命之符。而所以用《尚书》命名之，在于《尚书》中的《尧典》《禹贡》诸篇有物候的内容，借《尚书》推占候，于是有《尚书中候》。③

陈槃先生言："谶纬诸篇，其称谓如是无拘；而其性质，复如是名异实同。"④因此，"谶""纬""说""传""图""书""候""符""录"等称谓都可以是谶纬文献的代称，并且都与天象征验等内容相关。但在不同文献中需要进行具体分析，剖判其是否为谶纬类文献。

---

① 殷善培：《谶纬思想研究》，新北：花木兰文化出版社，2008年版，第61页。

② 张家国：《神秘的占候》，南宁：广西人民出版社，1994年版，第3—4页。

③ 殷善培：《谶纬思想研究》，新北：花木兰文化出版社，2008年版，第61—62页。

④ 陈槃：《古谶纬研讨及其书录解题》（上），上海：上海古籍出版社，2010年版，第178页。

第三节　郑玄与谶纬关系论略

一、谶纬历代版本（注本）与演化过程

陈槃先生认为谶纬之成书可分为三个阶段：第一阶段从战国后期至秦始皇统一中国建立秦帝国为终期，此时谶纬，虽有邹衍之学而大放光彩，但谶纬文献仍若隐若显；第二阶段是两汉、三国时期，为谶纬极盛时代，今日所见谶纬篇目，即奠定于此时；第三阶段为六朝以来至今，材料增多，但不甚重要。①笔者赞同陈氏言两汉、三国为谶纬极盛时代，但对于第一阶段史籍所载语焉而不详，多不作谶纬出于邹衍之说，第三阶段陈氏认为不甚重要，然其可说之处亦不少。故本书重新剖判谶纬历代版本与注本，从西汉初本至辑佚本，可论者有四大阶段。

（一）西汉初本：成哀母本与王莽"符命四十二篇"

《汉书·李寻传》载李寻说王根云："五经六纬，尊术显士。"颜师古注引孟康曰："六纬，《五经》与《乐纬》也。"张晏曰："六纬，《五经》就《孝经纬》也。"颜师占按："六纬者，《五经》之纬及《乐纬》也。孟说是也。"②李寻说王根为西汉成帝元延时事，可知汉成帝时已经出现了谶纬的早期版本。因此，阎若璩认为："成帝朝已有纬名矣。"③

---

① 陈槃：《古谶纬研讨及其书录解题》（上），上海：上海古籍出版社，2010年版，第97页。

② ［东汉］班固撰，［唐］颜师古注：《汉书》（点校本）第十册，北京：中华书局，1962年版，第3179—3180页。

③ ［清］王先谦：《后汉书集解》上册，扬州：广陵书社，2006年影印本，第632页。

但需注意的是，不能过分扩大谶纬之范围，如像四库馆臣所言："如伏生《尚书大传》、董仲舒《春秋阴阳》，核其文体，即是纬书。"①这就把谶纬的内容扩大了，并不能真正梳理出比较明确的谶纬主体文献。

《汉书·王莽传》载：王莽以丹书"告安汉公莽为皇帝"成为"摄皇帝"，"符命之起，自此始矣"。三年后新莽又以应谶"摄皇帝当为真"之名正式登基，以"新"代"汉"，改元始建国。后为"欲绝其原以神前事"②，始建国元年（9年）秋，王莽"班《符命》四十二篇于天下，《德祥》五事，《符命》二十五，《福应》十二，凡四十二篇"。③这是历史上谶纬类文献的第一次大规模整合。惜王莽"符命篇"谶纬只言片语几乎不存，故难以考辨其与今本传世谶纬之间的关系，仅仅可知当时已经有成型的文献，而这一部分肯定与新莽应天命等内容有关。④

荀悦《申鉴·俗嫌篇》载："世称纬书，仲尼之作也。臣悦叔父故司空爽辨之。盖发其伪也，有起于中兴之前，终、张之徒之作乎。"⑤荀悦认为在光武帝建立东汉之前，谶纬已有文本，作者为"终、张之徒"，何谓"终、张之徒"？任蜜林先生认为"终、张"应为二人姓氏，"'终'指终军是毫无疑问的，因为《汉书》列传中姓终的只此一人。……考虑到纬书的形成与经学有关，因此，其中有些人可以排除在

① ［清］永瑢等撰：《四库全书总目》（上），北京：中华书局，1965年版，第47页。

② ［东汉］班固撰，［唐］颜师古注：《汉书》（点校本）第十一册，北京：中华书局，1962年版，第3584页。

③ ［东汉］班固撰，［唐］颜师古注：《汉书》（点校本）第十二册，北京：中华书局，1962年版，第4112页。

④《汉书·王莽传》载："其《德祥》言文、宣之世黄龙见于成纪、新都，高祖考王伯墓门梓柱生枝叶之属。《符命》言井石、金匮之属。《福应》言雌鸡化为雄之属。其文尔雅依托，皆为作说，大归言莽当代汉有天下云。"载［东汉］班固撰，［唐］颜师古注：《汉书》（点校本）第十二册，北京：中华书局，1962年版，第4112页。

⑤ ［东汉］荀悦撰，［明］黄省曾注：《申鉴》，载《诸子百家丛书》，上海：上海古籍出版社，1990年版，第22—23页。

外，这样一来便只有张禹和张山拊二人了。张山拊所传为《尚书》，其学来自夏侯建。夏侯建的尚书学以章句为主，不讲阴阳灾异。这样看来，'终、张之徒'的'张'指的可能就是张禹"。①《汉书·艺文志》载："《终军》八篇。"经史所载张禹之学，主要是《论语》学②，但有学者考证："《论语纬》出于夏侯胜后学。因为后来张禹的《论语》一支独行，而且张禹是夏侯胜的学生，所以《论语纬》与张禹之学有密切关系。"③谶纬之早期文本历来难考，无有清晰轨迹可循，后世学者考证多有臆测之嫌，但可认定的是：在光武宣布图谶之前，所谓"终、张之徒"所造之谶纬应有具体文献，可以看作早期谶纬雏形，亦可认为是后世纬书母本之一。

由上文可知，成哀时已有谶纬文献问世，为何保留刘向、刘歆父子校书思想的《汉书·艺文志》中不载谶纬类文献？可以确定的是，刘歆传图谶之学，如《后汉书·李通传》载："（李守）初事刘歆，好星历谶记，为王莽宗卿师。"④又如，吕凯先生亦认为："刘歆不惟以谶纬助王莽篡位，且以谶纬杂于《左传》而广授弟子，得其传者为郑兴与贾逵。"⑤但为何刘歆不录谶纬于《汉志》？张衡说："刘向父子领校秘书，阅定九流，亦无谶录。"⑥清儒于《四库提要·古微书》言："刘向《七

① 任蜜林：《西汉论语学传承与〈论语纬〉》，载《中国社会科学报》2014年12月1日，第A06版。
② 《论语注疏》邢疏言："安昌侯张禹受《鲁论》于夏侯建，又从庸生、王吉受《齐论》，择善而从，号曰'张侯论'，最后而行于汉世。"载［三国魏］何晏集解，［北宋］邢昺疏：《论语注疏》，载［清］阮元校刻：《十三经注疏》（五），北京：中华书局，2009年影印本，第5332页。
③ 任蜜林：《西汉论语学传承与〈论语纬〉》，载《中国社会科学报》2014年12月1日，第A06版。
④ ［南朝宋］范晔撰，［唐］李贤等注：《后汉书》（点校本）第三册，北京：中华书局，1965年版，第573页。
⑤ 吕凯：《郑玄之谶纬学》，台北：台湾商务印书馆，2011年版，第155页。
⑥ ［南朝宋］范晔撰，［唐］李贤等注：《后汉书》（点校本）第七册，北京：中华书局，1965年版，第1912页。

略》，不著纬书。然民间私相传习，则自秦以来有之，非为卢生所上。"①认为刘向校书时，民间私学谶纬者犹多，但并非刘向所吸收之内容。陈槃先生道："张衡之言，不为无因，然而未得其实。盖当时谶书，皆秘内府，宣帝时，霍山移写秘书，至于坐罪。见者盖寡，故张氏云尔。"②陈氏认为张衡之言并不准确，因为当时谶纬皆藏之内府，不允许外传，因此刘向父子无校对之权，故此不能称其时无谶纬。张惠言亦言："刘歆之于纬，精矣。当其时，《河》《洛》之文大备，而《七略》不著录，将以符命之学，出于其中，在所禁秘耶？"③张氏认为刘歆精于谶纬，而《七略》之所以不载，是因为谶纬为符命之学，故藏之中秘，不可以示人。民国学者夏曾佑云："刘歆为莽腹心，亲典中书，必与闻莽谋，且助成莽事，故为莽杂糅古书，以作诸古文经，其中至要之义，即'六经皆史'一语。盖经既为史，则不过记已往之事，不能如西汉之演图比谶，预解无穷矣。"④夏氏认为刘歆必见过谶纬，但因"六经皆史"之校书思想，谶纬不符合这一主题，因此不被收录。方志平先生认为："《七略》《汉书·艺文志》不著录谶纬文献，体现了编纂者的政治观念，同时也说明我国古典目录学在初创时期就已经充分表露出为统治阶级服务的阶级性。"⑤方氏之言表明《汉志》的编纂具有政治属性，这一点虽然可以认同，但仍然缺乏学理性论证，况且以阶级分析理论分析古典文化，今不可取。郑万耕先生则认为一方面是因为《七略》未著录的西汉著述大量存在，谶纬没有收录于《七略》并不奇怪，另一方面是

---

① ［清］永瑢等撰：《四库全书总目》（上），北京：中华书局，1965年版，第280页。

② 陈槃：《古谶纬研讨及其书录解题》（上），上海：上海古籍出版社，2010年版，第162页。

③ ［清］张惠言：《易纬略义序》，载氏著，黄立新校点：《茗柯文编》，上海：上海古籍出版社，1984年版，第56—57页。

④ 夏曾佑：《中国古代史》，石家庄：河北教育出版社，2000年版，第362—363页。

⑤ 方志平：《谈谶纬文献》，载《文献》1993年第4期，第136页。

与王莽有关，"或许因为王莽'欲绝其原'，不准再搞图谶符命，而刘歆将所录纬书之类删掉了"。①此说言《七略》未收录的西汉著作大量存在，确为信论。故徐建委先生认为："《汉志》乃是刘向、刘歆父子所校'新书'之目录，而非西汉当世所传文献（或曰'旧书'）目录。《汉志》书目的实质，有两点尤为重要：其一，它记录了西汉末年有哪些文献的文本形式发生了革命性的变化，而非西汉末年曾有哪些书流传。其二，《汉志》更近于一部'类目'，而非'书目'，即它虽然不是当时所有文献的记录，但却可以反映当时世传文献的主体类型。"②可知《艺文志》不载谶纬类文献，在于刘向、刘歆父子整理西汉皇家藏书时，谶纬类文献并未具有成型的结构与文本形式，因此并未发生革命性的变化，当时有谶纬必定无疑，但是却不是刘向、刘歆父子收录的主体内容。

笔者推论，早期的成哀母本与新莽本，都是谶纬定本的重要参考对象，光武本对于这些早期版本或吸收，或删改，因此西汉初本对于谶纬的发展具有重要价值。③

（二）东汉定本：光武"图谶八十一篇"与东汉注本

两汉之际，风云变幻，早期的谶纬版本或遗失，或丰富，出现了较

---

① 郑万耕：《扬雄及其太玄》，北京：北京师范大学出版社，2009年版，第68—69页。

② 徐建委：《〈汉志〉与早期书籍形态之变迁》，载《复旦学报（社会科学版）》2016年第1期，第8页。

③ 姜忠奎言："王莽讹谶以谋逆，光武假纬而称帝。"见姜忠奎：《纬史论微自序》，载姜忠奎：《纬史论微》，上海：上海书店出版社，2005年版，第2页。姜氏似言王莽所依据为谶，光武所依据为纬，然光武所依据之《赤伏符》是《河图》之一，应为谶书系统。但二者互文，并无谶纬之别，王莽与光武皆依据谶纬而称帝。故《后汉书·方术列传序》言："后王莽矫用符命，及光武尤信谶言，士之赴趣时宜者，皆骋驰穿凿，争谈之也。"［南朝宋］范晔撰，［唐］李贤等注：《后汉书》（点校本）第十册，北京：中华书局，1965年版，第2705页。从姜氏言与《后汉书》之称谓可知，谶纬当无别。

大变化。而光武时也有一些谶纬文献产生了巨大的作用，比如与刘秀称帝具有重要关联的《河图赤伏符》："刘秀发兵捕无道，卯金修德为天子。"①另有《赤伏符》云："刘秀发兵捕无道，四夷云集龙斗野，四七之际火为主。"②而当时蜀地公孙述与光武帝争天下，亦称引谶语以附会之。《后汉书·公孙述传》载："述亦好为符命鬼神瑞应之事，妄引谶记。……引《录运法》曰：'废昌帝，立公孙。'《括地象》曰：'帝轩辕受命，公孙氏握。'《援神契》曰：'西太守，乙卯金。'谓西方太守而乙绝卯金也。"光武回复公孙述曰："图谶言'公孙'，即宣帝也。"③说明当时谶纬文献与政治关系密切，对于谶纬的解释成为是否受命以致是否有能力王天下的重要依据。正因为有这些对于谶纬文献④的歧义性解释以及新造文献大量出现，光武称帝之后才进行了长达三十年修订谶纬文献的整理工作。刘秀当时征辟大量儒生参与其中，如《后汉书·尹敏传》载："帝以敏博通经记，令校图谶，使蠲去崔发所为王莽著录次比。"⑤《后汉书·薛汉传》载："薛汉……尤善说灾异谶纬，教授常数百人。建武初，为博士，受诏校定图谶。"⑥说明东汉初期对谶纬之修订

---

① 卯金，"刘"字也。《春秋演孔图》曰："卯金刀，名为刘，赤帝后，次代周。"

② 四七二十八，指以火德王天下之光武帝刘秀，在汉高祖刘邦建立西汉政权二百二十八年之后称帝。或以为指光武起兵伐莽时为二十八岁，见《后汉书·祭祀上》："皇天睠顾皇帝，以匹庶受命中兴，年二十八载兴兵。"［南朝宋］范晔撰，［唐］李贤等注：《后汉书》（点校本）第十一册，北京：中华书局，1965年版，第3166页。

③ ［南朝宋］范晔撰，［唐］李贤等注：《后汉书》（点校本）第二册，北京：中华书局，1965年版，第538页。

④ 暂无法考辨这些谶语是光武时新出还是光武前就有，相关考证见黄复山：《东汉谶纬学新探》，台北：台湾学生书局，2000年版。

⑤ ［南朝宋］范晔撰，［唐］李贤等注：《后汉书》（点校本）第九册，北京：中华书局，1965年版，第2558页。

⑥ ［南朝宋］范晔撰，［唐］李贤等注：《后汉书》（点校本）第九册，北京：中华书局，1965年版，第2573页。

工作十分重视。直到光武晚年才"宣布图谶八十一篇于天下",给谶纬定名,从此谶纬文献有了正式的范本。

光武"宣布"图谶于天下,则"宣布"何意?钟肇鹏先生认为宣布图谶于天下,是把图谶写成定本正式公开,使谶纬定型化,此后凡有增损改易之处皆要治罪,用政治和法律的权力来维持谶纬之尊严。[①]钟氏之意言谶纬定型化,可为确论,但问题是:宣布天下是否意味人人尽知、尽览谶纬内容?章太炎之说或可提供启发之意。章氏认为孔子时代的课本原不包括《春秋》,因为"《春秋》,国史秘密,非可公布"。[②]同样,"《易》本卜筮之书,《春秋》为国之大典,其事秘密,不以教士"。[③]国史秘密与卜筮之书皆为国家重典,不可轻易示人,因此不可公布,图谶亦然,即廖平先生言:"纬书……惟其书掌于史官,藏在秘府,人所希见。"[④]因此,笔者认为"宣布"之意并非言谶纬人人可观,随处可看,而是说谶纬已有了定本,则不允许试图造作、随意更改与私自解释,图谶已经定型,解释权全在汉室,所以宣布之意反而是禁锢,即限制了谶纬的新发展,从而使得谶纬的定本得以最终实现。宣布之后的谶纬应主要藏于中秘(国家图书馆)以及地方诸侯国的藏书馆,故非民间可随意查之。

光武所建立的东汉王朝,可以说是西汉的延续,从对于汉王朝的继承即可看出,史籍载"光武中兴",也可知史家多认为光武再次振兴汉工朝,是中兴之主。但因光武及东汉初期众臣的特质,他们赋予了这个朝代以新的面貌,所以东汉并不仅仅是西汉的延续,更是焕发着新生命的新时代,而东汉王朝必然有自己新的建构,确立自己的时代主题,而

① 钟肇鹏:《谶纬论略》,沈阳:辽宁教育出版社,1991年版,第28页。
② 章太炎:《国学略说》,北京:北京联合出版公司,2014年版,第98页。
③ 章太炎:《国学略说》,北京:北京联合出版公司,2014年版,第113页。
④ [清]廖平:《经话乙编》,载舒大刚、杨世文主编:《廖平全集》第一册,上海:上海古籍出版社,2015年版,第302页。

对于谶纬的整合就是这个新时代的重要内容之一，并不同于西汉王朝的历史建构，可以说是二者的重大区别之一。同样也可以认为，对于谶纬文献的整合是对于新生政权之合法性的建构，因为以谶纬言合法性成为两汉之际，尤其是东汉时的主流方式，光武正是深知此事，并熟稔此道，才会对谶纬如此热衷。《东观汉记·世祖光武皇帝》载："自上即位，案图谶，推五运，汉为火德。"①汉为火德，本是西汉末期至东汉初期的主流观点，而光武以图谶言汉为火德，可知谶纬中多言汉为火德之说，而这也是其时代主流价值观，说明谶纬继承了当时汉代主流思想，因此光武以图谶推论汉为火德之说，并不是奇异可怪之论，而是符合当时思想主流的。

谶纬具体篇目，一直颇具争议，因东汉史籍并未详载。东汉光武"宣布图谶于天下"之后，张衡谓："《河洛》《六艺》，篇录已定，后人皮傅，无所容篡。"李贤注："《衡集》上事云：'《河洛》五九，《六艺》四九，谓八十一篇也。'"②一般认为，"《河洛》五九"指的是谶纬文献中的《河图》九篇、《洛书》六篇，还有假托从伏羲到孔子演绎的三十篇，共计四十五篇，合于"五九"之数；"《六艺》四九"指的是《七经纬》三十六篇，合于"四九"之数，因此《河图》《洛书》以及《七经纬》共八十一篇，这就是光武帝宣布"图谶"时所定下来的谶纬八十一篇。

谶纬具体包括哪些篇目呢？一般认为，"《河洛》五九"，即《河图》《洛书》系统之四十五篇篇目相对难以确定，无论是汪师韩《文选理学权舆》认为《文选》李善注所引之《括地象》《帝览嬉》《帝通纪》《著命》《闿包受》《会昌符》《龙文》《玉版》《考钩》是《河图》九篇，

---

① [东汉] 刘珍等撰，吴树平校注：《东观汉记校注》（上），北京：中华书局，2008年版，第8页。

② [南朝宋] 范晔撰，[唐] 李贤等注：《后汉书》（点校本）第七册，北京：中华书局，1965年版，第1912—1913页。

还是蒋清翊所列《洛书甄曜度》《洛书灵准听》《洛书宝号命》《洛书录运期》《洛书稽命曜》《洛书摘六辟》为《洛书》六篇，抑或是王利器先生纂栝安居香山、中村璋八二氏《纬书集成》所载之《河图》《洛书》，以成四十五篇之数①，均难以断定《河图》《洛书》之具体篇目②。

而关于"《六艺》四九"，多从《后汉书·樊英传》"《河》《洛》《七纬》"李贤注云③：

> 七纬者：《易纬》，《稽览图》《乾凿度》《坤灵图》《通卦验》《是类谋》《辨终备》也；《书纬》，《琁机钤》（又作《璇玑钤》）《考灵耀》《刑德放》《帝命验》《运期授》也；《诗纬》，《推度灾》《记历枢》《含神务》（又作《含神雾》）也；《礼纬》，《含文嘉》《稽命征》《斗威仪》也；《乐纬》，《动声仪》《稽耀嘉》《汁图征》也；《孝经纬》，《援神契》《钩命决》也；《春秋纬》，《演孔图》《元命包》《文耀钩》《运斗枢》《感精符》《合诚图》《考异邮》《保乾图》《汉含孳》《佑助期》（又作《佐助期》）《握诚图》《潜潭巴》《说题辞》也。④

以上《易纬》六种，《书纬》五种，《诗纬》三种，《礼纬》三种，《乐纬》三种，《孝经纬》二种，《春秋纬》十三种，共三十五种。较《隋书·经籍志》所载《七经纬》三十六篇还少一种。清代汪师韩认为

① 王利器：《谶纬五论》，载张岱年等：《国学今论》，沈阳：辽宁教育出版社，1991年版，第116—117页。

② 任蜜林：《〈河图〉〈洛书〉新探》，载《西北师大学报（社会科学版）》2013年第4期，第37页。

③ 可以认定的是，李贤时代谶纬保存者犹多，李贤可以看到这些谶纬的原文，因此这些篇名是切实可信的。同时这些内容也可以在汉代典籍中查找并被征引，二者相合，因此篇名较为可靠。

④ ［南朝宋］范晔撰，［唐］李贤等注：《后汉书》（点校本）第十册，北京：中华书局，1965年版，第2721—2722页。

《后汉书》注少列《春秋命历序》一种（《韩门缀学·卷一》），清儒侯康于《补后汉书艺文志》亦谓《春秋命历序》应为《春秋纬》篇目之一；胡薇元认为缺《孝经·左右契》（《诗纬含神雾训纂》），不知缘由；姚振宗认为少《礼记默房》（《隋书经籍志考证》），姚氏意为郑玄、宋均均有《礼记默房》注，此篇应在八十一篇之内。钟肇鹏先生认为汪师韩、侯康之说可信，列《春秋命历序》入《七经纬》三十六篇之中。①

学者另有不同观点，认为"六艺四九"不包括《孝经纬》，当为《易》《书》《诗》《礼》《乐》《春秋》六经之纬，具体名录如下：

> 《易纬》八种：《稽览图》《乾凿度》《坤灵图》《通卦验》《是类谋》《辨终备》《天人应》《萌气枢》；《书纬》五种：《璇玑钤》《考灵耀》《刑德放》《帝命验》《运期授》；《诗纬》三种：《推度灾》《记历枢》《含神雾》；《礼纬》三种：《含文嘉》《稽命征》《斗威仪》；《乐纬》三种：《动声仪》《稽耀嘉》《汁图征》；《春秋纬》十四种：《演孔图》《元命包》《文耀钩》《运斗枢》《感精符》《合诚图》《考异邮》《保乾图》《汉含孳》《佐助期》《握诚图》《潜潭巴》《说题辞》《命历序》。共三十六种。②

此目录以《易纬天人应》《易纬萌气枢》两种《易纬》文献代替《孝经援神契》《孝经钩命决》两种《孝经纬》文献。

---

① 以上部分见钟肇鹏：《谶纬论略》，沈阳：辽宁教育出版社，1991年版，第34—35页。

② "六经纬"之说，见王利器：《谶纬五论》，载张岱年等：《国学今论》，沈阳：辽宁教育出版社，1991年版，第115—118页；具体篇目又见殷善培：《谶纬思想研究》，新北：花木兰文化出版社，2008年版，第55—57页。

对于谶纬的本来面目，汉人典籍中并未明确说明之。但谶纬与汉代经学关系密切，从《孝经》之于东汉的重要地位可以推论出《孝经纬》亦应是"《六艺》四九"序列中十分重要的篇章，同时也有《白虎通》中对于《孝经纬》的大量征引为例。如：

> 《白虎通·爵篇》引《援神契》："天覆地载，谓之天子，上法斗极。"（第 2 页），引《钩命诀》："天子，爵称也。"（第 2 页）
>
> 《白虎通·号篇》引《钩命诀》："三皇步，五帝趋。三王驰，五伯骛。"（第 45 页）
>
> 《白虎通·社稷篇》引《援神契》："仲春祈谷，仲秋获禾，报社祭稷。"（第 84 页）
>
> 《白虎通·谏诤篇》引《援神契》："三谏，待放复三年，尽惓惓也。所以言放者，臣为君讳，若言有罪，放之也。所谏事已行者，遂去不留。凡待放者，冀君用其言耳。事已行，灾咎将至，无为留之。"（第 229 页）
>
> 《白虎通·灾变篇》引《援神契》："行有点缺，气逆干天，情感变出，以戒人也。"（第 268 页）
>
> 《白虎通·性情篇》引《钩命诀》："情生于阴，欲以时念也。性生于阳，以就理也。阳气者仁，阴气者贪，故情有利欲，性有仁也。"（第 381 页）
>
> 《白虎通·日月篇》引《援神契》："月三日而成魄，三月而成时。"（第 425 页）[1]

---

[1] 以上《白虎通》所征引页码均来自［东汉］班固撰，［清］陈立疏证，吴则虞点校：《白虎通疏证》，北京：中华书局，1994 年版。

又如《后汉书·翟酺传》载："（翟酺）著《援神、钩命解诂》十二篇。"李贤注："《援神契》《钩命决》，皆《孝经纬》篇名也。"①可以认定《孝经纬》二种在《七经纬》三十六篇范围之内。

如果以上篇目可以确定为信论，则问题在于《尚书中候》《礼记默房》《春秋谶》《孝经谶》《论语谶》等并不在光武所宣布的图谶篇目之中，但在东汉初期成书的《白虎通》中却多处征引之，如：

《白虎通·爵篇》引《中候》："天子臣放勋。"（第4页）"废考，立发为太子。"（第30页）

《白虎通·诛伐篇》引《孝经谶》："夏至阴气始动，冬至阳气始萌。"（第219页）引《春秋谶》："战者，延改也。"（第223页）

《白虎通·辟雍篇》引《论语谶》："五帝立师，三王制之。"（第255页）

《白虎通·日月篇》引《谶》："闰者阳之余。"（第428页）②

如果说光武宣布图谶于天下之后，谶纬篇目已定，不可更改③，而《白虎通》又是汉章帝时代白虎观会议之官方文本，具有权威性，那么在《白虎通》中所征引的谶纬类文献就一定是光武所宣布的内容。《白虎通》征引的《孝经谶》《春秋谶》是否是对应《孝经纬》《春秋纬》仍

郑玄谶纬学天论体系研究

---

① ［南朝宋］范晔撰，［唐］李贤等注：《后汉书》（点校本）第六册，北京：中华书局，1965年版，第1606页。

② 以上《白虎通》所征引页码均来自［东汉］班固撰，［清］陈立疏证，吴则虞点校：《白虎通疏证》，北京：中华书局，1994年版。

③ 即张衡谓："《河洛》《六艺》，篇录已定，后人皮傅，无所容篡。"［南朝宋］范晔撰，［唐］李贤等注：《后汉书》（点校本）第七册，北京：中华书局，1965年版，第1912页。

然可作讨论，但《中候》《论语谶》却不在八十一篇之内。这种现象应如何看待呢？《后汉书·祭祀上》载："建武元年已前，文书散亡，旧典不具，不能明经文，以章句细微相况八十一卷，明者为验，又其十卷，皆不昭晰。"①有学者指出：光武宣布图谶于天下，谶纬文献包含两大部分："一是能与章句互相发明且有效验的，包含《河图》《洛书》在内，共八十一卷；另外一部分是不能与章句互相发明的十卷。后世所称的图谶或谶纬指的是前八十一卷。"②此说颇具启发性，而从《祭祀志》也可看出光武时代的谶纬除了可供征验并赋予章句之学的八十一卷外，另有在征验中尚不明晰的十卷。笔者推论：光武宣布图谶于天下，"《河洛》五九，《六艺》四九，谓八十一篇"之谓是取其大者，即最为重要之国宪，即可以进行征验之最为明显内容；另有小者以补充之，是为不在八十一篇范围之中的《尚书中候》《礼记默房》③《春秋谶》《孝经谶》《论语谶》等④。因此，《孝经援神契》言："《孝经》四卷，《春秋》《河》《洛》八十一卷。"⑤正说明谶纬文献的复杂性，除了八十一篇，尚有其他文本构成。可以明确的是，《尚书中候》《孝经谶》《春秋谶》《论语谶》在光武宣布图谶于天下之后，就在其时流行开来，成为文献征引的来源之一。

---

① ［南朝宋］范晔撰，［唐］李贤等注：《后汉书》（点校本）第十一册，北京：中华书局，1965年版，第3166页。

② 邝向雄：《论谶纬名义》，载《兰台世界》2015年第21期，第139页。

③ 《礼记默房》不见汉代文献征引，只有《隋书·经籍志》载："《礼记默房》二卷：宋均注。梁有三卷，郑玄注，亡。"可知郑玄有注。见［唐］魏徵、［唐］令狐德棻撰：《隋书》（点校本）第四册，北京：中华书局，1973年版，第940页。

④ 也有观点认为谶纬在汉末发生变化，又出现了新的谶纬类文献，这册庸置疑，在汉末出现的一些谶语中有曹魏当代汉而立的内容。但《中候》《论语谶》却为东汉早期就已在学界流行，成为定本，而郑玄注过的《尚书中候》亦是如此，所以可以说郑玄时代出现了新的谶语，这册庸置疑，但是郑玄所依据的谶纬文本还是光武定本，应切实可信。

⑤ ［清］黄奭撰，郑杰文、李梅训校点：《通纬佚书考》，载《儒藏》精华编第一三一册：经部·谶纬类，北京：北京大学出版社，2013年版，第846页。

关于谶纬的注释与解说，东汉中期已有，并非始于汉末郑康成。①上文《后汉书·祭祀上》言"以章句细微相况八十一卷"，可知当时对于谶纬类文献已作章句之学的注解。《后汉书·翟酺传》载："翟酺字子超，广汉雒人也。四世传《诗》。酺好《老子》，尤善图纬、天文、历算。……著《援神、钩命解诂》十二篇。"②今存世《孝经纬》包含《孝经援神契》与《孝经钩命决》两部分，可知《援神、钩命解诂》应为《孝经纬》注本，惜其不传。

《隋书·经籍志》载："《春秋灾异》十五卷，郗萌撰。"《隋志》又言："汉代有郗氏、袁氏说。汉末，郎中郗萌集图纬谶杂占为五十篇，谓之《春秋灾异》。"③可知汉代谶纬学有郗氏说与袁氏说两种家学。程元敏说："宋衷字仲子，南阳人，东汉建安五至十三年，为荆州刘表州学之五业从事，后降曹北上，归曹后因事被诛。曾注《春秋纬元命苞》《保乾图》《说题辞》。……未尝注《演孔图》。"④可知宋衷有部分《春秋纬》注本，然均未有流传于世。故此东汉时也有部分谶纬家说与单注本的记载。

另，有"学海"之称的何休也注过谶纬⑤，如《尚书中候·摘洛戒》载："有玄龟青纯苍光。"郑玄注引："何休解'纯，缘也'，谓纯缘，千

---

① 关于郑注谶纬内容，下文单辟一目，将重点分析之。

② ［南朝宋］范晔撰，［唐］李贤等注：《后汉书》（点校本）第六册，北京：中华书局，1965年版，第1602、1606页。

③ ［唐］魏徵、［唐］令狐德棻撰：《隋书》（点校本）第四册，北京：中华书局，1973年版，第941页。

④ 程元敏：《先秦经学史》（下），台北：台湾商务印书馆，2013年版，第1220页。

⑤ 《后汉书·何休传》载："休坐废锢，乃作《春秋公羊解诂》，覃思不窥门，十有七年。又注训《孝经》、《论语》、风角七分，皆经纬典谟，不与守文同说。"［南朝宋］范晔撰，［唐］李贤等注：《后汉书》（点校本）第九册，北京：中华书局，1965年版，第2583页。

岁龟也。"①皮锡瑞疏证："云'何休解"纯，缘也"，谓纯缘，千岁龟
也'者，《公羊》定八年传'龟青纯'，何休解诂曰：'纯，缘也，谓缘
甲頫也。千岁之龟青觜。'郑与何君颎门之学不同，何尝叹郑入室操戈，
而郑于此注明引何君之解。古大儒大公服善，不争门户，为可师也。"②
可知《尚书中候》郑玄注中保留何休注谶纬之一条内容，然内容颇少，
难以窥其全貌。

（三）魏晋南北朝新造本与宋均注本

东汉末年，社会动乱，随着汉王朝行将就木，社会上谶语也愈发繁
多，而这些谶语也大量保存在史书之中，如《三国志·文帝纪》裴松之
注引《献帝传》载太史丞许芝条魏代汉见谶纬之内容：

> 《春秋汉含孳》："汉以魏，魏以征。"《春秋玉版谶》："代
> 赤者魏公子。"《春秋佐助期》："汉以许昌失天下。"《春秋佐助
> 期》："汉以蒙孙亡。"《孝经中黄谶》："日载东，绝火光。不横
> 一，圣聪明。四百之外，易姓而王。天下归功，致太平，居八
> 甲；共礼乐，正万民，嘉乐家和杂。"③《易运期谶》："言居
> 东，西有午，两日并光日居下。其为主，反为辅。五八四十，
> 黄气受，真人出。"④《易运期》："鬼在山，禾女连，王
> 天下。"⑤

---

① 载吴仰湘编：《皮锡瑞全集》第一册，北京：中华书局，2015年版，第
662—663页。

② 载吴仰湘编：《皮锡瑞全集》第一册，北京：中华书局，2015年版，第
665页。

③ "日载东"是为曹字，"不横一"是为丕字，以此说曹丕之名见之于图谶，
并代汉而王。

④ "言""午"是为许字，"两日"是为昌字，言"汉当以许亡，魏当以许昌"。

⑤ "鬼""禾""女"是为魏字，言魏氏当王天下。以上见［西晋］陈寿撰，
［南朝宋］裴松之注：《三国志》（点校本）第一册，北京：中华书局，1982年第
2版，第64页。

第一章　郑玄谶纬学之相关考辨

109

从这部分谶语的内容可知，其主要言曹魏受命，当代汉而王天下，因此这一部分内容绝不是光武定本中所载，而是汉末至曹魏时新造谶纬文本。有学者指出："图谶在魏晋以后，往往被历代野心家利用作为篡夺政权、改朝换代的工具。魏取代汉就造出'代汉者当涂高'（《后汉书·袁术传》）的谶语。'当涂高'就是古代宫殿的两观，名叫'象魏'。象征魏朝当兴。"①钟肇鹏先生认为："《七经纬》36种，《尚书·中候》18篇及《论语谶》8种，共62种是谶纬中的主要部分。除这以外谶纬还很多，我们把这62种以外的总称为杂谶纬。"②可以认定这些谶纬是钟氏所指之杂谶纬，而且与汉末政治文化关系密切，并非是光武所定之谶纬文本。

两晋南北朝时，伴随着朝代更迭频发，谶纬大量造作，而多与当时的政治文化相关。如《宋书·武帝纪中》载晋恭帝禅位玺书中言："图谶祯瑞，皎然斯在。"③《南齐书·高帝纪下》载萧道成代宋称帝，"上姓名骨体及期运历数，并远应图谶数十百条，历代所未有，臣下撰录，上抑而不宣，盛矣"。④沈约建议萧衍代齐称帝，说："天文人事，表革运之征，永元以来，尤为彰著。谶云'行中水，作天子'，此又历然在记。天心不可违，人情不可失，苟是历数所至，虽欲谦光，亦不可得

---

① 钟肇鹏：《谶纬论略》，沈阳：辽宁教育出版社，1991年版，第29页。也有学者提出异议，认为"代汉者当涂高"在西汉末年已经产生，西汉末年的公孙述与东汉末年的袁术称帝时均利用过这条谶语，因此曹魏代汉时只是利用，而非编造。见丁鼎：《试论"当涂高"之谶的作者与造作时代——兼与钟肇鹏先生商榷》，载《烟台大学学报（哲学社会科学版）》2004年第1期，第93页。

② 钟肇鹏：《谶纬论略》，沈阳：辽宁教育出版社，1991年版，第63页。

③ ［梁］沈约撰：《宋书》（点校本）第一册，北京：中华书局，1974年版，第48页。

④ ［梁］萧子显撰：《南齐书》（点校本）第一册，北京：中华书局，1972年版，第39页。

已。"①《梁书·陶弘景传》载："弘景援引图谶，数处皆成'梁'字，令弟子进之。"②故此南北朝时，谶纬又有了新的内容，这也是历史上谶纬第二次大规模造作。但这些内容并非是东汉谶纬古本，因此还是钟氏所言之杂谶纬，与郑玄思想无关。

《隋书·经籍志》又载汉隋之间的谶纬文献："《孝经内事》一卷：梁有《孝经杂纬》十卷，宋均注；《孝经元命包》一卷，《孝经古秘援神》二卷，《孝经古秘图》一卷，《孝经左右握》二卷，《孝经左右契图》一卷，《孝经雌雄图》三卷，《孝经异本雌雄图》二卷，《孝经分野图》一卷，《孝经内事图》二卷，《孝经内事星宿讲堂七十二弟子图》一卷，又《口授图》一卷；又《论语谶》八卷，宋均注；《孔老谶》十二卷，《老子河洛谶》一卷，《尹公谶》四卷，《刘向谶》一卷，《杂谶书》二十九卷，《尧戒舜、禹》一卷，《孔子王明镜》一卷，《郭文金雄记》一卷，《王子年歌》一卷，《嵩高道士歌》一卷。亡。"③这些谶纬内容，并不是光武本所载，可推论是汉末之后新出的谶纬文本。

曹魏时，宋均"为谶律之注"④，宋均为郑玄弟子⑤，在郑玄遍注谶纬之基础上，对郑玄未注之谶纬作了注释。程元敏说，三国魏宋均"几遍注群纬，为郑玄后第一注纬大家，其注文今多残存。"⑥宋均具体注了

---

①［唐］姚思廉撰·《梁书》（点校本）第一册，北京：中华书局，1973年版，第234页。

②［唐］姚思廉撰：《梁书》（点校本）第三册，北京：中华书局，1973年版，第743页。

③［唐］魏徵、［唐］令狐德棻撰：《隋书》（点校本）第四册，北京：中华书局，1973年版，第940页。

④［唐］魏徵、［唐］令狐德棻撰：《隋书》（点校本）第四册，北京：中华书局，1973年版，第941页。

⑤ 皮锡瑞说："宋均，郑君弟子，故能守其师说。"见《尚书中候疏证·敕省图》，吴仰湘编：《皮锡瑞全集》第一册，北京：中华书局，2015年版，第587页。

⑥ 程元敏：《先秦经学史》（下），台北：台湾商务印书馆，2013年版，第1220页。

哪些纬书呢？《隋书·经籍志》载："《诗纬》十八卷：魏博士宋均注。……《礼记默房》二卷：宋均注。……《乐纬》三卷：宋均注。……梁有《春秋纬》三十卷，宋均注。……《孝经勾命决》六卷：宋均注。《孝经援神契》七卷：宋均注。……梁有《孝经杂纬》十卷，宋均注。……又《论语谶》八卷，宋均注。"①从《隋书·经籍志》载宋均注谶纬内容可知，宋均所注谶纬不仅有光武帝"宣布图谶于天下"的八十一篇，另有魏晋南北朝时新造谶纬文本，因此宋均注对于我们认识谶纬古义与剖析谶纬发展史，具有十分重要的意义。②宋均谶纬注本成为历史上除郑玄谶纬注本之外的第二个重要载体，也是今人认识谶纬古注的重要内容。

（四）诸经典收录本与后世辑佚本

曹操执政时，已经有"科禁内学"之举，魏晋南北朝时谶纬也大量散佚，东晋时，戴邈言："图谶无复孑遗于世。"③可知当时谶纬被毁者极多，梁武帝时大量焚毁谶纬文献，隋炀帝更是把民间谶纬文献付之一炬，故唐以后能看到的谶纬文献缺失很多。所幸在很多经典之中收录了大量谶纬文献，为我们今天知晓汉代谶纬学思想奠定了基础。如《玉烛宝典》，台湾学者黄复山先生言："《玉烛宝典》为隋初著作，引用六朝以前月令文献百余种，其中谶纬篇目计有二十七种、一九四条，于谶纬学术之研究，裨益甚多。惟其书于唐后即罕见传流，明清诸多纬书辑本皆未能取资，迄至光绪十年《古逸丛书》刊行，是书始又重返于中土。其后，纬书辑本之《清河郡本》，即多取用是书，而日人安居香山编纂

---

① ［唐］魏徵、［唐］令狐德棻撰：《隋书》（点校本）第四册，北京：中华书局，1973年版，第940页。

② 关于宋均的生平以及与谶纬相关的著述情况，可参见李梅训：《宋均生平著述考论》，载《山东师范大学学报（人文社会科学版）》2004年第5期，第90—93页。

③ ［梁］沈约撰：《宋书》（点校本）第二册，北京：中华书局，1974年版，第359页。

《重修纬书集成》亦取之增补佚文一百四十余条；对于谶纬研究之裨益，诚不可忽视也。"①今日所见之《玉烛宝典》，主要有清代黎庶昌编《古逸丛书》本《玉烛宝典》（上海：华东师范大学出版社，2017年版）、中华本《玉烛宝典》（北京：中华书局，1985年版）、《丛书集成》本《玉烛宝典》（载王云五主编：《丛书集成初编》，上海：商务印书馆，1936年版），等等。

又如《五行大义》，黄氏言："《五行大义》五卷，为隋萧吉所撰，成书未久即已亡佚，而仅见录于《宋史·艺文志》中。千余载后之清嘉庆年间，此书忽又从日本流入中国，学者始知其书引用中国亡佚之古籍百余种，其中纬书有八种、二十四篇、一一二条，对于后世谶纬之辑佚与研究，有非常重要的文献价值。"②黄氏针对《五行大义》与传世谶纬文献进行参校，用力犹多。此外，日籍学者中村璋八之《五行大义校注》（东京：汲古书院，1998年版）、台湾学者梁湘润编著之《五行大义今注》（新北：行卯出版社，1980年版）、大陆学者刘国忠之《〈五行大义〉研究》（沈阳：辽宁教育出版社，1999年版）等对于《五行大义》中谶纬类文献也多有研究，值得重视。

此外，如唐人《五经正义》以及延伸的《九经正义》的经注部分中保留了大量谶纬文献，成为后人辑佚谶纬文献的重要载体。③而唐代瞿昙悉达所编著之《开元占经》中也保留了大量谶纬类文献，明儒张一熙言："纬书之学盛于西汉，自光武严禁不行，故历代弘儒未及尽睹。至唐瞿昙悉达奉敕，以成《占经》一百二十卷，採集纬书七十余种，可谓

---

① 黄复山：《〈玉烛宝典〉引用谶纬考论》，载杨晋龙、刘柏宏主编：《魏晋南北朝经学国际研讨会论文集》（下），台北："中央研究院"中国文哲研究所，2016年版，第659页。

② 黄复山：《萧吉〈五行大义〉与谶纬关系探讨》，载《书目季刊》2004年38卷第2期，第29页。

③ 台湾学者张宝三有研究《五经正义》中的谶纬注，见张宝三：《〈五经正义〉研究》，上海：华东师范大学出版社，2010年版，第795—822页。

无遗珠矣。"四库馆臣亦说:"《隋志》所称纬书八十一篇,此书尚存其七八,尤为罕见。"①北宋李昉等编纂的《太平御览》中也有多处记载谶纬,成为后世谶纬辑佚本的重要来源之一。②

宋儒对于谶纬的极端排斥与否定,导致谶纬除了《易纬》外几乎不存。而明、清、民国至当代以来,对于谶纬的辑佚工作愈发完善,出现了较多辑佚本,《绪论》所言已详,此不赘述。

二、郑玄与谶纬学传承

谶纬学之意义,在于其是汉代政治文化的重要组成部分之一,对于经学的重要性更是不能忽视。从谶纬的发展史可知,谶纬经历了从早期的零星谶纬文本到光武成型的谶纬文献,再到后世新造谶纬文本的过程,通过历史上的不同谶纬文献与历代注家的诸多诠释以及后世的钩陈辑佚,建构了谶纬学的学说体系,形成了谶纬学的特质。而郑玄则是这种谶纬学传承体系中不可缺少的重要一员。

上文言东汉时已经有数位谶纬家说与单注本的记载,表明在东汉时代,谶纬已经具备经的特质,成为东汉重要的思想学说之一。同时,谶纬学也具有一定的师承传递谱系,因为光武需要对于谶纬"宣布"官方定本并作官方解释,所以一部分学者会专门从事这样的注解与传授,形成了自己的一套学说体系。张尔田先生言:"纬称内学,古人不轻授受。"③可知纬学也有传承谱系,但较之经学相对较少传承,因此所继承

① [明]张一熙:《唐开元占经识语》,[清]纪昀等:《唐开元占经提要》,附于[唐]瞿昙悉达:《开元占经》(上),北京:九州出版社,2012年版,第1—2页。

② 见[北宋]李昉等编纂:《太平御览》,北京:中华书局,1960年影印1935年商务影宋本。

③ 张尔田:《张孟劬先生书》,载姜忠奎:《纬史论微》,上海:上海书店出版社,2005年版,第1页。

者不多。蒙文通先生说："考秦汉间，有经师之传统；有方士之传统；以经生而习阴阳家言者有之；以阴阳家而习经生家言者亦有之；而经生之与方士，终不可混也。夏侯始昌之徒传灾异之说，而各以授所贤弟子，此盖内学之号所由起。夫既曰授所贤弟子，是经则遍受弟子而灾异不以遍授。故仲舒箸论，而吕步舒不知其师书，以为大愚。李寻独好《洪范》《五行》，同门之郑宽中则或不传《五行》也。冀奉好律例阴阳，同门之匡衡、萧望之则不必晓律例阴阳也。此则章句与灾变虽一师传之，而道究未尝混也。李守从刘歆学星历谶记，不必传经。杜子春、贾徽从刘歆受经，不必即学星历。贾逵以左氏证'帝宣'，论者且谓其改窜传文以合谶。郑玄注经，亦称秘说，不必因贾、郑而即谓古文学为方士化。"[1]故此灾异学说与经学都具有一传承谱系，而经师大儒传经学于某弟子，则不传其灾异之术；传灾异之术于某弟子，则不传其经学之说，以董子灾异论不被弟子吕步舒知晓而上奏朝廷以为邪说为例[2]，可知古人经学与灾异之传承不同。而谶纬与经学、灾异之术皆不同，而又有相似之处，可推知有其独特传承谱系。郑玄自然也接受了前期谶纬家学者的观点，并形成了自己对于谶纬的一套注解体系。如从此处而论，郑玄谶纬注表明郑玄也是东汉谶纬传承谱系中的重要人物之一。葛志毅先生认为："从谶纬之学的自身发展上看，郑玄实为推毂谶纬之学发皇的大功臣。……郑玄相信谶纬出于孔子……所以郑玄于遍注《易》《书》《诗》《礼》诸纬的同时，又引纬书以说经。所以尽管郑玄因此受到诋呵，但谶纬之学的发展无疑受到他的学术推毂之功。……近年来由于研

---

① 蒙文通：《与陈斠玄（中凡）论内学书》，载氏著：《经学抉原》，上海：上海人民出版社，2006年版，第42—43页。

② 事见《汉书·董仲舒传》："先是辽东高庙、长陵高园殿灾，仲舒居家推说其意，草稿未上，主父偃候仲舒，私见，嫉之，窃其书而奏焉。上召视诸儒，仲舒弟子吕步舒不知其师书，以为大愚。于是下仲舒吏，当死，诏赦之。仲舒遂不敢复言灾异。"载［东汉］班固撰，［唐］颜师古注：《汉书》（点校本）第八册，北京：中华书局，1962年版，第2524页。

究工作的深入，谶纬的价值也日益受到肯定，那么，对郑玄的注纬、引纬也应重予评说。"①

《隋书·经籍志》所载郑注谶纬类文献："《易纬》八卷：郑玄注。梁有九卷。《尚书纬》三卷：郑玄注。梁六卷。《尚书中候》五卷：郑玄注。梁有八卷，今残缺。……《礼纬》三卷：郑玄注，亡。《礼记默房》二卷：宋均注。梁有三卷，郑玄注，亡。"②从目前所知的文献记载与辑佚部分可知，郑玄谶纬主要集中于《易纬》《尚书纬》《尚书中候》《礼纬》《河图》《洛书》等部分，这些内容是否是光武定本谶纬？本书认为，如果承认光武宣布图谶于天下之后，谶纬没有发生巨大的变化，而郑玄年轻时游学洛阳，入太学受业于第五元先，那么在这段求学时期一定是看过并学习过光武谶纬定本，则可以认定郑玄所注谶纬本就是光武定本无疑。而光武定本今日已经不存，所以郑玄所注谶纬本可以认定为光武定本流传至今最主要也是最重要的内容之一。

郑玄继承了光武本图谶之学，在东汉历代纬学大家的著书立说影响之下，形成了自己对于谶纬的判定与注经，可以说郑玄开创了谶纬学的新天地。故此郑玄为谶纬与经学之集大成者，二者俱在郑氏有重要传承，可知康成之于谶纬学尤为重要。但上文蒙氏言："此则章句与灾变虽一师传之，而道究未尝混也。"③皮锡瑞亦曰："郑君博学多师，今古文道通为一，见当时两家相攻击，意欲参合其学，自成一家之言，虽以古学为宗，亦兼采今学以附益其义。学者苦其时家法繁杂，见郑君阂通博大，无所不包，众论翕然归之，不复舍此趋彼。于是郑《易注》行而施、孟、梁丘、京之《易》不行矣；郑《书注》行而欧阳、大小夏侯之

① 葛志毅：《战国秦汉之际的受命改制思潮与谶纬之学的兴起》，载氏著：《谭史斋论稿四编》，哈尔滨：黑龙江人民出版社，2008年版，第183页。

② [唐] 魏徵、[唐] 令狐德棻撰：《隋书》（点校本）第四册，北京：中华书局，1973年版，第940页。

③ 蒙文通：《与陈斠玄（中凡）论内学书》，载氏著：《经学抉原》，上海：上海人民出版社，2006年版，第43页。

《书》不行矣；郑《诗笺》行而鲁、齐、韩之《诗》不行矣；郑《礼注》行而大小戴之《礼》不行矣；郑《论语注》行而齐、鲁《论语》不行矣。重以鼎足分争，经籍道息。汉学衰废，不能尽咎郑君；而郑采今古文，不复分别，使两汉家法亡不可考，则亦不能无失。故经学至郑君一变。"①故此后世学者认为汉代家法、师法犹存，互不紊乱，但郑玄融合今古为一学，即郑学，使两汉家法无所考证。由此可以推论，郑玄对于谶纬学的传承应也是统合诸家之学而形成郑氏谶纬学，因而谶纬学在郑学之后，传授谱系无法考辨，可谓之"谶纬学至郑君一变"。

从谶纬发展到谶纬学，郑玄在其中具有重要作用，推动了谶纬学与经学的交融。郑玄谶纬学是在郑玄经学体系中既不同于今古文经学，又与今古文关系密切的一种学说体系，在郑玄建立经学小统一，实现经学统合的过程中具有重要的价值。

第四节　本章小结

本章论述"郑玄谶纬学之相关考辨"，分"郑玄经学及其时代风气""谶纬考辨""郑玄与谶纬关系论略"三节。

第一节考辨东汉之经学风气与郑玄之学术背景。东汉学术，一方面有思想活跃、繁荣发展、异说纷纭的特点，东汉学者通五经者犹多，因此东京之学形成了古文经、今文经、谶纬内学等经学流派"争鸣"现象，彼此之间的交融会通也十分频繁。另一方面，繁荣之下的东京经学有繁琐化、功利化的倾向，并不能做到经世致用。由于经学是国家根

---

① ［清］皮锡瑞著，周予同注释：《经学历史》，北京：中华书局，2011年版，第101页。

基，面对经学出现的诸多问题，官方与学者自身也都有统合这种学术思想的努力，以实现经学建构之目标，西汉的石渠阁会议与东汉的白虎观会议就是官方"整齐章句"的努力。但官方统合，并没有建立完满之经学体系。东京诸经学大家则在各方面试图统合经学，如许慎、马融、何休等，但诸家皆各有所失，诸多努力并未实现完善经学体系之建构。郑玄作为具有深厚学术背景的经学家，可谓两汉经学之集大成者，从天文历法到谶纬术数，从今文经学到古文经学，康成无所不学、无所不通，其积极整合汉代今古文及谶纬之学，希望"念述先圣之元意，思整百家之不齐"，以期构建统合诸经的经学体系，被后世誉为郑学。

第二节考辨谶、纬与谶纬的基本含义。谶为会意形声字，即谶"从言韱声"中的"言"与"韱"均表意，因此可以认为谶是表征验的天神言语，强调先有征兆而后有验证，可以经过长时段之检验，而这种证验多来自天象，谶语与天象言受命相关。所以在汉代的谶纬文献构成中，主要指《河图》《洛书》这样经学化之后并与帝王受命关系极大的传世文献。纬亦为会意形声字，纬"从系韦声"中的"系"与"韦"皆表意，从甲骨文、金文韦字可知，韦表围绕之意，正与经相表里，经与纬不可分，为汉人通识。但汉人所论纬，常有星象之意，是为木、火、土、金、水之五纬，从纬书诸篇释义可知，纬并不完全以解经为中心，言天文星占、帝王历运受命者犹多，此处与谶言占验之义相合。而在谶纬文献之中，纬主要是七经纬等三十六篇。若分别而论，谶的起源早于纬，但作为统一性的文献来说，谶纬在汉成帝时已经出现，经过哀平之际的发展，光武时最终定型。郑玄对于谶纬的认识，是二者异名同实，均为孔子所作，因此谶纬的地位可堪比于经。从《尚书中候》所具有的候星、占验星象之意，可知谶纬文献之诸多称谓均有同样的含义，因此可视作同一类文献。

第三节考辨郑玄与谶纬关系。谶纬在历史上有诸多版本，一者为西汉初本，主要包括成哀母本与王莽"符命四十二篇"，通过对谶纬的早期作者与刘歆《汉志》不收录谶纬作简要分析，指出西汉初本并不具备成型的结构与文本形式，但可作为光武本的重要参考对象。二者言最重要的版本是东汉定本，即光武宣布于天下之"图谶八十一篇"。由于两汉之际谶纬文献发生了较大变化，也与东汉的政治文化密切相关，因此刘秀继位之后，以三十年时间修订谶纬，并最终宣布于天下。所谓宣布，是言谶纬文献定型，不再可以增损改易，但由于谶纬之重要性，其并非人人可观之文献，而主要藏之于汉家中秘。谶纬篇目，东汉史籍并未详载，"《河洛》五九"较难确定，"《六艺》四九"则多从李贤注所列之篇目。但仍有《尚书中候》《礼记默房》《论语谶》等未在八十一篇之中，可知光武宣布于天下之图谶，亦有不同划分。关于谶纬之注释与解说，东汉中期已有，至于汉末，习谶纬者犹多，郑玄所注谶纬是历史上第一个全面的谶纬古注本。三者为魏晋南北朝新造本，表明谶纬在汉代之后又有大规模造作，体现了谶纬与政治文化的密切关系，而郑玄弟子宋均遍注群纬，对于光武本以及魏晋时新造本进行了注解，丰富了谶纬文献的意涵，是历史上除郑玄谶纬注本之外的第二个重要的谶纬古注本。四者论汉以后，谶纬被禁毁者犹多，此时保存在经典之中的谶纬文献显得弥足珍贵，而明清以来对于谶纬的辑佚本更是对我们认识谶纬文献有巨大价值。因此，谶纬在历史上经历了诸多版本的发展，也有不同于经师之师承传递关系，郑玄则是谶纬学传承谱系中不可缺少的一员，郑玄以光武本为基础，遍注诸纬，开创了谶纬学的新天地，可谓是谶纬学之集大成者，故"谶纬学至郑君一变"。

第二章 由感生说至六天说

——郑玄谶纬学天论体系构建

司马迁《报任安书》中言其创作《史记》之主旨为："究天人之际，通古今之变，成一家之言。"①"天人关系""古今关系"几乎可以说是汉代学术思想的基本主题，亦可谓之中国古代思想的核心问题。

事实上，天在古人看来确有神秘性，"盘古开天辟地""女娲补天""天狗食月"等上古传说都说明古人对于天有一种模糊的认识，带有具象化、神秘化的滤镜，与古人对于天的崇拜与敬畏有关。天的重要性不言而喻，故先秦时期已经产生一系列对于天以及天文历法星象的记录，如春秋战国时期的《甘石星经》，关于哈雷彗星之最早记载，《春秋·僖公十六年》所载"陨石于宋五"等，说明在汉代之前已经积累了大量对于天的记录与研究。

正是基于对天的敬畏与大量记录、研究，才有了系统化的天论体系之构建。简而言之，天论体系是指构建起一个对于天的基本认识，亦可谓之"论天"，即什么是天？天的特点如何？天与其他事物的关系如何？作为东汉主流价值思想的谶纬，其内容虽繁琐复杂，光怪陆离，但谶纬篇章内容多与星象占卜等相关，因此谶纬学的核心理念与灵魂是谶纬天论思想。②由此可推论之，对于郑玄谶纬学来说，其理论基石也是天论思想，郑玄谶纬学的进一步深化与发展，都是在天论思想的基础之上展开的。而郑玄在建构其天论体系过程中，极大地吸收谶纬学的精华，建构了一个不同于当下认知的天论体系。换言之，谶纬是郑玄天论体系构建之极其重要的一个基石，郑玄谶纬学天论体系是郑玄天论体系中的核

①　[东汉] 班固撰，[唐] 颜师古注：《汉书》（点校本）第九册，北京：中华书局，1962年版，第2735页。

②　朱玉周：《汉代谶纬天论研究》，山东大学专门史专业2007年博士学位论文。

心所在。所以，必须对郑玄的谶纬学天论体系有一个较为清晰的认识，才能继续深化对于郑玄谶纬学的研究。郑玄虽有学《三统历》、注《乾象历》、著《天文七政论》等学术经历，然诸书今皆不存，难以直接窥探郑玄天文历法之学，故郑玄之天论思想只能通过郑玄经注、纬注等内容来获知。因此，本书所论之郑玄谶纬学天论体系，并非郑玄天论说之全部，而是基于谶纬学与部分经学基础上而作，也可谓郑玄天论体系之核心内容。

第一节　郑玄谶纬学天论体系构建之若干条件

一、时代条件：汉代诸多天论体系与郑玄之统合

郑玄谶纬学天论体系之所以可以构建，笔者认为主要有三大条件。一者，整体而论，两汉时人对于天人关系极其重视。汉人言天人感应者颇多，如汉初陆贾认为人间之政治得失直接与上天有关，天意之于人间政治通过天象变化来昭示其好恶之态度。因此陆氏言："故世衰道失，非天之所为也，乃君国者有以取之也。恶政生于恶气，恶气生于灾异。……治道失于下，则天文应于上。"①同时，两汉之统治者、帝王均将日食之类的天象变化作为自己执政完善与否的重要标杆。如《史记·吕太后本纪》载："己丑，日食，昼晦。太后恶之，心不乐，乃谓左右

---

① ［西汉］陆贾：《新语》，载扫叶山房辑：《百子全书》第一册，杭州：浙江人民出版社，2013年版，第411页。

曰：'此为我也。'"①西汉文帝二年十一月、十二月接连发生两次日食，故汉文帝诏曰："朕闻之，天生蒸民，为之置君以养治之。人主不德，布政不均，则天示之以灾，以诫不治。乃十一月晦，日有食之，适见于天，灾孰大焉！"②可知，日食等天象变化已成为两汉统治者认识人天关系的重要表征。

西汉大儒董仲舒是汉代天人感应论之集大成者。董子认为"人副天数"，天人同构，因此"以类合之，天人一也"③，所以天人可以感应，而感应的媒介就是气，感应的诸多表象就是灾异、祥瑞。"屈民而伸君，屈君而伸天"④，更是董子天人学说的代表性观点。《汉书·董仲舒传》载董仲舒《对策》言："《春秋》之中，视前世已行之事，以观天人相与之际，甚可畏也。国家将有失道之败，而天乃先出灾害以谴告之，不知自省，又出怪异以警惧之，尚不知变，而伤败乃至。以此见天心之仁爱人君而欲止其乱也。"⑤东汉之《白虎通》承接董子天人感应之说，曰："天所以有灾变何？所以谴告人君，觉悟其行，欲令悔过修德，深思虑也。《援神契》曰：'行有点缺，气逆干天，情感变出，以戒人也。'"⑥东汉王充，一方面认为天人之间不存在感应之说，因为天道自然，天是自然的存在，不会与人进行情感精神的联系。所以，"阴阳之

---

① ［西汉］司马迁撰，［南朝宋］裴骃集解，［唐］司马贞索隐，［唐］张守节正义：《史记》（修订本）第二册，北京：中华书局，2014年版，第513页。

② ［西汉］司马迁撰，［南朝宋］裴骃集解，［唐］司马贞索隐，［唐］张守节正义：《史记》（修订本）第二册，北京：中华书局，2014年版，第535页。

③ ［清］苏舆撰，钟哲点校：《春秋繁露义证》，北京：中华书局，1992年版，第341页。

④ ［清］苏舆撰，钟哲点校：《春秋繁露义证》，北京：中华书局，1992年版，第32页。

⑤ ［东汉］班固撰，［唐］颜师古注：《汉书》（点校本）第八册，北京：中华书局，1962年版，第2498页。

⑥ ［东汉］班固撰，［清］陈立疏证，吴则虞点校：《白虎通疏证》（上），北京：中华书局，1994年版，第267—268页。

气，以人为主，不说于天也。夫人不能以行感天，天亦不随行而应人"①。另一方面，王充也论之人受命于天，人的骨相与天相合。如《论衡·骨相篇》言："人命禀于天，则有表候于礼。察表候以知命，犹察斗斛以知容矣。"②无论王充对于天人感应是赞同还是反对，都反映了时人对于天的重视，对天人关系的讨论不绝于耳。这些思想都是郑玄构建起谶纬学天论体系的重要参考之一。

二者，汉代成熟的天文历法体系为郑玄谶纬学天论体系构建提供了充足的历法条件。如《史记·天官书》《汉书·律历志》《汉书·天文志》等汉世史料记载西汉时诸多天文学系统，《后汉书·律历志》《后汉书·天文志》记载东汉时代更加完善的天文历法与星象之学，四分历系统在这一时期达到成熟，汉代三天说（盖天说、浑天说、宣夜说）讨论亦逐渐成熟与完善，张衡《灵宪篇》吸收了大量天文历法与谶纬学的知识，等等。以上诸例，足以说明汉代天文学极其鼎盛与发达，思想十分活跃。

汉代天文历法极其发达，以两汉史书中的《史记·天官书》《汉书·天文志》《汉书·律历志》等所载诸系统为集大成之作。例如，《史记·天官书》所载：

> 中宫天极星，其一明者，太一常居也；旁三星三公，或曰子属。后句四星，末大星正妃，余三星后宫之属也。环之匡卫十二星，藩臣。皆曰紫宫。
>
> 前列直斗口三星，随北端兑，若见若不，曰阴德，或曰天一。紫宫左三星曰天枪，右五星曰天棓，后六星绝汉抵营室，曰阁道。

---

① 张宗祥：《论衡校注》，上海：上海古籍出版社，2010年版，第308页。
② 张宗祥：《论衡校注》，上海：上海古籍出版社，2010年版，第55页。

北斗七星，所谓"旋、玑、玉衡以齐七政"。杓携龙角，衡殷南斗，魁枕参首。用昏建者杓；杓，自华以西南。夜半建者衡；衡，殷中州河、济之间。平旦建者魁；魁，海岱以东北也。斗为帝车，运于中央，临制四乡。分阴阳，建四时，均五行，移节度，定诸纪，皆系于斗。[①]

可知汉人认为天上众星犹如人间君臣之排列一般，具有鲜明的政治属性。同时，汉代天文学者认为天星与汉代地理相合，北斗七星与汉世诸州郡存在一一对应的关系，紫微垣更是六天说之星象学来源之一。故汉人对于天文历法之研究，并非只是论述客观天文现象，而是以天道指导人事，借天象言人间政治。汉儒认为，古代天文历法从诞生之时起，就与人间关系极大。"自初生民以来，世主曷尝不历日月星辰？及至五家、三代，绍而明之，内冠带，外夷狄，分中国为十有二州，仰则观象于天，俯则法类于地。天则有日月，地则有阴阳。天有五星，地有五行。天则有列宿，地则有州域。三光者，阴阳之精，气本在地，而圣人统理之。幽厉以往，尚矣。所见天变，皆国殊窟穴，家占物怪，以合时应，其文图籍禨祥不法。是以孔子论六经，纪异而说不书。至天道命，不传；传其人，不待告；告非其人，虽言不著。"[②]《史记正义》引张衡之语也说："文曜丽乎天，其动者有七，日、月、五星是也。日者，阳精之宗；月者，阴精之宗；五星，五行之精。众星列布，体生于地，精成于天，列居错峙，各有所属，在野象物，在朝象官，在人象事。其以神著有五列焉，是有三十五名：一居中央，谓之北斗；四布于方各七，

① ［西汉］司马迁撰，［南朝宋］裴骃集解，［唐］司马贞索隐，［唐］张守节正义：《史记》（修订本）第四册，北京：中华书局，2014年版，第1539—1542页。
② ［西汉］司马迁撰，［南朝宋］裴骃集解，［唐］司马贞索隐，［唐］张守节正义：《史记》（修订本）第四册，北京：中华书局，2014年版，第1599—1600页。

为二十八舍；日月运行，历示吉凶也。"①众星在野象物，在朝象官，在人象事，故此汉儒认为众星并非孤悬于天，而是直接与人间之万物、百官、人事等相合，日月之周转运行也可用来判定人间吉凶，因此以天人相合的比附思想构成了一整套对于天、地、人关系的认识。天象直接指向人间诸事，尤其是关于国家政治方面，可谓汉儒之共识。郑玄也接受了这种天人相合之思想。

三者，郑玄对于汉代天文历法的学习、注解与专论，说明郑玄精通汉代天文历法，可谓汉代历法之集大成者。《后汉书·郑玄传》载："（郑玄）遂造太学受业，师事京兆第五元先，始通……《三统历》。"②故此郑玄早年习刘歆所作之《三统历》③，系统学习过天文历法，对于汉代历法较为熟悉。郑玄本传又载郑玄之作："凡玄所注……《乾象历》，又著《天文七政论》。"④可知郑玄曾经注过《乾象历》，并有《天文七政论》论及天文星象历法，因此郑玄对于汉代天文历法十分擅长，造诣颇深。有学者认为，由于郑玄"自幼爱好经学、天文、术数，为他后来作《天文七政论》、注《乾象历》……奠定了一定基础"⑤。

此外，郑玄本传又载：郑玄"事扶风马融。……会融集诸生考论图

---

① ［西汉］司马迁撰，［南朝宋］裴骃集解，［唐］司马贞索隐，［唐］张守节正义：《史记》（修订本）第四册，北京：中华书局，2014年版，第1539页。

② ［南朝宋］范晔撰、［唐］李贤等注：《后汉书》（点校本）第五册，北京：中华书局，1965年版，第1207页。

③ 按：刘歆《三统历》与谶纬亦有关系，《后汉书·律历志中》载："刘歆研机极深，验之《春秋》，参以《易》道，以《河图帝览嬉》《洛书乾曜度》推广《九道》，百七十一岁进退六十三分，百四十四岁一超次，与天相应，少有阙谬。"见［南朝宋］范晔撰，［唐］李贤等注：《后汉书》（点校本）第十一册，北京：中华书局，1965年版，第3035页。《三统历》也可谓刘歆整合经学、谶纬与天文历法之作品。

④ ［南朝宋］范晔撰、［唐］李贤等注：《后汉书》（点校本）第五册，北京：中华书局，1965年版，第1212页。

⑤ 林忠军：《周易郑氏学阐微》，上海：上海古籍出版社，2005年版，第37页。

纬，闻玄善算，乃召见于楼上，玄因从质诸疑义，问毕辞归"[1]。马融所考论之"图纬"所指为何，争议较大，或以为是谶纬之学，或以为非。查诸史料，《世说新语》与《郑玄别传》之记载或可解释清楚。

　　《世说新语·文学第四》载："（马融）尝算浑天不合，诸弟子莫能解。或言玄能者，融召令算，一转便决，众咸骇服。"[2]

　　《世说新语注》引《郑玄别传》曰："玄少好学书数，十三诵五经，好天文、占候、风角、隐术。……年二十一，博极群书，精历数图纬之言，兼精算术。……（马融）不解剖裂七事，玄思得五，子干得三。季长谓子干曰：'吾与汝皆弗如也。'"[3]

　　"剖裂"言划分、分开之意，是天文历算之术语，可知马融所言"图纬"应指浑天历算之类，因此，郑玄深谙此道可无争议。有学者认为康成除经学思想之外，还精通"谶纬""天文历法"等多种学说。[4]皮锡瑞亦言："郑君精于历算。"[5]故此郑玄精于天文历法，对后世亦有诸多影响。

　　①［南朝宋］范晔撰、［唐］李贤等注：《后汉书》（点校本）第五册，北京：中华书局，1965年版，第1207页。

　　②周兴陆编著：《世说新语汇校汇注汇评》（上），南京：凤凰出版社，2017年版，第323页。

　　③周兴陆编著：《世说新语汇校汇注汇评》（上），南京：凤凰出版社，2017年版，第323页。

　　④［清］陈澧：《东塾读书记》，上海：上海古籍出版社，2012年版，第260—261页。

　　⑤［东汉］郑玄注，［清］袁钧辑，［清］皮锡瑞疏证，吴仰湘点校：《尚书中候疏证》，载吴仰湘编：《皮锡瑞全集》第一册，北京：中华书局，2015年版，第652页。

二、经学条件：六经所载天之不同意涵

六经体系庞杂、内容丰富，其中多处论述天之不同意涵，经文本身以及后世注家之注说，为郑玄谶纬学天论体系构建提供了必要的经学思想条件。

如《周易》者，《周易·象传》开篇言："大哉乾元，万物资始，乃统天。云行雨施，品物流形。大明终始，六位时成。时乘六龙以御天。乾道变化，各正性命。"强调乾卦言万物之始，统于天道。《周易·象传》强调君子效法天之刚强劲健的特征，"天行健，君子以自强不息"更为人所熟知。《周易·文言传》载："夫大人者，与天地合其德，与日月合其明，与四时合其序，与鬼神合其吉凶，先天而天弗违，后天而奉天时。天且弗违，而况于人乎？况于鬼神乎？"言大人之德与天相合，既不违背，又奉行其道。《周易·系辞下》言伏羲氏时说："古者包牺氏之王天下也，仰则观象于天，俯则观法于地，观鸟兽之文与地之宜，近取诸身，远取诸物，于是始作八卦，以通神明之德，以类万物之情。"①故此伏羲作八卦，其中重要的参考对象就是天象。

如《尚书》②者，《尚书·尧典》："乃命羲和，钦若昊天，历象日月星辰，敬授人时。"故此帝尧以为法象日月星辰，可以指导农事。《尚书·舜典》："在璿玑玉衡，以齐七政。"伪孔传："七政，日月五星各异政。舜察天文，齐七政，以审己当天心与否。"后世注家对于《尚书》中天之不同描述均有不同注疏。《尚书·汤誓》载王曰："有夏多罪，天

---

① 以上《周易》诸篇见［三国魏］王弼、［东晋］韩康伯注，［唐］孔颖达等正义：《周易正义》，载［清］阮元校刻：《十三经注疏》（一），北京：中华书局，2009年影印本，第23、24、30、179页。

② 言《尚书》天论较为详细者，可参考［清］盛百二：《尚书释天》六卷，清乾隆三十九年任城书院刊本。

命殛之。……夏氏有罪，予畏上帝，不敢不正。……尔尚辅予一人，致天之罚，予其大赉汝!"《尚书·汤诰》载商汤言："惟皇上帝，降衷于下民。……凡我造邦，无从匪彝，无即慆淫，各守尔典，以承天休。尔有善，朕弗敢蔽；罪当朕躬，弗敢自赦，惟简在上帝之心。"《尚书·泰誓上》："今商王受，弗敬上天，降灾下民。……商罪贯盈，天命诛之。……天矜于民，民之所欲，天必从之。"《尚书·泰誓中》载："天视自我民视，天听自我民听。"故此商汤讨伐夏桀、周武王讨伐殷纣王，多从其违背天命而论之，而商汤、周武可以讨伐之缘由也在于其具有受命之征。《尚书·周书·洪范》载《洪范九畴》之第八畴言："庶民惟星，星有好风，星有好雨。日月之行，则有冬有夏。月之从星，则以风雨。"①古人认为天象既可以判断农事，亦可进行占卜。

如《诗经》者，《诗经·商颂·玄鸟》："天命玄鸟，降而生商，宅殷土芒芒。"郑笺："天使鳦下而生商者，谓鳦遗卵，娀氏之女简狄吞之而生契，为尧司徒，有功，封商。……汤之受命，由契之功，故本其天意。"《诗经·商颂·玄鸟》："古帝命武汤，正域彼四方。方命厥后，奄有九有。"郑笺："古帝，天也。天帝命有威武之德者成汤，使之长有邦域，为政于天下。"《诗经·商颂·玄鸟》："商之先后，受命不殆，在武丁孙子。"郑笺："商之先君受天命而行之不解殆者，在高宗之孙子。"《诗经·周颂·思文》："贻我来牟，帝命率育。无此疆尔界，陈常于时夏。"郑笺："天命以是循存后稷养天下之功，而广大其子孙之国。"②郑玄笺诗时，将感生之说赋予其中，并认为商汤之受命源自先祖契之功德，周文王、周武王之建立周朝，也与后稷受天命以存养后世有关。

---

① 以上《尚书》诸篇见［西汉］伪孔安国传，［唐］孔颖达等正义：《尚书正义》，载［清］阮元校刻：《十三经注疏》（一），北京：中华书局，2009年影印本，第251、265、338、342—343、382—384、385、408页。

② 以上《诗经》诸篇见［西汉］毛亨传，［东汉］郑玄笺，［唐］孔颖达等正义：《毛诗正义》，载［清］阮元校刻：《十三经注疏》（一），北京：中华书局，2009年影印本，第1343—1344、1271页。

如三礼者，《周礼·天官冢宰·小宰》："以官府之六属举邦治：一曰天官，其属六十，……二曰地官，其属六十，……三曰春官，其属六十，……四曰夏官，其属六十，……五曰秋官，其属六十，……六曰冬官，其属六十。"郑注："六官之属三百六十，象天地四时日月星辰之度数，天道备焉。前此者，成王作《周官》，其志有述天授位之义，故周公设官分职以法之。"[①]故此郑玄认为天官、地官、春官、夏官、秋官、冬官之属各六十，共计三百六十者，象征天道之三百六十度。因此周公作《周礼》，言法天之意。《礼记·祭义》："是故君子合诸天道。"郑注："合于天道，因四时之变化，孝子感时念亲，则以此祭之也。"[②]《礼记·哀公问》："公曰：敢问君子何贵乎天道也？孔子对曰：贵其不已，如日月东西相从而不已也，是天道也。不闭其久，是天道也。无为而物成，是天道也。已成而明，是天道也。"郑注："已，犹止也。是天道也者，言人君法之，当如是也。日月相从，君臣相朝会也。不闭其久，通其政教，不可以倦。无为而成，使民不可以烦也。已成而明，照察有功。"[③]康成认为天道运行不止，是人君法象之本。

如《春秋》者，《春秋·僖公十六年》载："十有六年，春，王正月，戊申朔，陨石于宋五。"《左传》言："十六年，春，陨石于宋五，陨星也。"《左传正义》言："传称'陨星也'，则石亦是星，而与星陨文倒，故解之。彼见星之陨，不见在地之验；此见在地之石，不见始陨之星。史各据事而书，故文异也。三十三年书陨霜者，亦见在地之霜，不见在天之验，故霜上言陨，与此同也。星、石、霜言陨，雪、雹、蠡言

---

①［东汉］郑玄注，［唐］贾公彦疏：《周礼注疏》，载［清］阮元校刻：《十三经注疏》（二），北京：中华书局，2009年影印本，第1405页。

②［东汉］郑玄注，［唐］孔颖达等正义：《礼记正义》，载［清］阮元校刻：《十三经注疏》（三），北京：中华书局，2009年影印本，第3455页。

③［东汉］郑玄注，［唐］孔颖达等正义：《礼记正义》，载［清］阮元校刻：《十三经注疏》（三），北京：中华书局，2009年影印本，第3499页。

雨者，其状似雨者称雨，不似雨者即称陨也。"①《公羊传》："曷为先言霣而后言石？霣石记闻，闻其磌然，视之则石，察之则五。……五石……何以书？记异也。外异不书，此何以书？为王者之后，记异也。"②故此《春秋》所记之陨石，古人认为其是天星，为灾异之表现，于人间可证验之，故大书特书。

如《论语》者，《论语·公冶长》载子贡曰："夫子之言性与天道，不可得而闻也。"郑玄注："性，谓人受血气以生，有贤愚吉凶。天道，谓七政变动之占。"何晏注："性者，人之所受以生者也。天道者，元亨日新之道也。深微，故不可得而闻也。"李翱云："天命之谓性，是天人相与一也。天亦有性，春仁夏礼秋义冬智是也。"朱熹注："性者，人所受之天理。天道者，天理自然之本体。其实一理也。"戴望注："天道，天所行盈虚消息之道。"③子贡言不闻孔子之言性与天道，后世注家则从不同方面对于"天道"进行解释，凸显了各自不同的经学倾向，郑玄直接以"七政变动之占"解释天道，说明其对于天的认识具有占验的属性。

如《孝经》者，《孝经·圣治章》："昔者周公郊祀后稷以配天。"郑注："郊者，祭天之名。后稷者，周公始祖。东方青帝灵威仰，周为木德，威仰木帝，以后稷配苍龙精也。"④明皇注："后稷，周之始祖也。

① ［西晋］杜预注，［唐］孔颖达等正义：《春秋左传正义》，载［清］阮元校刻：《十三经注疏》（四），北京：中华书局，2009年影印本，第3924页。

② ［东汉］何休解诂，［唐］徐彦疏：《春秋公羊传注疏》，载［清］阮元校刻：《十三经注疏》（五），北京：中华书局，2009年影印本，第4896页。

③ 以上《论语》及诸家注解，见黄怀信主撰，孔德立、周海生参撰：《论语汇校集释》（上），上海：上海古籍出版社，2008年版，第410—413页。

④ ［清］皮锡瑞撰，吴仰湘点校：《孝经郑注疏》，北京：中华书局，2016年版，第72页。另，敦煌经部文献所见《孝经》"昔者周公郊祀后稷以配天"，郑注为："郊者，祭天之名，在国之南郊，故谓之郊。后稷者，是尧臣，周公之始祖。自外至者，无主不止，故推始祖，配天而食之。"见《孝经郑注》，载张涌泉主编、审订，许建平、关长龙、张涌泉等撰：《敦煌经部文献合集》（第四册），北京：中华书局，2008年版，第1930页。

'郊'谓圜丘祀天也。周公摄政，因行郊天之祭，乃尊始祖以配之也。"①《孝经·圣治章》："宗祀文王于明堂，以配上帝。"郑注："上帝者，天之别名也。神无二主，故异其处，避后稷也。"②明皇注："明堂，天子布政之宫也。周公因祀五方上帝于明堂，乃尊文王以配之也。"③《孝经》论与天相关的周公之郊祀礼，历来争议不断，郑玄采纳谶纬学六天说，认为周公郊祀后稷配东方苍帝灵威仰，明皇则反对之。文王之明堂礼，郑玄亦采纳五方帝说，认为是泛配五帝，明皇此说则与郑注相同。

冯友兰先生认为："《诗》《书》《左传》《国语》中所谓之天，除指物质之天外，似皆指主宰之天。《论语》中孔子所说之天，亦皆主宰之天也。"④故此六经中有关于灾异与天象关系的描述，有天命之于人主受命的论述，有阐明人主与星象之更加具体的感应模式，内容繁多，范围极广，但主体集中于有征验意义而人格神化的主宰之天。而后世注家在面对这些天论之不同意涵时，也因各自经学观点之不同而作不同注疏，郑玄即是其中重要一家，其在注《诗经》《周礼》《礼记》《论语》《孝经》的过程中，多依托于经本身而统合谶纬学、其他经学思想而论，形成了郑氏独特之天论体系。

三、核心条件：谶纬学包含大量天文历法

本书论郑玄谶纬学天论体系，在于谶纬学所包含之大量天文历法知

---

① ［唐］李隆基注，［宋］邢昺疏，金良年整理：《孝经注疏》，上海：上海古籍出版社，2009年版，第44页。

② ［清］皮锡瑞撰，吴仰湘点校：《孝经郑注疏》，北京：中华书局，2016年版，第77页。

③ ［唐］李隆基注，［宋］邢昺疏，金良年整理：《孝经注疏》，上海：上海古籍出版社，2009年版，第44页。

④ 冯友兰：《中国哲学史》，重庆：重庆出版社，2009年版，第280页。

识是郑玄得以构建其说之核心条件。古人多将谶纬学与星象相列，如：

> 《汉书·王莽传》："先是，卫将军王涉素养道士西门君惠。君惠好天文谶记，为涉言：'星孛扫宫室，刘氏当复兴，国师公姓名是也。'"①
>
> 《后汉书·李通传》载李通父亲李守："初事刘歆，好星历谶记，为王莽宗卿师。"②
>
> 《晋书·石季龙上》："禁郡国不得私学星谶，敢有犯者诛。"③

谶记多与天文、星历、星象连文④，可知谶纬与天文星象等密不可分，语义相似，故天文、星历、谶记在此处应指同样内容，即星象卜筮之学。所以，有学者指出现存谶纬类文献之中，谶纬本身多载天象、星气之内容，而"纬"则多指星象，因此纬书中天文占的内容约占现存谶纬类文献的一半以上，俱言天象对于人事之影响，可知谶纬本身与天文历法不可分割。⑤

本书第一章已论，谶纬俱与星象占验相合，故谶纬之篇名本身也多

---

① ［东汉］班固撰，［唐］颜师古注：《汉书》（点校本）第十二册，北京：中华书局，1962年版，第4184页。

② ［南朝宋］范晔撰，［唐］李贤等注：《后汉书》（点校本）第三册，北京：中华书局，1965年版，第573页。

③ ［唐］房玄龄等撰：《晋书》（点校本）第九册，北京：中华书局，1974年版，第2765页。

④ 皮锡瑞言："'历''象'连文，是义同可互训矣。"载［东汉］郑玄注，［清］袁钧辑，［清］皮锡瑞疏证，吴仰湘点校：《尚书中候疏证》，载吴仰湘编：《皮锡瑞全集》第一册，北京：中华书局，2015年版，第618页。因此谶记与此处天文、星历义同。

⑤ 吕宗力、栾宝群：《纬书集成前言》，载（日）安居香山、（日）中村璋八辑：《纬书集成》（上册），石家庄：河北人民出版社，1994年版，第2—4页。

与天论相关。如明代孙瑴作《古微书》言："《尚书纬》三卷，其目凡五，曰：《旋玑钤》，曰《考灵曜》，曰《刑德放》，曰《帝命验》，曰《运期授》，皆主言天咫地游、帝王运历之大事，而五逸其三矣。"①言《尚书纬》与天文、地理和帝王受命历运等相合。以《尚书考灵曜》为例，"灵曜"又作"灵耀""灵燿"等，皆相通。《后汉书·章帝纪》："历数既从，灵燿著明，亦欲与士大夫同心自新。"李贤注："灵燿著明，谓日月贞明。"②《文选·陈太丘碑文》言："征士陈君，禀岳渎之精，苞灵曜之纯。"李善注："灵曜，谓天也。《尚书纬》有《考灵曜》。"③可知灵曜指日、月、星等天体，也可以指天象运行变化之规则，即具体之天文历法。孙瑴又言："学莫大于稽天，自尧历象舜玑衡，于是礼乐兵刑一祖以天矣。……而不知其秘皆原于纬书，汉儒穷纬，故谈天为至精，此《考灵曜》所繇名也。孔门之学，揆合唐虞以故，其传天官亦最密。"④朱彝尊也说："（《考灵曜》言）'春夏民欲早作，故令民先日出而作，是谓"寅宾出日"；秋冬民欲早息，故令民候日入而息，是谓"寅饯纳日"。春迎其来，秋送其去，无不顺矣。'考其言，无悖于理，隋燔纬书，若此与《括地象》，虽置不燔可也。"⑤可知后儒认为谶纬与天象关系极大，古人之天文历法虽不可论"其秘皆原于纬书"，但汉儒确实对于谶纬极其重视，也与谶纬本身具有的天文历法星象相合。

而史书所载，亦可佐证谶纬多与汉代天文历法关系极大，后世儒生也多把谶纬内容与汉代星象之学相联系。如司马贞《史记索隐》中载谶

---

① ［明］孙瑴：《古微书》（一），北京：中华书局，1985年版，第1页。

② ［南朝宋］范晔撰，［唐］李贤等注：《后汉书》（点校本）第一册，北京：中华书局，1965年版，第150—151页。

③ ［南朝梁］萧统编，［唐］李善注：《文选》（六），上海：上海古籍出版社，1986年版，第2506页。

④ ［明］孙瑴：《古微书》（一），北京：中华书局，1985年版，第2页。

⑤ ［清］朱彝尊撰，林庆彰等主编：《经义考新校》第九册，上海：上海古籍出版社，2010年版，第4750—4751页。

纬诸多内容可以作为《史记·天官书》之注脚：对于"中宫"，《索隐》云："《春秋·元命包》云'官之为言宣也，宣气立精为神垣'。又《文耀钩》曰'中宫大帝，其精北极星。含元出气，流精生一也'。"对于"天极星"，《索隐》案："《春秋·合诚图》云'北辰，其星五，在紫微中'。"对于"太一"，《索隐》言："《春秋·合诚图》云'紫微，大帝室，太一之精也'。"对于"大星正妃"，《索隐》说："《援神契》云'辰极横，后妃四星从，端大妃光明'。"对于"紫宫"，《索隐》谓："《元命包》曰'紫之言此也，宫之言中也，言天神运动，阴阳开闭，皆在此中也'。"①此种例子犹多，不胜枚举。可知谶纬中记录天象者犹多，而且多贴合汉代天文历法之学。而事实上，谶纬在汉代也确实参与了天文历法的构建。如《后汉书·律历志中》引尚书侍郎边韶奏疏言："孝武皇帝摅发圣思，因元封七年十一月甲子朔旦冬至，乃诏太史令司马迁、治历邓平等更建《太初》，改元易朔，行夏之正，《乾凿度》八十一分之四十三为日法。……其后刘歆研机极深，验之《春秋》，参以《易》道，以《河图帝览嬉》《洛书乾曜度》推广《九道》……孝章皇帝以《保乾图》'三百年斗历改宪'，就用《四分》。以太白复枢甲子为癸亥，引天从算，耦之目前。更以庚申为元，既无明文；托之于获麟之岁，又不与《感精符》单阏之岁同。"②可知东京儒者边韶认为汉武帝、刘歆、汉章帝等多从谶纬文献中获得启发，以进行历法改革。

《后汉书·桓谭传》亦载："是时帝方信谶，多以决定嫌疑。……谭复上疏曰：……盖天道性命，圣人所难言也。自子贡以下，不得而闻，况后世浅儒，能通之乎！今诸巧慧小才伎数之人，增益图书，矫称谶

---

① ［西汉］司马迁撰，［南朝宋］裴骃集解，［唐］司马贞索隐，［唐］张守节正义：《史记》（修订本）第四册，北京：中华书局，2014年版，第1539—1540页。

② ［南朝宋］范晔撰，［唐］李贤等注：《后汉书》（点校本）第十一册，北京：中华书局，1965年版，第3035—3036页。

记，以欺惑贪邪，违误人主，焉可不抑远之哉！"①可知图谶中多言天道性命、天文星历，这一部分是"圣人所难言"，即经学中相对较少涉及之内容，因此被谶纬思想所发挥，也可以认为谶纬中的部分思想补充了经学所欠缺之处，是对于经学的一种有益补充与新的建构，虽然被桓谭认为是"后世浅儒"之说，但不能忽视之。

《廿二史札记·汉儒言灾异》中言："观《五行志》所载，天象每一变必验一事，推既往以占将来，虽其中不免附会，然亦非尽空言也。……是汉儒之言天者，实有验于人……是皆援天道以证人事……其视天犹有影响相应之理，故应之以实不以文。……故自汉以后，无复援灾异以规时政者。"②可知汉儒言天人关系，所言天则一定要与人事相合，所言人事则一定要寻找天道以支持，也就是说，天人关系强调的是要有征验之效，若无征验，天人关系则没有统合之处，天之重要性因而大打折扣。所以，这种天之征验于人的思维，深刻影响了汉儒认识世界与解释世界的方式，郑玄亦然。而这种认知方式与谶纬有极大的关系，即谶纬中多处论述天象，同时又与人间帝王的征验相合，这正是汉儒所需之知识结构，因此谶纬之论为汉人接受，也在情理之中。

---

① ［南朝宋］范晔撰，［唐］李贤等注：《后汉书》（点校本）第四册，北京：中华书局，1965年版，第959—960页。

② ［清］赵翼撰，曹光甫校点：《廿二史札记》（上），上海：上海古籍出版社，2011年版，第34—35页。

第二节 郑玄感生说论略

一、汉儒论天与天人关系

古人言天之含义颇丰，如《尔雅·释天》言："载，岁也。夏曰岁（郭注：取岁星行一次。），商曰祀（郭注：取四时一终。），周曰年（郭注：取禾一熟。），唐虞曰载（郭注：取物终更始。）。"[①]可知古人言天或谓星象运行之次第，或谓四时之意，或谓谷物成熟之时，或谓更始之道。王国维先生《观堂集林·释天》认为："古文'天'字，本象人形。殷虚卜辞或作''，《盂鼎》《大丰敦》作''，其首独巨。案《说文》：'天，颠也。'《易·睽》六三：'其人天且劓'，马融亦释'天'为'凿颠之刑'。是'天'本谓人颠顶，故象人形。卜辞、《盂鼎》之''''二字，所以独坟其首者，正特著其所象之处也。"[②]王氏认为"天"字之上一画为象形，象人头，因此"天"字为人之头顶之意，这是从造字之六书理论出发而言天之含义。《吕氏春秋》《淮南子》皆言天有九野："中央曰钧天，其星角、亢、氐。东方曰苍天，其星房、心、尾。东北曰变天，其星箕、斗、牵牛。北方曰玄天，其星婺（须）女、虚、危、营室。西北曰幽天，其星东壁、奎、娄。西方曰颢天，其星胃、昴、毕。西南曰朱天，其星觜巂、参、东井。南方曰炎天，其星舆鬼、

① ［东晋］郭璞注，［北宋］邢昺疏：《尔雅注疏》，载［清］阮元校刻：《十三经注疏》（五），北京：中华书局，2009年影印本，第5673页。

② 王国维：《观堂集林》（上），北京：中华书局，1959年版，第282页。

柳、七星。东南曰阳天，其星张、翼、轸。"①将九天与二十八宿配之，以方位区分天之不同含义，并分别命名。但汉代经学所讨论之天之含义则与此不同。如《五经异义·第六天号》载：

> 今《尚书》欧阳说：春曰昊天，夏曰苍天，秋曰旻天，冬曰上天，总为皇天。《尔雅》亦然。古《尚书》说云：天有五号，各用所宜称之。尊而君之则曰皇天，元气广大则称昊天，仁覆愍下则称旻天，自上监下则称上天，据远视之苍苍然则称苍天。谨按：《尚书》尧命羲、和"钦若昊天"，总勑四时，知昊天不独春。《春秋》左氏曰："夏四月己丑，孔子卒。"称"旻天不吊"，时非秋天。

> 玄之闻也：《尔雅》者，孔子门人所作以释六艺之言，盖不误也。春气博施，故以广大言之；夏气高明，故以远大言之；秋气或生或杀，故以闵下言之；冬气闭藏而清察，故以监下言之。皇天者，至尊之号也。六艺之中，诸称天者，以己情所求言之耳，非必于其时称之。浩浩昊天，求天之博施；苍天苍天，求天之高明；旻天不吊，求天之生杀当得其宜；上天同云，求天之所为当顺其时也。此之求天犹人之说事，各从其主耳。若察于是，则尧命羲和"钦若昊天"，"孔子卒"称"旻天不吊"，无可怪耳。②

汉代纬书《尚书帝命验》亦载天有五号："尊而君之，则曰皇天。

---

① ［东汉］高诱注，［清］毕沅校，徐小蛮标点：《吕氏春秋》，上海：上海古籍出版社，2014年版，第245页；张双棣：《淮南子校释》（上），北京：北京大学出版社，2013年版，第295页。

② ［清］陈寿祺：《五经异义疏证》，载［清］陈寿祺、［清］皮锡瑞撰，王丰先点校：《五经异义疏证、驳五经异义疏证》，北京：中华书局，2014年版，第14—15页。

元气广大，则称昊天。仁覆闵下，则称旻天。自上监下，则称上天。据远视之苍苍然，则称苍天。"①故《尚书帝命验》论天之五号，与古《尚书》说相同，是为古义。而今《尚书》欧阳说认为："春曰昊天，夏曰苍天，秋曰旻天，冬曰上天，总为皇天。"《尔雅·释天》言："春为苍天，夏为昊天，秋为旻天，冬为上天。"②将天之五号纳入春夏秋冬四季之中，以皇天为总号，与古《尚书》说不同。许慎举《尚书》《春秋》两经文，以为今《尚书》欧阳说为误。但郑玄认为《尔雅》为孔子门人所作，不误。又从四季之天各有其特性而认为六经中言称天者，多从各自实际情况出发而论天之不同称谓，并不能作非此即彼之判定。可知郑玄认为二说俱可，而天之称号"各从其主"，此亦是《白虎通·四时篇》所言："四时天异名何？天尊，各据其盛者为名也。春秋物变盛，冬夏气变盛。春曰苍天，夏曰昊天，秋曰旻天，冬曰上天。……四时不随正朔变何？以为四时据物为名，春当生，冬当终，皆以正为时也。"③

从文字与称号方面论天，自然有其价值，反映了古人对于天的不同认识，也是对不同经文的诸多解释所造成。但对于理解天之不同含义，仍缺乏概括性描述，冯友兰先生于《中国哲学史》中总结"天之五

---

① ［清］黄奭撰，郑杰文、李梅训校点：《通纬佚书考》，载《儒藏》精华编第一三一册：经部·谶纬类，北京：北京大学出版社，2013年版，第378页。

② 今本《尔雅》言"春苍夏昊"，与《异义》载今《尚书》欧阳说"春昊夏苍"不同，然许慎言"《尔雅》亦然"，郑玄言"《尔雅》不误"，故陈寿祺认为其时许郑所见《尔雅》旧本同《尚书》欧阳说，以为"春昊夏苍"。载陈氏《五经异义疏证》，［清］陈寿祺、［清］皮锡瑞撰，王丰先点校：《五经异义疏证、驳五经异义疏证》，北京：中华书局，2014年版，第15页。皮锡瑞亦言："郑《尔雅》与孙、郭本异……虽苍、昊有春、夏之殊，则未知孰是，要二物理相符合，故郑和而释之。"载皮氏《驳五经异义疏证》，［清］陈寿祺、［清］皮锡瑞撰，王丰先点校：《五经异义疏证、驳五经异义疏证》，北京：中华书局，2014年版，第276页。

③ ［东汉］班固撰，［清］陈立疏证，吴则虞点校：《白虎通疏证》（下），北京：中华书局，1994年版，第429—430页。

义"①："曰物质之天，即与地相对之天；曰主宰之天，即所谓皇天上帝，有人格的天帝；曰运命之天，乃指人生中吾人所无奈何者，如孟子所谓'若夫成功则天也'之天是也；曰自然之天，乃指自然之运行，如《荀子·天论篇》所说之天是也；曰义理之天，乃谓宇宙之最高原理，如《中庸》所说'天命之为性'之天是也。"②此说基本涵盖古人对于天之不同认识。笔者认为，汉代思想文化所论述之天，主要有两种含义：一类是冯友兰先生所谓"自然之天"，此天包含自然天象，如日月星辰，二十八宿，五星排列等，是可以通过天文学仪器及相应手段而直接观测出来的，此处天具有节奏性、循环性、固定性等特点，是人间制定天文历法的重要依据；另一类则是冯氏所谓"主宰之天"，这一部分天是天帝、天神，此处天的特点是人格神化，是人间祭祀的重要神祇之一。但需明确的是，"主宰之天"也是基于"自然之天"的基础上而形成的一种认识，无论是"自然之天"，还是"主宰之天"，都具有至高无上的特质。因此，汉代经学家在面临与天有关的问题时，一定要诉诸天象，以天的特质来影响、指导人间政治与经学生活。郑玄所论谶纬学天论体系之天，也多与此相合。

天与其他事物之间的关系，最主要体现在天与人的关系上。一般认为，天人关系包含天人相合与天人相分两个维度。天人相分者，如春秋时期子产言："天道远，人道迩。"③又如郭店楚简《穷达以时篇》中明确提出天人之分的观点。④《荀子·天论》亦言："天行有常，不为尧

---

① 另可参考：余英时：《论天人之际——中国古代思想起源试探》，北京：中华书局，2014 年版；郑吉雄：《释天》，载《中国文哲研究集刊》2015 年第 46 期，台北："中央研究院"中国文哲研究所，第 63—99 页。

② 冯友兰：《中国哲学史》，重庆：重庆出版社，2009 年版，第 280 页。

③ [西晋] 杜预注，[唐] 孔颖达等正义：《春秋左传正义》，载 [清] 阮元校刻：《十三经注疏》（四），北京：中华书局，2009 年影印本，第 4529 页。

④ 梁涛：《竹简〈穷达以时〉与早期儒家天人观》，载《哲学研究》2003 年第 4 期，第 65—70 页。

存，不为桀亡；应之以理则吉，应之以乱则凶。"①言天人相合者犹多，集大成者当属董仲舒，韩星先生认为董仲舒天人关系具有三个维度：天人感应、天人合一、天人合德，构成了一种有机机构。②故汉代天人相合之说蔚为大观，郑玄也接受了这种观点，影响了康成对于诸多问题的认识。后世言"天人相合""天人相验"者犹多，如清代医师黄元御说："昔在黄帝，咨于岐伯，作《内经》以究天人之奥。其言曰：善言天者，必有验于人。然则善言人者，必有验于天矣。天人一也，未识天道，焉知人理！"③可知古人言天人可互相征验。

虽然天人关系中的主流价值观是天人合一，儒家也强调"天地之性人为贵"，但因为人是有限的，所以人不能剥夺天意，天则是可以被诠释为无限的存在，在无限的释义中，天象具有了新的价值，是人间秩序的象征，天道具有赏善罚恶的特性，是一种价值性的天。所以，中国古人论天人关系，既肯定了人的主体性、重要性，但又强调人的局限性，即天是万物的主宰，人不能离开天，因此将人与天进行了紧密的结合，人与天形成了完整而同一的链接。天人合一、天人一体，不是模糊天人之别，而是真正尊重天与人的各自价值，即各自职责不同。所以梁涛先生说："从思想史的发展来看，天人之分与天人合一总是相伴而生的，没有不讲天人之分的天人合一，也没有不讲天人合一的天人之分。"④可谓的论。

汉代主流天人关系是天人相合，而其中最重要的是天人感应论，故

① ［战国］荀况著，王天海校释：《荀子校释》（下），上海：上海古籍出版社，2005年版，第676页。

② 韩星：《董仲舒天人关系的三维向度及其思想定位》，载《哲学研究》2015年第9期，第45页。

③ ［清］黄元御撰，李玉宾主校：《四圣心源》，北京：人民军医出版社，2010年版，第1页。

④ 梁涛：《竹简〈穷达以时〉与早期儒家天人观》，载《哲学研究》2003年第4期，第70页。

此郑玄谶纬学天论体系之感生说就建立在这种天人感应论的基础之上。

二、感生说诸义

汉代天人关系以"天人感应"为中心，何谓感应？一般认为，"感应"是"因受外界影响而引起相应的感情或动作"。[①]此释义揭示了感应的双层含义，即外在的影响与内在的感情或动作。今一般多把"感应"理解为偏义复词，即强调"应"之含义为反应。但在传统文化中，感应不是一个单词的意涵，而是两个有独特含义的字而最终连接成一个整体：感是感受，是联系"施与"与"接受"的桥梁，施与者提供了一种条件，而接受者感受到了这种条件，所以"感"是一个内外结合的描述，但是感并没有做到回馈，并不是直接的结果；应是回应、反应、响应，在感的基础上积极有效地回复，是一种结果，最终完成了感的目标。应虽然是在感的基础上而成，但是感本身就是联系两者而成，因此应也是施与者与接受者二者结合之后所成，这个应不是随意之应，而是有目的之应。所以，感是因，应是果。

"感生"是"感应"的涵义之一，生是应的一种表现。[②]"感生"的过程是：首先，施与者（天、天气、星气）提供了一种可供接受者感受到的气。其次，感受者感受到了这种气的存在。最后，作为结果，感受

---

① 中国社会科学院语言研究所词典编辑室编：《现代汉语词典》第5版，北京：商务印书馆，2005年版，第445页。

② 感应的表现极广，例如，道教《太上感应篇》强调"诸恶莫作，众善奉行"，因为其认为"祸福无门，惟人自召；善恶之报，如影随形"，即常说的"种善因得善果，种恶因得恶果"的报应思想，这也是一种感应，所以篇名为《太上感应篇》；佛家言"心念一闪，震动十方"，故此心意之动直接影响身体与外在事物，也可谓之感；而董子言灾异，更是感应对于政治文化的重要影响，是为天根据君主的行为而施与不同，奖善罚恶，见《春秋繁露·二端篇》；量子力学中的量子纠缠现象，就是以两个粒子之间的相互感应为基础；其他如感伤、感怀、感悟、感受等都是先感而后有所应，是感应的不同表现。

者感此气而生。因此，生也是联系施与者与接受者，在天气的基础上而成，是沟通天人之重要过程。故此感是因，生是果，天是因，人是果。因此是人感天。另，"感应"又可解释为"神明对人事的反响"，即天人感应中，人事如何，天也会感受到，因此会有相对的"应"，故此人是因，天是果，是谓天感人。谶纬中记载圣王感生，是人感天，天是因，人是果；对于帝王行政而天降祥瑞或灾异，则是天感人，人是因，天是果。

《周易·系辞下》言："天地之大德曰生。"《周易·系辞上》载："生生之谓易。"说明古人认为天地间最伟大的德性就是生。何谓生？王弼注"天地之大德曰生"云："施生而不为，故能常生，故曰大德也。"孔疏："自此已下，欲明圣人同天地之德，广生万物之意也。言天地之盛德，在乎常生，故言曰生。若不常生，则德之不大。以其常生万物，故云大德也。"王弼注"生生之谓易"云："阴阳转易，以成化生。"孔疏："生生，不绝之辞。阴阳变转，后生次于前生，是万物恒生，谓之易也。前后之生，变化改易。生必有死，易主劝戒，奖人为善，故云生不云死也。"[①]王船山言："天地之间，流行不息，皆其生焉者也，故曰'天地之大德曰生'。"[②]可知生之意涵，一者为生命之义，一者为衍生、演化、连续不断之义。其义在于天地间万事万物均处于生之伟大系统之内，一切事物均在生生不息的演化过程之中。所以《黄帝内经素问·四气调神人论篇》言："夫四时阴阳者，万物之根本也，所以圣人春夏养阳，秋冬养阴，以从其根，故与万物沉浮于生长之门。"[③]既然万物均在

---

① 以上《周易》诸篇见［三国魏］王弼、［东晋］韩康伯注，［唐］孔颖达等正义：《周易正义》，载［清］阮元校刻：《十三经注疏》（一），北京：中华书局，2009年影印本，第179、162页。

② 谷继明：《王船山〈周易外传〉笺疏》，上海：上海人民出版社，2016年版，第242页。

③ 人民卫生出版社编：《黄帝内经素问》，北京：人民卫生出版社，2012年版，第9页。

此生之大系统之中，那么感生也是此天之大德生生不息之表现，因此圣王在此生之大系统之中的重要路向就是感生之道。

圣人感生说在汉代之所以有其思想基础，在于其是证明帝王承受天命的主要证据，而这些内容在谶纬中多有体现，汉代所推崇的"五经"系统中也时有说明，因此，郑玄接受"感生说"，有其经学与纬学之基础。同时，郑玄对于感生说的接受，实质上是接受这种帝王圣统的合法性依据，即帝王受命之源来自天道，而这种依据是经文与纬文所明确说明的，因此圣王感生说是中国古代思想学说的重要组成部分。

除了谶纬类文献，非谶纬类文献中所载感生之说者亦多，兹列举数条：

> 《潜夫论·卜列第二十五》载："故凡姓之有音也，必随其本生祖所王也。太皞木精，承岁而王，夫其子孙咸当为角。神农火精，承荧惑而王，夫其子孙咸当为徵。黄帝土精，承镇而王，夫其子孙咸当为宫。少皞金精，承太白而王，夫其子孙咸当为商。颛顼水精，承辰而王，夫其子孙咸当为羽。虽号百变，音行不易。"①

可知王符认为太皞（伏羲）、神农、黄帝、少皞、颛顼等五帝皆是天上五星之所感生，并与五音（宫、商、角、徵、羽）相合，也是汉代吹律定姓之说的继承。这一部分内容与汉代天文学、谶纬学相合。如《汉书·律历志》云："五星之合于五行，水合于辰星，火合于荧惑，金合于太白，木合于岁星，土合于填星。"②《尚书考灵耀》载："岁星木

---

① ［东汉］王符撰，［清］汪继培笺，彭铎校正：《潜夫论笺校正》，北京：中华书局，2014年版，第388页。

② ［东汉］班固撰，［唐］颜师古注：《汉书》（点校本）第四册，北京：中华书局，1962年版，第985页。

精，荧惑火精，填星土精，太白金精，辰星水精也。"①《潜夫论·五德志》亦多载帝王感生之说，此不赘述。

史书中也大量记载了圣王感生神话，西晋皇甫谧之《帝王世纪》记载帝王感生之例者犹多。如："神农氏，姜姓也。母曰妊姒，有乔氏之女，名女登。游于华阳，有神龙首感女登于尚羊，生炎帝。……黄帝，少典之子，姬姓也。母曰附宝，见大电光绕北斗枢星照野，感附宝而生黄帝于寿丘。"②唐张守节《史记正义》载："黄帝……母曰附宝，之祁野，见大电绕北斗枢星，感而怀孕，二十四月而生黄帝于寿丘。"③《今本竹书纪年·卷上》载："黄帝轩辕氏，母曰附宝，见大电绕北斗枢星，光照郊野，感而孕。二十五月而生帝于寿丘。"④诸家记录大同小异，基本都是言圣王感星象而生之论。

以上内容较为相似，与谶纬之记载相合，笔者虽无法断言这一系列感生之说是否均源于谶纬，但谶纬中大量记载了帝王感生之说则是事实，而谶纬对于感生说的发展也是学界共识。既然谶纬类文献记载感生说犹多，那么感生说的特点有哪些呢？笔者认为，或有以下几点可供讨论。

第一，感生多为感星气所生，模式为"母感星气生圣王"。如《白虎通·姓名》："姓者，生也。人所禀天气所以生者也。"⑤《说文解字》：

---

① ［清］赵在翰辑，钟肇鹏、萧文郁点校：《七纬（附论语谶）》（上），北京：中华书局，2012年版，第204页。

② ［西晋］皇甫谧著，刘晓东等点校：《帝王世纪》，载《二十五别史》，济南：齐鲁书社，2000年版，第4—5页。

③ ［西汉］司马迁撰，［南朝宋］裴骃集解，［唐］司马贞索隐，［唐］张守节正义：《史记》（修订本）第一册，北京：中华书局，2014年版，第2页。

④ 《今本竹书纪年》，载张玉春译注：《竹书纪年译注》，哈尔滨：黑龙江人民出版社，2002年版，第87页。

⑤ ［东汉］班固撰，［清］陈立疏证，吴则虞点校：《白虎通疏证》（下），北京：中华书局，1994年版，第401页。

"姓，人所生也。古之神圣母，感天而生子，故称天子。"①徐锴《说文解字系传》："据典氏妻附宝感大霓绕斗星而生黄帝，颛顼母感瑶光贯月而生颛顼也。"②《春秋演孔图》："孔子母徵在梦感黑帝而生，故曰玄圣。"③可知，王者之母所感之天是星象意义上的天，如北斗星、五帝座星、天帝等，因此，感生多为感星气而生，是圣王之母感上天之星气而生圣王。

第二，感生者身份多是王者、圣人、祖先。以谶纬类文献所载之具有感生者身份之人，包括伏羲、仓颉、黄帝、颛顼、尧、舜、后稷、禹、汤、周文王、周武王等历代圣王，同时也包括孔子这样有德无位之圣人与刘邦这样汉朝之开国君主，说明在谶纬文献中能够具备感生身份者多是历代圣王、帝王、圣人或始祖，普通人不在谶纬学所论感生之列。

第三，感生者多具异表，且古人认为异表特征多与天象相合。异表代表感生者与其他非感生者之间的差异性，正是这种差异性导致了感生者具有非凡的样貌，可以承接天命，因此具有非凡的使命，这种异表说与天人感应思想具有一致性，异表的特征取天象，正言帝王受命于天。如《春秋元命苞》所载："黄帝龙颜，得天庭阳，上法中宿，取象文昌。戴天履阴，乘数制刚。"注云："颜有龙象，似轩辕也。庭阳，太微庭也。戴天，天文在首。履阴，阴字在足下也。制纲纪也，纪正四辅也。"可知纬书认为黄帝有龙颜之象（眉骨突出而高鼻深目，似龙），是取法三垣之太微庭（太微垣）之缘故。又如"颛顼骈干，上法月参，集威成纪，以理阴阳"。注云："骈犹重也。水精主月，参伐主斩刘，成功兼

①［东汉］许慎撰，［北宋］徐铉校定：《说文解字》，北京：中华书局，2013年版，第259页。

②［南唐］徐锴传释，［南唐］朱翱反切：《说文解字系传》（五），北京：中华书局，1985年版，第677页。

③［清］赵在翰辑，钟肇鹏、萧文郁点校：《七纬（附论语谶）》（下），北京：中华书局，2012年版，第367页。

此，月职重助费以为表。"可知帝颛顼骈干（肋骨相联），是因为取法月相与参宿之意。又如"尧眉八彩，是谓通明。历象日月，璿机玉衡"。可知帝尧眉毛有八种颜色，是因为取象日、月、星辰，以明改定历法之意。又如"舜重瞳子，是为滋凉，上应摄提，下应三元"。宋均注："滋凉，有滋液之润，且清凉光明而多见也。"可知帝舜重瞳（眼中有两个瞳孔），是取象摄提星。又如"武王骈齿，是谓刚强。取象参房，承命诛害，以顺天心"。宋均注："房为明堂，主布政之宫。参为大辰，主斩杀。兼此二者，故重齿为表。"①可知周武王之所以骈齿（牙齿重叠），是取象参宿与房宿，参宿主杀伐，房宿象征明堂，主施政，因此以骈齿为代表。另，《尚书中候·仪明》："仁人杰出，握表之象，日角，姓合音之于。"郑注："日角，谓中庭骨起，状如日。"②可知圣人感生有日角之相（额骨中央凸起）者，是取其象日而言。再，《孝经援神契》："尧鸟庭荷胜八眉。"注云："尧，火精人也。鸟庭，庭有鸟骨表，取象朱鸟与太微庭也。朱鸟戴圣，荷胜似之。八眉，眉彩色有八。"③皮锡瑞亦言："庭中骨，盖谓额骨也。"④可知帝尧鸟庭（额骨凸起），是取象二十八宿之南方朱雀与太微庭之故。《孝经钩命决》载："夫子骈齿。"注云："象钩星也。"⑤可知孔子骈齿（牙齿重叠）之异表，是取象房宿与心宿

① 以上《春秋元命苞》诸条见［清］赵在翰辑，钟肇鹏、萧文郁点校：《七纬（附论语谶）》（下），北京：中华书局，2012年版，第419—421页。

② ［东汉］郑玄注，［清］袁钧辑，［清］皮锡瑞疏证，吴仰湘点校：《尚书中候疏证》，载吴仰湘编：《皮锡瑞全集》第一册，北京：中华书局，2015年版，第621—622页。

③ ［清］赵在翰辑，钟肇鹏、萧文郁点校：《七纬（附论语谶）》（下），北京：中华书局，2012年版，第695页。

④ ［东汉］郑玄注，［清］袁钧辑，［清］皮锡瑞疏证，吴仰湘点校：《尚书中候疏证》，载吴仰湘编：《皮锡瑞全集》第一册，北京：中华书局，2015年版，第623页。

⑤ ［清］赵在翰辑，钟肇鹏、萧文郁点校：《七纬（附论语谶）》（下），北京：中华书局，2012年版，第725页。

之间的钩星，钩星九星如钩状，正如骈齿。

第四，感生分有父感生与无父感生两种模式。

一者，无父感生模式是较为常见的观点，如《河图》："黄帝母曰地祇之子，名附宝，之郊野，大霓绕北斗枢星，感附宝生轩辕。"①故此黄帝母附宝未婚而感北斗星之气而生黄帝。《春秋元命苞》："黄帝时，大星如虹，下流华渚，女节梦接，意感，生白帝朱宣。"②故此少昊氏之母女节感大星之气而生朱宣（少昊氏）。此种例子在谶纬文献中极多，此不赘述。

二者，有父感生模式，即有生身之父但仍被认为是感生，此类模式会出现其父是其生身之父还是星象之歧义，史书已有此说，如《帝王世纪》载："黄帝，少典之子，姬姓也。母曰附宝，见大电光绕北斗枢星照野，感附宝而生黄帝于寿丘。"③故此皇甫谧认为，黄帝既为少典之子，即其生父为人，又言黄帝为感北斗枢星而生，因此也是感生而来。但皇甫氏并未解释二者抵牾之处。

郑玄认可有父感生之说，其《驳五经异义·圣人感天而生》言：

《异义》："《诗》齐、鲁、韩、春秋公羊说：圣人皆无父，感天而生。《左氏》说：圣人皆有父。谨案：《尧典》：以亲九族，即尧母庆都感赤龙而生尧，尧安得九族而亲之？《礼谶》云：唐五庙，知不感天而生。"

《驳》曰："诸言感生则无父，有父则不感生，此皆偏见之说也。《商颂》曰：天命玄鸟，降而生商。谓娥简狄吞鳦子生

① ［清］黄奭撰，郑杰文、李梅训校点：《通纬佚书考》，载《儒藏》精华编第一三一册：经部·谶纬类，北京：北京大学出版社，2013年版，第10页。

② ［清］赵在翰辑，钟肇鹏、萧文郁点校：《七纬（附论语谶）》（下），北京：中华书局，2012年版，第423页。

③ ［西晋］皇甫谧著，刘晓东等点校：《帝王世纪》，载《二十五别史》，济南：齐鲁书社，2000年版，第5页。

契，是圣人感生，见于经之明文。刘媪是汉太上皇之妻，感赤
龙而生高祖，是非有父感神而生者也？且夫蒲卢之气姁煦桑虫
成为己子，况乎天气，因人之精，就而神之，反不使子贤圣
乎？是则然矣，又何多怪。"①

　　皮锡瑞认为康成此处感生之说并非出于纬书，而是与经义相合，遵
从经书之义。②但康成公之意，感生与有父，二者并不矛盾，感生说在
于说明万物皆禀气而生，微小如蒲卢与螟蛉，亦然。郑注《中庸》"夫
政也者，蒲卢也"云："蒲卢，蜾蠃谓土蜂也。《诗》曰：'螟蛉有子，
蜾蠃负之。'螟蛉，桑虫也。蒲卢取桑虫之子，去而变化之，以成为己
子。政之于百姓，若蒲卢之于桑虫然。"③"蒲卢"为"蜾蠃"，是为土
蜂，螟蛉为桑树上的小青虫，古人认为蒲卢纯雄无雌，无法繁育后代，
因此取螟蛉幼子抚育为己子。故此郑意螟蛉因感蒲卢之气而从螟蛉变成
蒲卢，螟蛉有父，但仍禀蒲卢之气，最终成为蒲卢，以此推之，证明圣
人有父而感生非奇怪之论。另，从郑意可推论之：因人皆感气而生论
之，圣人与常人相同，故圣王需借父母之身而生，与常人禀气而借父母
而生相同。但个人秉气不同，各得所归，普通人禀气不同于圣王禀赋
"天气"（星气）而生，惟强调其圣贤之特殊性耳。段玉裁认为郑玄所论
"有父感神而生"之说是"郑君调停之说"，深得郑义，康成言"有父"
与"感生"相合之论，正是调和今古文之意；段氏继而言之："许作

---

　　①［清］皮锡瑞：《驳五经异义疏证》，载［清］陈寿祺、［清］皮锡瑞著，王
丰先点校：《五经异义疏证、驳五经异义疏证》，北京：中华书局，2014年版，第
473—474页。

　　②［清］皮锡瑞：《驳五经异义疏证》，载［清］陈寿祺、［清］皮锡瑞著，王
丰先点校：《五经异义疏证、驳五经异义疏证》，北京：中华书局，2014年版，第
475—476页。

　　③［东汉］郑玄注，［唐］孔颖达等正义：《礼记正义》，载［清］阮元校刻：
《十三经注疏》（三），北京：中华书局，2009年影印本，第3535页。

《异义》时，从左氏说圣人皆有父。造《说文》，则云神圣之母感天而生，不言圣人无父，则与郑说同矣。"①可知整体而论，许慎对于圣人有父感生还是无父感生，采取二者皆存的思路。而郑玄认为汉高祖之母感赤龙而生刘邦，证明康成认可有父感生之说。

日本学者内藤湖南先生说："东北亚各国，即从东部蒙古以东的各民族到朝鲜、日本，有一个共通的开国传说。也就是由于感应到太阳或另外某种东西的灵气，处女生子，成为开国始祖的传说。"②内藤先生认为感生帝感应天象而生是东北亚各国的共通传说，但关于东亚其他国家的感生传说与中国周始祖后稷和殷始祖契的感生传说之间是否有流传关系，内藤氏并未作出直接说明，只认为或许中国北方也有同东北亚各国相同的感生帝传说。③可以看出，这种感生帝传说无论形式是否不同，都反映了"感生"这一传说模式来解释始祖的与众不同、身份显赫，而且得自非人力所能为的其他力量之支持，而感生的对象也多是星象，故此感生说所要赋予始祖为独特性与超越性，因此可以王天下。

三、感生说与同祖说

上文已述感生说之诸特点，与感生说同时相对的观点是同祖说，其认为：王者为胎生，有父而生子，始祖为同一人祖。如《史记·五帝本纪》所载五帝为黄帝、颛顼、帝喾、唐尧、虞舜。这种从黄帝至舜之谱系，而五帝之间均有血缘关系以承接之，追溯其祖皆为黄帝，说明《史记》所主为同祖说。唐张守节《史记正义》案："太史公依《世本》《大

---

① ［清］段玉裁：《说文解字注》，北京：中华书局，2013年版，第618页。
② （日）内藤湖南：《东北亚各国的感生帝说》，载氏著，林晓光译：《东洋文化史研究》，上海：复旦大学出版社，2016年版，第172页。
③ （日）内藤湖南：《东北亚各国的感生帝说》，载氏著，林晓光译：《东洋文化史研究》，上海：复旦大学出版社，2016年版，第177页。

戴礼》，以黄帝、颛顼、帝喾、唐尧、虞舜为五帝。"①可知太史公其说来自先秦史籍《世本》与《大戴礼》之《五帝德》《帝系》两篇等文献。

《史记·三代世表》所载张夫子问《诗经》言商始祖契与周始祖后稷皆无父而生，但传记言圣王皆有父，其祖为黄帝，如何看待二者之矛盾？褚先生认为："《诗》言契生于卵，后稷人迹者，欲见其有天命精诚之意耳。鬼神不能自成，须人而生，奈何无父而生乎！……舜、禹、契、后稷皆黄帝子孙也。黄帝策天命而治天下，德泽深后世，故其子孙皆复立为天子，是天之报有德也。人不知，以为泛从布衣匹夫起耳。夫布衣匹夫安能无故而起王天下乎？其有天命然。"②褚氏认为所谓无父感生之说只是为了强调其受天命而可以具有王天下之资格，但无父感生现实则根本无法做到。帝舜、大禹、契、后稷等皆为黄帝子孙，黄帝受天命而王天下，积德数百年，因此子孙后代可以承接天命而王，故感生之说不确。

褚氏之言代表了肯定同祖说而反对感生说之史家的态度。然问题是：褚氏为何要坚持同祖说呢？顾颉刚先生认为：从古书可知，周时各民族原各有其始祖，与其他部族并不相同。但战国以来七国并立，统一了诸多小国，秦始皇虽统一中国，但各部族均有自己之祖先崇拜，并不能依靠武力统一，因此"把祖先和神灵的'横的系统'改成了'纵的系统'，把甲国的祖算做了乙国的祖的父亲，又把丙国的神算做了甲国的祖的父亲"，形成了全部始祖是黄帝这样大一统的祖先文化。③裘锡圭先生也赞同顾先生之论，他说："顾氏认为我国古代各族都出自黄帝的大一统帝王世系，是战国以来各族不断融合、各国逐渐趋于统一的大形势

---

① ［西汉］司马迁撰，［南朝宋］裴骃集解，［唐］司马贞索隐，［唐］张守节正义：《史记》（修订本）第一册，北京：中华书局，2014年版，第1页。

② ［西汉］司马迁撰，［南朝宋］裴骃集解，［唐］司马贞索隐，［唐］张守节正义：《史记》（修订本）第二册，北京：中华书局，2014年版，第640—642页。

③ 顾颉刚：《顾颉刚古史论文集》第一册，北京：中华书局，1988年版，第224—225页。

的产物。这显然是很有道理的。"①因此，同祖说其实是秦汉以来大一统思想之下的产物，与政治文化密切相关。

但感生说认为其各自始祖均不同，彼此之间也没有血缘关系，并非出于黄帝，而是出于上帝，则强调帝王受命源自上天，并非仅仅来自始祖，因此将受命之本提升为天道，打破了"万世一系"的政治格局。因此，感生说与同祖说，其实是反映了两种祖先崇拜文化与对于受命来源的不同追溯，对于天人关系与古今关系的不同论述和践行。具言之：感生说强调易姓受命，受命之征兆皆从天而来，彼此之间无血缘关系，强调"天下为公"；同祖说强调同祖传承，始祖均有血缘关系，强调"大一统"，如五帝是按照血亲世系所排列出来的，而且均源出黄帝，是黄帝的子孙后代。

虽然司马迁《史记·五帝本纪》采取了同祖说的历史书写模式，但也在其中记载了圣王感生诸说。后世史学家也多有将二者结合的倾向，并加入谶纬学的感生神话。如唐张守节《史记正义》在对"黄帝"注释时认为："黄帝有熊国君，乃少典国君之次子，号曰有熊氏，又曰缙云氏，又曰帝鸿氏，亦曰帝轩氏。母曰附宝，之祁野，见大电绕北斗枢星，感而怀孕，二十四月而生黄帝于寿丘。"②张氏在注中一方面认为黄帝是少典国君的次子，另一方面又认为黄帝为其母附宝感北斗枢星而生，以谶纬学所主导的六天说感生系统理论作为补充，具有弥合感生说与同祖说的倾向，也是对于有父感生与无父感生的调和之举。

上文可知郑玄取谶纬学之感生说为其理论根基。康成为何有如此观点？笔者认为：一者，谶纬中的感生说可谓集大成。今日所见谶纬文献中多记载圣王感天而生，这种观点其实是为了揭示帝王具有受命之资

---

① 裘锡圭：《新出土先秦文献与古史传说》，载裘锡圭：《中国出土古文献十讲》，上海：复旦大学出版社，2004年版，第25页。

② ［西汉］司马迁撰，［南朝宋］裴骃集解，［唐］司马贞索隐，［唐］张守节正义：《史记》（修订本）第一册，北京：中华书局，2014年版，第2页。

格，而这种资格的深层含义在于说明朝代更替有其上天之源，这种渊源是来自于天的公共性，并非一家一姓之私人德性可相比拟的，沿袭了"天下为公"的经学文明价值，与汉代政治文化密切相关。二者，感生说与纬书之历史谱系相关，其借用天文历法之历算方法，描述了一个十分广阔的历史谱系，而这种长阶段的上古历史叙述，为郑玄描绘历代礼制之变革、帝王谱系与王者受命之关系，都提供了较好的时间长度以供解释。三者，郑玄对于谶纬学的吸收，很大程度在于对六天说理论的吸收与建构，而感生说是六天说的基本理论基石，郑玄对感生说的认可，正说明康成对于六天说的采纳，以此完成其弥合经学矛盾，进而统合六经之理想。

第三节　郑氏六天说考辨

一、郑氏六天说简述

感生说与郑玄六天说关系密切，在于感生说是六天说的理论来源之一，从六天说而论，王者俱是感生，即感北辰星与五帝座星之气而生。

> 《尚书中候·敕省图》："高阳氏尚赤，以十一月为正，荐玉以赤缯。高辛氏尚黑，以十三月为正，荐玉以黑缯。陶唐氏尚白，以十二月为正，荐玉以白缯。有虞氏尚赤，以十一月为正。"
>
> 郑注："德合北辰星者皆称皇。《运斗枢》：'伏羲、女娲、神农为三皇也。'德合五帝坐星者称帝，则黄帝、金天氏、高

阳氏、高辛氏、陶唐氏、有虞氏是也。实六人而称五者，以其俱合五帝坐星也。女娲修伏羲之道，无改作。"①

《史记正义》：郑玄注《中候·敕省图》云："德合五帝坐星者，称帝。"又《坤灵图》云："德配天地，在正不在私，曰帝。"②

按：《易纬坤灵图》云"德配天地，在正不在私，曰帝"，郑玄注《中候》言"德合北辰星者皆称皇""德合五帝坐星者称帝"，似乎三皇五帝仅仅是从德性符合"天地""北辰星"与"五帝座星"角度来论，并没有直接指向王者是感生星气之说。但孔颖达《诗谱序》疏曰："郑注《中候·敕省图》，以伏牺、女娲、神农三代为三皇，以轩辕、少昊、高阳、高辛、陶唐、有虞六代为五帝。德合北辰者皆称皇，感五帝座星者皆称帝，故三皇三而五帝六也。"③此处言"感五帝座星"是谓同类相感，此说亦可见诸经学与子学文献。如《周易·文言传》载子曰："同声相应，同气相求，水流湿，火就燥，云从龙，风从虎，圣人作而万物睹。本乎天者亲上，本乎地者亲下，则各从其类也。"④《吕氏春秋·召类》："类同相召，气同则合，声比则应。故鼓宫而宫应，鼓角而角动。

---

① ［东汉］郑玄注，［清］袁钧辑，［清］皮锡瑞疏证，吴仰湘点校：《尚书中候疏证》，载吴仰湘编：《皮锡瑞全集》第一册，北京：中华书局，2015年版，第585页。

② ［西汉］司马迁撰，［南朝宋］裴骃集解，［唐］司马贞索隐，［唐］张守节正义：《史记》（修订本）第一册，北京：中华书局，2014年版，第1页。

③ ［西汉］毛亨传，［东汉］郑玄笺，［唐］孔颖达等正义：《毛诗正义》，载［清］阮元校刻：《十三经注疏》（一），北京：中华书局，2009年影印本，第554页。

④ ［三国魏］王弼、［东晋］韩康伯注，［唐］孔颖达等正义：《周易正义》，载［清］阮元校刻：《十三经注疏》（一），北京：中华书局，2009年影印本，第28页。

以龙致雨，以形逐影。祸福之所自来，众人以为命，焉不知其所由。"①
《春秋繁露·同类相动》："气同则会，声比则应，其验皦然也。试调琴
瑟而错之，鼓其宫则他宫应之，鼓其商而他商应之，五音比而自鸣，非
有神，其数然也。美事召美类，恶事召恶类，类之相应而起也。"②可
知，同类事物具有共同之属性，才可以相感。孔疏指出"德合北辰者皆
称皇，感五帝座星者皆称帝"，此二句上下文相通，言三皇与北星辰之
德相合，五帝与五帝座星之德亦相合，同类相感，同类相通，因此在郑
玄看来，"德合"与"感星"相合，所谓"德合"即感星气之德，亦可
谓感星气而生，故此在郑玄谶纬学体系中，王者皆是感星气而生之圣
王。同样，《礼记正义·曲礼》孔疏亦言："熊氏云：'三皇称皇者，皆
行合天皇之星。'故《诗纬含神雾》宋均注云：'北极天皇大帝，其精生
人。'然则称皇者，皆得天皇之气也。"③可知三皇皆感北辰星之精而生，
此亦为后世儒生所继承。另，此说亦可见诸郑注《易纬》：

> 《易纬通卦验》载孔子曰：太皇之先，与耀合元，精五帝
> 期，以序七神。
>
> 郑注：耀者耀魄宝，北辰帝名也。此言太微之帝，本与北
> 辰之帝同元。元，天之始也。其精有五，谓苍帝灵威仰之
> 属也。④
>
> 皮锡瑞《尚书中侯·敕省图》疏证：郑以北辰耀魄宝为皇

① ［东汉］高诱注，［清］毕沅校，徐小蛮标点：《吕氏春秋》，上海：上海古
籍出版社，2014年版，第487页。
② ［清］苏舆撰，钟哲点校：《春秋繁露义证》，北京：中华书局，1992年版，
第358页。
③ ［东汉］郑玄注，［唐］孔颖达等正义：《礼记正义》，载［清］阮元校刻：
《十三经注疏》（三），北京：中华书局，2009年影印本，第2665页。
④ ［清］赵在翰辑，钟肇鹏、萧文郁点校：《七纬（附论语谶）》（上），北京：
中华书局，2012年版，第127页。

天，灵威仰之属为五帝，禀耀魄宝之精以生而德合北辰者称
皇，禀灵威仰之属之精以生而德合五帝坐星者称帝，其义盖出
纬候。①

故此郑玄认为，三皇五帝需要满足的条件是禀天帝之精与德合天
星，而二者实则统一，天帝之精即为德合天星，德合天星亦禀天地
之精。

郑玄遵从纬书之说，并不认为三皇即为人类之始祖，盖因在三皇前
也有其他以"皇"著称者，如《易纬通卦验》论之"燧人之皇没，虑戏
生"②，可知遂皇在伏羲之前。郑玄对于遂皇之所法亦与天象有关：

> 《易纬通卦验》：遂皇始出握机矩，表计宜，其刻曰苍牙通
> 灵，昌之成，孔演命，明道经。
>
> 郑注：遂皇谓燧人，在虑羲前，始王天下。但持斗机运之
> 法，指天以施教令，作其图纬之计演，时无书，刻曰苍精牙肩
> 之人能通神灵之意，谓虑羲将作《易》也。③

可知遂皇是以北斗七星以施政教。即《礼纬斗威仪》所言："宫主
君，商主臣，角主父，徵主子，羽主夫，少宫主妇，少商主政，是法北
斗而为七政。"④但《易纬》认为遂皇时无文，因此燧人氏没有制作一王

① ［东汉］郑玄注，［清］袁钧辑，［清］皮锡瑞疏证，吴仰湘点校：《尚书中
候疏证》，载吴仰湘编：《皮锡瑞全集》第一册，北京：中华书局，2015年版，第
585页。

② ［清］赵在翰辑，钟肇鹏、萧文郁点校：《七纬（附论语谶）》（上），北京：
中华书局，2012年版，第127页。

③ ［清］赵在翰辑，钟肇鹏、萧文郁点校：《七纬（附论语谶）》（上），北京：
中华书局，2012年版，第127页。

④ ［清］赵在翰辑，钟肇鹏、萧文郁点校：《七纬（附论语谶）》（上），北京：
中华书局，2012年版，第304页。

大典，即并非《易经》之制作者，也并非感北辰星之精而生，故并不在三皇序列之中。

王者既是感星气而生，则星气具体所指何物？郑玄已明确表述：星气包括北辰星与五帝座星，此即郑氏之"六天说"。具体而言，北辰星即北极星，是天空最亮之星，在紫微垣之中；五帝座星，即木、火、土、金、水五星，即五行之星，在太微垣之中。郑玄认为五星各有神名，是为：苍帝灵威仰，赤帝赤熛怒，黄帝含枢纽，白帝白招拒，黑帝汁光纪。①而王者之先祖，皆感此太微五帝之精而生。故在郑玄看来，三皇是伏羲、女娲、神农，皆感北辰星而生；五帝是黄帝、少昊（帝宣，金天氏）、颛顼（高阳氏）、帝喾（高辛氏）、尧帝（陶唐氏）、舜帝（有虞氏），皆感五帝座星而生。之所以有六位五帝，在于康成认为五帝并不是指五位圣王，而是指能感五帝座星之帝王，此六位俱可感五帝座星，因此都是五帝。若郑氏所言，王者之先祖皆是感五帝座星而生，则后世之帝王能感五帝座星而生，也可以称之为五帝，此可谓"泛五帝说"，即所有感五帝座星之先祖皆是五帝，五帝之范围并不仅限于此六位帝王。

另外，郑玄也将三皇之首伏羲氏配苍帝灵威仰，如《易纬通卦验》"其刻曰苍牙通灵"一句，郑注："刻曰苍精牙肩之人能通神灵之意，谓虑羲将作《易》也。"②"苍精"是谓苍帝之精，后文言伏羲将作《易经》，是伏羲氏感苍帝而生明矣。《周礼·大宗伯》郑注："礼东方以立春，谓苍精之帝，而太昊、句芒食焉。"③太昊即伏羲氏，因此伏羲感苍

① ［东汉］郑玄注，［唐］孔颖达等正义：《礼记正义》，载［清］阮元校刻：《十三经注疏》（三），北京：中华书局，2009年影印本，第3264页。

② ［清］赵在翰辑，钟肇鹏、萧文郁点校：《七纬（附论语谶）》（上），北京：中华书局，2012年版，第127页。

③ ［东汉］郑玄注，［唐］贾公彦疏：《周礼注疏》，载［清］阮元校刻：《十三经注疏》（二），北京：中华书局，2009年影印本，第1644页。

帝之精而生。又可见之《孝经钩命决》："华胥履迹，怪生皇牺。"①注云②："灵威仰之迹也。履迹而生，以为奇怪也。"③《河图》亦言："燧人之世，大迹出雷泽，华胥履之，生伏羲。"④而此处《孝经钩命决》《河图》诸谶纬之意，将三皇之感生也纳入五方帝之系统中，则伏羲氏是感东方苍帝灵威仰而生，与上文郑玄言伏羲氏是苍精相合。故此郑玄一方面认为伏羲氏是感北辰星而生，另一方面也认为伏羲感东方苍帝灵威仰而生，或者是郑玄"随文求义"，因此两说皆存。

此外，郑氏六天说见诸郑注者，可见于以下文献：

甲.《礼记》郑注类

《礼记·月令》郑注：迎春，祭仓帝灵威仰于东郊之兆也。（第2935页）……皇天，北辰耀魄宝，冬至所祭于圜丘也。上帝，大微五帝。（第2968页）《礼记·礼器》郑注：上帝，周所郊祀之帝，谓苍帝灵威仰也。（第3116页）……缩帝于郊，以四时所兆，祭于四郊者也。孔疏：木帝于东郊，火帝于南郊，金帝于西郊，水帝于北郊，土帝亦于南郊。又王者各祭感生之帝于南郊，故《小宗伯》云"兆五帝于四郊"，谓此也。（第3119—3120页）《礼记·大传》郑注：凡大祭曰禘。自，由也。大祭其先祖所由生，谓郊祀天也。王者之先祖，皆感大微五帝之精以生，苍则灵威仰，赤则赤熛怒，黄则含枢纽，白

---

① [清]赵在翰辑，钟肇鹏、萧文郁点校：《七纬（附论语谶）》（下），北京：中华书局，2012年版，第731页。

② 按：此处所载注是否是郑玄所作，难以定论。本书第一章考证郑玄并无《孝经纬》之注，则此处注或为后人所作。

③ [清]赵在翰辑，钟肇鹏、萧文郁点校：《七纬（附论语谶）》（下），北京：中华书局，2012年版，第731页。

④ [清]黄奭撰，郑杰文、李梅训校点：《通纬佚书考》，载《儒藏》精华编第一三一册：经部·谶纬类，北京：北京大学出版社，2013年版，第10页。

则白招拒，黑则汁光纪，皆用正岁之正月郊祭之，盖特尊焉。《孝经》曰"郊祀后稷以配天"，配灵威仰也；"宗祀文王于明堂，以配上帝"，泛配五帝也。（第3264页）《礼记·郊特牲》孔疏言郑氏六天说云：天有六天，天为至极之尊，其体只应是一。而郑氏以为六者，指其尊极清虚之体，其实是一；论其五时生育之功，其别有五：以五配一，故为六天。据其在上之体谓之天，天为体称……因其生育之功谓之帝，帝为德称也。（第3129页）①

乙.《周礼》郑注类

《周礼·大宗伯》郑注：此礼天以冬至，谓天皇大帝，在北极者也。礼地以夏至，谓神在昆仑者也。礼东方以立春，谓苍精之帝，而太昊、句芒食焉。礼南方以立夏，谓赤精之帝，而炎帝、祝融食焉。礼西方以立秋，谓白精之帝，而少昊、蓐收食焉。礼北方以立冬，谓黑精之帝，而颛顼、玄冥食焉。（第1644页）《周礼·小宗伯》郑注：五帝，苍曰灵威仰，太昊食焉；赤曰赤熛怒，炎帝食焉；黄曰含枢纽，黄帝食焉；白曰白招拒，少昊食焉；黑曰汁光纪，颛顼食焉。黄帝亦于南郊。（第1653页）②

丙.《论语》郑注类

皇皇后帝，并谓太微五帝。在天为上帝，分土五方为五帝。③

---

① 以上《礼记》诸篇郑注见［东汉］郑玄注，［唐］孔颖达等正义：《礼记正义》，载［清］阮元校刻：《十三经注疏》（三），北京：中华书局，2009年影印本。

② 以上《周礼》诸篇郑注见［东汉］郑玄注，［唐］贾公彦疏：《周礼注疏》，载［清］阮元校刻：《十三经注疏》（二），北京：中华书局，2009年影印本。

③ 明皇注"周公因祀五方上帝于明堂，乃尊文王以配之也"邢疏所引，载［唐］李隆基注，［宋］邢昺疏，金良年整理：《孝经注疏》，上海：上海古籍出版社，2009年版，第47页。

丁.《尚书中候》郑注类

《尚书中候·握河纪》郑注：龙而形象马，故云马图。是龙马负图而出，赤熛怒之使也。（第599—601页）皮锡瑞疏证：尧感赤熛怒之精以生，故知此龙马为赤熛怒之使也。（第603页）《尚书中候·洛予命》郑注：黑鸟，黑帝汁光纪之使。（第630—632页）《尚书中候·摘洛戒》郑注：周公摄政，归美成王，制礼作乐，天下治和。荣光五色从河水出，幕覆其上。浮云从荣光中来。青龙者，苍帝灵威仰之使也。（第662—663页）皮锡瑞疏证：云"青龙者，苍帝灵威仰之使也"者，周，苍帝之子，周为木德，威仰木帝。……青、苍同色，东方青龙亦作苍龙。以其龙是青龙，知为苍帝灵威仰之使，犹尧之马图，知为赤熛怒之使；汤之黑鸟，知为黑帝汁光纪之使也。（第665页）[1]

戊.郑玄《六艺论》

若禹观河见长人，皋陶于洛见黑公，汤登尧台见黑鸟至，武王渡河白鱼跃，文王赤雀止于户，秦穆公白雀集于车，是其变也。[2]

从上可知，郑氏六天说，简而言之，是论天共有六天，包括五方帝与昊天上帝。此六天说见诸郑注《尚书中候》、郑玄早期著作《六艺论》等郑玄谶纬学文献之中，亦见诸郑注《礼记·月令》《礼记·礼器》《礼记·大传》《周礼·大宗伯》《周礼·小宗伯》等郑氏三礼注之中，同时

---

① 以上《尚书中候》诸篇页码见［东汉］郑玄注，［清］袁钧辑，［清］皮锡瑞疏证，吴仰湘点校：《尚书中候疏证》，载吴仰湘编：《皮锡瑞全集》第一册，北京：中华书局，2015年版。

② ［东汉］郑玄撰，［清］皮锡瑞疏证，吴仰湘点校：《六艺论疏证》，载吴仰湘编：《皮锡瑞全集》第三册，北京：中华书局，2015年版，第509页。

可在郑注《孝经》《论语》等经典中查之，说明其是郑玄谶纬学体系中十分重要的内容，并伴随郑玄整体之经注与纬注。虽然郑玄认为六经之中言天者多"以己情所求言之"，应"各从其主"，但这种观点是基于对六艺经传不同而异义迭生而论，对于郑玄经学的整体建构与诠释来说，六天说是郑玄最为重视的天论体系。

根据经纬文献之郑注，郑氏六天说相关属性可列于下表：

表1　郑氏六天说属性

六天帝之名称	天皇大帝耀魄宝	东方苍帝灵威仰	南方赤帝赤熛怒	中央黄帝含枢纽	西方白帝白招拒	北方黑帝汁光纪
三垣之属	紫微垣	太微垣	太微垣	太微垣	太微垣	太微垣
郊祀方位	圜丘	东郊	南郊	南郊	西郊	北郊
祭祀之时	冬至	立春	立夏	长夏	立秋	立冬
配食五神		太昊	炎帝	黄帝	少昊	颛顼
配食五佐		句芒	祝融	后土	蓐收	玄冥
纬书之三皇五帝	伏羲、女娲、神农	帝喾（高辛氏）	尧帝（陶唐氏）	黄帝、舜帝（有虞氏）	少昊（帝宣，金天氏）	颛顼（高阳氏）
五方帝之使		青龙	龙马负图	黄龙	河精（长人）	黑鸟

综合郑注经纬文献可知，郑氏六天说有以下特点：

第一，从感生说而论，王者之先祖，皆感太微五帝之精而生，太微是太微垣，为五帝座星之所在，五帝是五方帝，具体是东方苍帝灵威仰，南方赤帝赤熛怒，中央黄帝含枢纽，西方白帝白招拒，北方黑帝汁光纪，孔疏言此五帝者，为郑玄采用《春秋文耀钩》之文。

第二，祭天与六天说关系密切，皇天是谓北辰耀魄宝，祭皇天则冬至日祭于圜丘。上帝是谓太微五帝，分别祭于四郊，并配食神祇，如立春祭东方苍帝（木帝）灵威仰于东郊，以太昊、句芒配食；立夏祭南方赤帝（火帝）赤熛怒于南郊，以炎帝、祝融配食；立秋祭西方白帝（金帝）白招拒于西郊，以少昊、蓐收配食；立冬祭北方黑帝（水帝）汁光纪于北郊，以颛顼、玄冥配食；长夏祭中央黄帝（土帝）含枢纽于南郊，以黄帝、后土配食。

第三，五方帝皆有使者以授天命，如尧之龙马负图而出是南方赤帝赤熛怒之使，舜之黄龙是中央黄帝含枢纽之使①，禹之河精（长人）是西方白帝白招拒之使②，汤之黑鸟是北方黑帝汁光纪之使，周公之青龙是东方苍帝灵威仰之使③。

第四，郑氏六天说之经学系统与谶纬学系统稍有差异。《论语》郑注与《郊特牲》孔疏皆言郑注经学系统之天分六天，是所区分者不同：从天的至尊属性而言，天只有一个，即六天说全是言天，天是至尊无上的；但从五方帝各自可以感生人间始祖这一生育之功德而言，需要区分

①《尚书中候》载："舜礼坛于河畔，沉璧，礼毕，至于下稷，荣光休至。黄龙负卷舒图，出水坛畔，赤文绿错。"见［东汉］郑玄注，［清］袁钧辑，［清］皮锡瑞疏证，吴仰湘点校：《尚书中候疏证》，载吴仰湘编：《皮锡瑞全集》第一册，北京：中华书局，2015年版，第616—617页。此处郑注不存，而纬书并未明确言黄龙为中央黄帝含枢纽之使，然考之纬书与郑注言其余五方帝之使，又及帝舜为黄精，可推之此处黄龙为含枢纽之使，应属无误。

②《尚书中候·握河纪》载："伯禹曰：'臣观河伯面长人首鱼身，出曰："吾河精也。"'"见［东汉］郑玄注，［清］袁钧辑，［清］皮锡瑞疏证，吴仰湘点校：《尚书中候疏证》，载吴仰湘编：《皮锡瑞全集》第一册，北京：中华书局，2015年版，第607页。郑玄《六艺论》载："若禹观河见长人。"见［东汉］郑玄撰，［清］皮锡瑞疏证，吴仰湘点校：《六艺论疏证》，载吴仰湘编：《皮锡瑞全集》第三册，北京：中华书局，2015年版，第509页。郑玄并未明言河精为西方白帝白招拒之使，但此说广泛见于诸经典之中，如《博物志·卷七·异闻》："昔夏禹观河，见长人鱼身出曰：'吾河精。'岂河伯耶？"《水经注·卷二·河水二》："禹治洪水，西至洮水之上，见长人，受黑玉书于斯水上。"《宋书·志第十七·符瑞上》："禹观于河，有长人白面鱼身，出曰：'吾河精也。'呼禹曰：'文命治淫。'言讫，授禹《河图》，言治水之事，乃退入于渊。"《稽瑞》引孙氏《瑞应图》曰："河精，水神也，人头鱼身，握武修文，感夏禹而出。"故可推论此处河精（长人）为白招拒之使，应属无误。

③ 由于谶纬"文献不足征"，《尚书中候》并没有直接关于周文王与周武王的类似记载，故只能遵循郑义，以周公之青龙言苍帝灵威仰之使者。然从谶纬逻辑来论，可推知文武所接受的苍帝之使亦为青龙。

为五天帝，即五天，因此五天帝配一至尊天帝，合称为六天说。但从郑玄谶纬学系统而论，六天说在于说明三皇与五帝所感之星气不同，三皇（伏羲、女娲、神农）皆感紫微垣之北辰星而生，五帝（黄帝、少昊、颛顼、帝喾、尧帝、舜帝）皆感太微垣之五帝座星而生，此亦是六天说。经学系统不言三皇感北辰星而生，或因与经学所言五帝系统难以匹配，故多言感太微五帝，而少言感紫微北辰之气。或以为郑玄谶纬注为其早期作品，故受星象之学影响颇深，对于三皇、五帝之感星气而生的具体王者划分较为明确；而《三礼注》乃至于《论语注》为康成中晚期之作，故郑玄此时试图将六天说体系与经学祭礼结合得更加圆融，主要赋予天皇大帝耀魄宝以祭祀圜丘之属性，而不言其为三皇感生之本，因此与谶纬家言颇具差异性。

二、六天说来源辨析

郑氏六天说多为后世儒生所诟病，认为其是不经之论，今人张舜徽先生说："论者或病郑氏注《礼》，以灵威仰、赤熛怒、含枢纽、白招拒、叶光纪释五帝（见《周礼》小宗伯'兆五帝于四郊'注），全出纬书，奇诡不经，最为王肃所嗤。然考之于史，明帝永平二年，宗祀光武于明堂以配五帝。李贤《后汉书》注引《五经通义》，即以此五名当之。可知其时五帝之名，沿用纬书，载在祀典。郑氏注经时，取其俗所共知，直就汉制言之耳。魏人张揖撰《广雅》，尝录此五帝之名入《释天》，亦承用两汉经师旧说也。"① 可知张氏虽亦言郑氏六天说之五方帝系统"奇诡不经"，但也论其说有其源头，并非郑玄私造，郑玄对于谶纬的采纳也是当时事宜。

---

① 张舜徽：《郑学叙录》，载氏著：《郑学丛著》，武汉：华中师范大学出版社，2005年版，第97页。

关于郑氏六天说的形成，崔适认为其有《周礼》、星象、纬书以及五人帝等思想源头[①]，徐兴无先生亦言："郑玄便试图将谶纬中的三皇说用星象之说讲得更圆融，将宗法圣统中的五帝也归入太微五帝的体系中。"[②]然详加分析，仍有诸多可论之处，下文将具体论之。

第一，谶纬中关于六天说记载举例。如《尚书帝命验》："帝者承天，立五府以尊天重象。五府，五帝之庙，苍曰灵府，赤曰文祖，黄曰神斗，白曰显纪，黑曰玄矩。唐虞谓之五府，夏谓世室，殷谓重屋，周谓明堂，皆祀五帝之所也。"注："唐虞之天府，夏之世室，殷之重屋，皆同矣。象五精之神，天有五帝，集居太微，降精以生圣人。故帝者承天立五府，是为天府。赤帝赤熛怒之府，名文祖，火精光明，文章之祖，故谓之文祖，周曰明堂。黄帝含枢纽之府而名曰神斗。斗，主也。土精澄静，四行之主，故谓之神斗，周曰太室。白帝白招矩之府曰显记，法纪也。金精断割万物，故谓之显记，周曰总章。黑帝汁光纪之府，名玄矩。矩，法也。水精玄昧，能权轻重，故谓玄矩，周曰玄堂。苍帝威灵仰之府，名灵府，周曰青阳。"[③]《尚书中候·稷起》："苍耀稷生感迹昌。"郑注："尧受《河图》《洛书》，后稷有名录，苗裔当王。"[④]《春秋文耀钩》："太微宫有五帝坐星，苍帝曰灵威仰，赤帝曰赤熛怒，

① 见［清］崔适：《春秋复始》，《笰何篇·杂引谶纬·六天帝之属》，北京：北京大学出版部，1918年排印本。此外，张寅成先生说："批评郑玄'六天说'的最大理由，是以北极为昊天上帝的星辰说以及用纬书乱经，由此可知'六天说'是以星辰说与谶纬为其特征。"张寅成：《郑玄六天说之研究》，载《史原》1986年第15期，第193页。

② 徐兴无：《谶纬文献与汉代文化构建》，北京：中华书局，2003年版，第207页。

③ ［清］赵在翰辑，钟肇鹏、萧文郁点校：《七纬（附论语谶）》（上），北京：中华书局，2012年版，第221—222页。

④ ［东汉］郑玄注，［清］袁钧辑，［清］皮锡瑞疏证，吴仰湘点校：《尚书中候疏证》，载吴仰湘编：《皮锡瑞全集》第一册，北京：中华书局，2015年版，第635页。

黄帝曰含枢纽，白帝曰白招矩，黑帝曰汁光纪。"①《河图》："东方青帝灵威仰，木帝也；南方赤帝赤熛怒，火帝也；中央黄帝含枢纽，土帝也；西方白帝白招拒，金帝也；北方黑帝叶光纪，水帝也。"②《河图》曰："岁星帅五纬，聚房，青帝起。太白帅五纬，聚参，白帝起。辰星帅五纬，聚于北方七宿，黑帝以清平静洁通明起。辰星帅五纬，聚营室，黑帝起。"③《洛书灵准听》："苍帝起，苍云扶日。赤帝起，赤云扶日。黄帝起，黄云扶日。白帝起，白云扶日。黑帝起，黑云扶日。"④可知在谶纬的主体文献中，无论是纬部文献《尚书纬》《尚书中候》《春秋纬》，还是谶部文献《河图》《洛书》中，均记载了与六天说有关之内容，而郑注对于这一部分内容也作了与六天说有关的注释，因此谶纬之六天说是郑玄六天说思想的主要来源，应属无疑。

第二，天文历法中关于六天说之记载举例。如《史记·天官书》："中宫天极星，其一明者，太一常居也。……皆曰紫宫。……太微，三光之廷。……其内五星，五帝坐。"⑤后世注家多将此星象与太一天帝、

　　①［清］赵在翰辑，钟肇鹏、萧文郁点校：《七纬（附论语谶）》（下），北京：中华书局，2012年版，第451页。

　　②［隋］萧吉撰，（日）中村璋八校注：《五行大义校注》（增订版），东京：汲古书院，1998年版，第176页。

　　③［清］黄奭撰，郑杰文、李梅训校点：《通纬佚书考》，载《儒藏》精华编第一三一册：经部·谶纬类，北京：北京大学出版社，2013年版，第2页。

　　④［清］黄奭撰，郑杰文、李梅训校点：《通纬佚书考》，载《儒藏》精华编第一三一册：经部·谶纬类，北京：北京大学出版社，2013年版，第100页。

　　⑤［西汉］司马迁撰，［南朝宋］裴骃集解，［唐］司马贞索隐，［唐］张守节正义：《史记》（修订本）第四册，北京：中华书局，2014年版，第1539、1550页。

谶纬之五方帝相联。①《步天歌》载三垣为紫微宫、太微宫、天市宫。"中元北极紫微宫，北极五星在其中"，可知紫微垣为三垣之中，以北极星为中枢，故此六天说之皇天上帝耀魄宝即在紫微宫之中；"上元天庭太微宫……五帝内座于中正"，可知五帝座星位于太微垣，六天说之五方帝即来源于太微宫，因此称"太微五帝"。《天官书》又载："苍帝行德，天门为之开。赤帝行德，天牢为之空。黄帝行德，天矢为之起。风从西北来，必以庚、辛。一秋中，五至，大赦；三至，小赦。白帝行德，以正月二十日、二十一日，月晕围，常大赦载，谓有太阳也。一曰：白帝行德，毕、昴为之围。围三暮，德乃成；不三暮，及围不合，德不成。二曰：以辰围，不出其旬。黑帝行德，天关为之动。天行德，天子更立年；不德，风雨破石。"《史记·天官书》明载苍帝、赤帝、黄帝、白帝、黑帝，而后世注家也多将五帝与苍帝灵威仰、赤帝赤熛怒、黄帝含枢纽、白帝白招拒、黑帝汁光纪相联②，可知六天说之五方帝系统，本有星象学之依据。《五行大义·论诸神》载甘公《星经》云："天皇太帝，本秉万神图。一星在勾陈中，名曜魄宝，五帝之尊祖也，天一太一主承神。"③《甘石星经》中已明确勾陈星之名字为耀魄宝，是五帝座星之祖，因此是郑玄六天说中"皇天，北辰耀魄宝"的星象来源依

①《史记索隐》："《诗含神雾》云五精星坐，其东苍帝坐，神名灵威仰，精为青龙之类是也。"《史记正义》："黄帝坐一星，在太微宫中，含枢纽之神。四星夹黄帝坐：苍帝东方灵威仰之神；赤帝南方赤熛怒之神；白帝西方白昭矩之神；黑帝北方协光纪之神。五帝并设，神灵集谋者也。占：五座明而光，则天子得天地之心；不然，则失位；金、火来守，入太微，若顺入，轨道，司其出之所守，则为天子所诛也；其逆入若不轨道，以所犯名之，中坐成形。"载［西汉］司马迁撰，［南朝宋］裴骃集解，［唐］司马贞索隐，［唐］张守节正义：《史记》（修订本）第四册，北京：中华书局，2014年版，第1551—1552页。

②［西汉］司马迁撰，［南朝宋］裴骃集解，［唐］司马贞索隐，［唐］张守节正义：《史记》（修订本）第四册，北京：中华书局，2014年版，第1609—1610页。

③［隋］萧吉撰，（日）中村璋八校注：《五行大义校注》（增订版），东京：汲古书院，1998年版，第169页。

据。而崔适亦言："纬书又为六天帝造名。天皇大帝曰耀魄宝，出《甘石星经》，此亦纬书所托。"[1]可知谶纬家为五方帝造名的依据是源自上古星象之学。此外，皮锡瑞言："北辰、五帝座星之说，非始于郑，亦非尽出纬书。古巫咸、甘、石三家天文之书，以人事定星位。甘氏中宫有天皇大帝一星，在钩陈口中，又有五帝内座五星，在华盖下。《天官书》多用。石氏《星经》又有五帝坐在南宫，盖中宫天皇大帝象圜丘，五帝内座象郊，南宫五帝坐象明堂。甘公、石申皆周人，其所据又三代古书。谶纬如后出，亦当本此。又《开元占经》引《黄帝占》曰：'天皇大帝名耀魄宝。'其名出《黄帝占》，则其义古矣。"[2]可知郑氏六天说，不仅可以追溯《史记·天官书》《甘石星经》等天文之书，亦可推之《黄帝占》等先秦古籍，《甘石星经》等起源虽有争议，但其有先秦之源应无误，故知六天说其义并非谶纬伪造，亦非郑玄所托，而是与先秦文化一脉相承。

第三，《周礼》《仪礼》中关于六天说相关者举例。《周礼》中明确记载六天帝之说者，如《周礼·大宰》载："祀五帝。"郑注："四郊及明堂。"《周礼·大宗伯》载："以禋祀祀昊天上帝。"郑注："昊天上帝，冬至于圜丘所祀天皇大帝。"《周礼·大宗伯》又言："以玉作六器，以礼天地四方。以苍璧礼天，以黄琮礼地，以青圭礼东方，以赤璋礼南方，以白琥礼西方，以玄璜礼北方。"郑注："此礼天以冬至，谓天皇大帝，在北极者也。礼地以夏至，谓神在昆仑者也。礼东方以立春，谓苍精之帝，而太昊、句芒食焉。礼南方以立夏，谓赤精之帝，而炎帝、祝融食焉。礼西方以立秋，谓白精之帝，而少昊、蓐收食焉。礼北方以立

---

①［清］崔适：《春秋复始》，《箴何篇·杂引谶纬·六天帝之属》，北京：北京大学出版部，1918年排印本。

②［东汉］郑玄注，［清］袁钧辑，［清］皮锡瑞疏证，吴仰湘点校：《尚书中候疏证》，载吴仰湘编：《皮锡瑞全集》第一册，北京：中华书局，2015年版，第589页。

冬，谓黑精之帝，而颛顼、玄冥食焉。"《周礼·典瑞》载："四圭有邸，以祀天、旅上帝。"郑注："上帝，五帝。所郊亦犹五帝，殊言天者，尊异之也。"《周官·司服》载："王之吉服，祀昊天上帝，则服大裘而冕；祀五帝，亦如之。"①另，《仪礼·觐礼》载："方明者，木也，方四尺。设六色：东方青，南方赤，西方白，北方黑，上玄，下黄。设六玉：上圭，下璧，南方璋，西方琥，北方璜，东方圭。"②郑注："六色象其神，六玉以礼之。"③可知《周礼》经文中有关于"上帝""五帝"之记载，《仪礼》有关于六色系统之记录，与六天帝相合，郑玄注经时即将此一部分思想内容综合而称"六天帝"，对上帝与五帝之不同祭祀作不同说明。故崔适云："六天帝之名，创自古文经。"④

第四，五天帝与五人帝相合。《淮南子·天文训》载："东方木也，其帝太皞，其佐句芒……南方火也，其帝炎帝，其佐朱明……中央土也，其帝黄帝，其佐后土……西方金也，其帝少昊，其佐蓐收……北方水也，其帝颛顼，其佐玄冥。"⑤故此《淮南子》已经将五方位与五行、五人帝、五神佐相配。而许慎在注《淮南子》时，也多将《淮南子》系统与五方帝系统相配。

---

① 以上《周礼》诸篇见［东汉］郑玄注，［唐］贾公彦疏：《周礼注疏》，载［清］阮元校刻：《十三经注疏》（二），北京：中华书局，2009年影印本，第1398、1633、1644、1677、1686页。

②《周礼·考工记》亦载："画缋之事，杂五色。东方谓之青，南方谓之赤，西方谓之白，北方谓之黑，天谓之玄，地谓之黄。青与白相次也，赤与黑相次也，玄与黄相次也。"见［东汉］郑玄注，［唐］贾公彦疏：《周礼注疏》，载［清］阮元校刻：《十三经注疏》（二），北京：中华书局，2009年影印本，第1985页。

③［东汉］郑玄注，［唐］贾公彦疏：《仪礼注疏》，载［清］阮元校刻：《十三经注疏》（二），北京：中华书局，2009年影印本，第2364页。

④［清］崔适：《春秋复始》，《箴何篇·杂引谶纬·六天帝之属》，北京：北京大学出版部，1918年排印本。

⑤ 张双棣：《淮南子校释》（上），北京：北京大学出版社，2013年版，第296页。

《淮南子·卷五·时则训》：

"孟春之月……其位东方，其日甲乙，盛德在木。"（第529页）许慎注："太皞之神治东方也。甲乙，木日也。盛德在木，木主东方也。"（第530页）

"孟夏之月……其位南方，其日丙丁，盛德在火。"（第559页）许慎注："炎帝之神治南方也。丙丁，火日也。盛德在火，火王南方也。"（第560页）

"季夏之月……其位中央，其日戊己，盛德在土。"（第576页）许慎注："黄帝之神治中央也。戊己，土日也。盛德在土，土王中央也。"（第577页）

"孟秋之月……其位西方，其日庚辛，盛德在金。"（第585页）许慎注："少皞之神治西方也。庚辛，金也。盛德在金，金王西方也。"（第586页）

"孟冬之月……其位北方，其日壬癸，盛德在水。"（第605页）许慎注："颛顼之神治北方也。壬癸，水日也。盛德在水，王北方也。"（第606页）[1]

此外，在《淮南子》之前的《吕氏春秋》也记载了五人帝与五神佐相配之义，而高诱在注《吕览》时也多将其与五方帝相配。

《吕氏春秋·卷一·孟春纪》："孟春之月……其帝太皞，其神句芒。"高诱注："太皞，伏羲氏以木德王天下之号，死，祀于东方，为木德之帝。句芒，少皞氏之裔子曰重，佐木德之帝，死为木官之神。"（第1页）

---

① 以上《淮南子》诸文与许注见张双棣：《淮南子校释》（上），北京：北京大学出版社，2013年版。

《吕氏春秋·卷四·孟夏纪》：“孟夏之月……其帝炎帝，其神祝融。”高诱注：“炎帝，少典之子，姓姜氏，以火德王天下，是为炎帝，号曰神农，死托祀于南方，为火德之帝。祝融，颛顼氏后，老童之子吴回也，为高辛氏火正，死为火官之神。”（第67页）

《吕氏春秋·卷七·孟秋纪》：“孟秋之月……其帝少暤，其神蓐收。”高诱注：“少暤，帝喾之子挚兄也，以金德王天下，号为金天氏，死配金，为西方金德之帝。少暤氏裔子曰该，皆有金德，死托祀为金神。”（第132页）

《吕氏春秋·卷十·孟冬纪》：“孟冬之月……其帝颛顼，其神玄冥。”高诱注：“颛顼，黄帝之孙，昌意之子，以水德王天下，号高阳氏，死祀为北方水德之帝。玄冥，官也。少暤氏之子曰修，为玄冥师，死祀为水神。”（第188页）①

其说与《周礼·大宗伯》郑注“礼东方以立春，谓苍精之帝，而太昊、句芒食焉。礼南方以立夏，谓赤精之帝，而炎帝、祝融食焉。礼西方以立秋，谓白精之帝，而少昊、蓐收食焉。礼北方以立冬，谓黑精之帝，而颛顼、玄冥食焉”②相合，可知郑玄将五帝说与史籍所载之五人帝相配，以成统一之系统。崔适亦言：“五天帝之说，又自五人帝始。孔子所谓五帝：黄帝、颛顼、帝喾、尧、舜也。……刘歆拥戴新莽，以为新当代汉，天运使然，乃造终始五德之说，托始于邹衍，分系五行，配以五色，妄造少昊之名，谓继黄帝而立，上合伏羲、神农，下迄颛

---

① 以上《吕氏春秋》诸篇及高注见［东汉］高诱注，［清］毕沅校，徐小蛮标点：《吕氏春秋》，上海：上海古籍出版社，2014年版。

② ［东汉］郑玄注，［唐］贾公彦疏：《周礼注疏》，载［清］阮元校刻：《十三经注疏》（二），北京：中华书局，2009年影印本，第1644页。

项，为五帝。……既造五方人帝之说，遂以为五色天帝之子。"①可知崔氏言五天帝始于五人帝，先有五人帝之说，后造五色天帝，以五人帝为五天帝之子，以强调其受命之源。虽然崔氏言刘歆伪造五德终始说，而托之于邹衍，颇有争议，但五天帝是为与五人帝相合之说，应属信论。这种五人帝之说，除《吕氏春秋》《淮南子》外，于《山海经》《墨子》《楚辞》《礼记·月令》《尚书大传》等经典中多可见之。可知这一类的天神系统源远流长，在先秦时代已经具有基本形式，汉人在整理先秦文献的过程中也吸收了这种神圣系统。但郑玄则是更多在谶纬学方面采纳吸收与整合，源于郑玄认为谶纬文献为孔子所作，而对于《吕览》《淮南》之诸子文献，并不作为其经学构建之文献来源。

第五，五帝说与五行说辨析。五帝说强调东方苍帝（青帝）、南方赤帝、中央黄帝、西方白帝、北方黑帝，涉及五色，其说来源于五行属性，这是古代经典中常见的取类比象之义：木色青，火色赤，土色黄，金色白，水色黑，本属五行通义。但谶纬将其与五天帝之名词相结合，则属五行说之发展。《尔雅·释天》言："穹苍，苍天也。春为苍天，夏为昊天，秋为旻天，冬为上天。……春为青阳，夏为朱明，秋为白藏，冬为玄英。"②《诗经·黍离》孔疏引李巡曰："春，万物始生，其色苍苍，故曰苍天。夏，万物盛壮，其气昊大，故曰昊天。秋，万物成熟，皆有文章，故曰旻天。冬，阴气在上，万物伏藏，故曰上天。"③《释名·释天》："春曰苍天，阳气始发，色苍苍也。夏曰昊天，其气布散颢颢也。秋曰旻天，旻，闵也，物就枯落可闵伤也。冬曰上天，其气上

---

① ［清］崔适：《春秋复始》，《箴何篇·杂引谶纬·六天帝之属》，北京：北京大学出版部，1918年排印本。

② ［东晋］郭璞注，［北宋］邢昺疏：《尔雅注疏》，载［清］阮元校刻：《十三经注疏》（五），北京：中华书局，2009年影印本，第5671—5672页。

③ ［西汉］毛亨传，［东汉］郑玄笺，［唐］孔颖达等正义：《毛诗正义》，载［清］阮元校刻：《十三经注疏》（一），北京：中华书局，2009年影印本，第698页。

腾，与地绝也。"①邵晋涵《尔雅正义》言："郭氏定从李巡本，刘熙
《释名》与李巡同，盖以苍天之名因苍苍之色，春为木德，厥色青苍，
则苍天当就春时而言矣。"②可知《尔雅》李巡本、《释名》已将四季之
春定为与五行颜色相配之"苍天"，但除《尔雅》又记载"春为青阳，
夏为朱明，秋为白藏，冬为玄英"外，其余三季皆未与五行颜色相配而
称。而《吕氏春秋》《淮南子》皆言天有九野："中央曰钧天，其星角、
亢、氐。东方曰苍天，其星房、心、尾。东北曰变天，其星箕、斗、牵
牛。北方曰玄天，其星婺（须）女、虚、危、营室。西北曰幽天，其星
东壁、奎、娄。西方曰颢天，其星胃、昴、毕。西南曰朱天，其星觜
巂、参、东井。南方曰炎天，其星舆鬼、柳、七星。东南曰阳天，其星
张、翼、轸。"《吕氏春秋·有始》高诱注："钧，平也。为四方主，故
曰'钧天'。""东方，二月建卯，木之中也。木色青，故曰'苍天'。"
"北方十一月建子，水之中也，水色黑，故曰'玄天'也。""西方八月
建酉，金之中也。金色白，故曰'颢天'。""南方五月建午，火之中也。
火曰炎上，故曰'炎天'。"③可知《吕氏春秋》《淮南子》所记录中有一
系统试图将四方与五行颜色相配，然并不明确。《周礼》《仪礼》《韩诗
外传》中还只是用六种礼器来祭祀上天，如《周礼·大宗伯》："以玉作
六器，以礼天地四方：以苍璧礼天，以黄琮礼地，以青圭礼东方，以赤
璋礼南方，以白琥礼西方，以玄璜礼北方。皆有牲币，各放其器之

---

① ［东汉］刘熙撰，［清］毕沅疏证，王先谦补，祝敏彻、孙玉文点校：《释名
疏证补》，北京：中华书局，2008年版，第2页。

② ［清］邵晋涵：《尔雅正义》（影印南京图书馆藏清乾隆五十三年邵氏面水层
轩刻本），载《续修四库全书》第一百八十七册，上海：上海古籍出版社，1995年
版，第161页。

③ ［东汉］高诱注，［清］毕沅校，徐小蛮标点：《吕氏春秋》，上海：上海古
籍出版社，2014年版，第245页；张双棣：《淮南子校释》（上），北京：北京大学
出版社，2013年版，第299—301页。

色。"①《仪礼·觐礼》："方明者，木也，方四尺。设六色：东方青，南方赤，西方白，北方黑，上玄，下黄。设六玉：上圭，下璧，南方璋，西方琥，北方璜，东方圭。"②《韩诗外传》亦云："天子大社，东方青，南方赤，西方白，北方黑，中央黄土。"③故此谶纬中的"东方青帝灵威仰，南方赤帝赤熛怒，中央黄帝含枢纽，西方白帝白招拒，北方黑帝汁光纪"，是五行学说发展的结果，将祭祀的五类天帝具体化、形象化。五方帝系统是中国五行学说成熟之后所形成的天帝概念，五色本为五方之属，因此，这一系统对于汉儒来说是当时共识，并不是谶纬所独享之概念。但是"苍帝灵威仰"云云，在目前的文献之中，确属谶纬中首提，也是谶纬文化中所独有的内容体系，其各自配"天帝"，则将祭祀上天、祖先合二为一，故为郑玄所取。

古人常见之五行属性，见下表④：

表2　五行属性

五行	木	火	土	金	水
五方	东	南	中央	西	北
时序	春	夏	季夏（长夏、四季）	秋	冬
五色	青	赤	黄	白	黑（玄）
五味	酸	苦	甘	辛	咸

①［东汉］郑玄注，［唐］贾公彦疏：《周礼注疏》，载［清］阮元校刻：《十三经注疏》（二），北京：中华书局，2009年影印本，第1644—1645页。

②［东汉］郑玄注，［唐］贾公彦疏：《仪礼注疏》，载［清］阮元校刻：《十三经注疏》（二），北京：中华书局，2009年影印本，第2364页。

③ 今本《韩诗外传》不见收录，见《孝经·诸侯章》邢疏所载，转引自［唐］李隆基注，［宋］邢昺疏，金良年整理：《孝经注疏》，上海：上海古籍出版社，2009年版，第14页。

④ 此表借鉴周桂钿先生之《中国传统哲学》第四章"五行生克"诸表，见氏著：《中国传统哲学》，北京：北京师范大学出版社，2000年版，第49、51—52页。

五行	木	火	土	金	水
五音	角	徵	宫	商	羽
五藏	肝	心	脾	肺	肾
六府	胆	小肠	胃	大肠	膀胱、三焦
五窍	目	舌	口	鼻	耳
五体	筋	脉	肉	皮毛	骨
五情	怒	喜	思	忧（悲）	恐
五气	风	暑	湿	燥	寒
生化过程	生	长	化（养）	收	藏
五臭	膻	焦	香	腥	朽
五液	泪	汗	涎	涕	唾
五数	八	七	五	九	六
五声	呼	笑	歌	哭	呻
阴阳	少阳	太阳	中和	少阴	太阴
五帝	太皞	炎帝	黄帝	少皞	颛顼
五神	句芒	祝融	后土	蓐收	玄冥
五性	仁	礼	信	义	智
五祀	户	灶	中霤	门	井（行）
五谷	麦	菽	稷	麻	黍
五虫	鳞	羽	倮	毛	介
五畜	羊	鸡	牛	犬	彘
十二律	太蔟、夹钟、姑洗	中吕、蕤宾、林钟	—	夷则、南吕、无射	应钟、黄钟、大吕
十二地支a	寅、卯、辰	巳、午、未	—	申、酉、戌	亥、子、丑
十二地支b	寅、卯	巳、午	辰、未、戌、丑	申、酉	亥、子

五行	木	火	土	金	水
十天干	甲、乙	丙、丁	戊、己	庚、辛	壬、癸
四精	青龙	朱雀	—	白虎	玄武
二十八宿	角、亢、氐、房、心、尾、箕	井、鬼、柳、星、张、翼、轸	—	奎、娄、胃、昴、毕、觜、参	斗、牛、女、虚、危、室、壁
二十四节气	立春、雨水、惊蛰、春分、清明、谷雨	立夏、小满、芒种、夏至、小暑、大暑	—	立秋、处暑、白露、秋分、寒露、霜降	立冬、小雪、大雪、冬至、小寒、大寒

因此，五行学说体现了古人试图把所有内容纳入一个统一的五行系统之中的努力，这个系统包括天文历法、星象、中医、时间、空间、神祇等，无所不包，无所不有。同时，这种五行系统体现了中国人的时空同构观，即时间与空间是可以相互转化的，所以表时间的春与表方位的东可以相配，依次类推，体现了中国古人试图含摄整个宇宙、整个世界的努力。谶纬之六天说在时间维度上可谓之涵摄于此系统之内。冯友兰先生认为：以《易纬》为代表的纬书基于《易传》的"象""数"模式构建起当时的世界图式，"把《易传》和当时关于气的理论以及阴阳五行学说结合起来"，成为秦汉以后的基本世界图式。[①] 所以，钟肇鹏先生认为谶纬中的宇宙图式代表了中国古代系统论思想的萌芽，"视天人为一体，企图把所有的自然现象和社会现象纳入统一的模式之中，使之受统一的象术规律所支配，确实表现了一种系统化的努力"。[②] 有学者指出

① 冯友兰：《中国哲学史新编》（中卷），北京：人民出版社，2007年版，第179—180页。

② 钟肇鹏：《纬书综述》，载任继愈主编：《中国哲学发展史》（秦汉卷），北京：人民出版社，1985年版，第454—455页。

汉代时阴阳五行的宇宙学说已经占据主导性地位，具有复杂而精密的理论体系，"天"这一思想资源是儒家思想在汉代拓展领地，实现"顺乎天、应乎人"的双重价值取向的重要推动力，因此，"儒家学者要想赢得政治上的支持和社会的认同，只能将自己的学说神学化，将阴阳五行的宇宙学说纳入自己的知识和信仰体系"。①

需要指出的是：五行系统有相生相克的属性，即董仲舒所言木、火、土、金、水者五行之间的关系是"比相生而间相胜"。所谓"比相生"，具体地说，相邻的两者是相生的关系，就是指：木生火、火生土、土生金、金生水、水生木，木又生火，如此循环相生。所谓"相"，不是两者相互的关系，而是指五行循环的关系。所谓"间相胜"，是指相间的两者之间是相胜的关系，就是指木间隔着火而胜土，火间隔着土而胜金，土间隔着金而胜水，金间隔着水而胜木，水间隔着木而胜火，如此循环相胜。胜，也称克。相生相胜，又叫相生相克。而谶纬所言六天说，具有相生属性。

《春秋感精符》载：

苍帝之始二十八世。

灭苍者翼也（【注】尧，翼之星精，在南方，其色赤。），

灭翼者斗［【注】舜，斗之星精，在中央，其色青（应作"黄"——引者）。］，

灭斗者参（【注】禹，参之星精，在西方，其色白。），

灭参者虚（【注】汤，虚之星精，在北方，其色黑。），

灭虚者房（【注】文王，房星之精，在东方，其色青。）。②

---

① 孙英刚：《神文时代：中古知识、信仰与政治世界之关联性》，载《学术月刊》2013年第10期，第135页。

② ［清］赵在翰辑，钟肇鹏、萧文郁点校：《春秋感精符》，载《七纬（附论语谶）》（下），北京：中华书局，2012年版，第526—527页。

可见，谶纬中五天帝具有五行相生的属性，虽然用的是"灭者"云云，但前后相继的其实是相生的关系，即代表火的南方之帝尧帝灭了代表木的东方之帝苍帝，火灭木，即火生于木，其实是木生火；代表土的中央之帝舜帝灭了代表火的南方之帝尧帝，土灭火，即土生于火，其实是火生土；代表金的西方之帝夏禹灭了代表土的中央之帝舜帝，金灭土，即金生于土，其实是土生金；代表水的北方之帝商汤灭了代表金的西方之帝夏禹，水灭金，即水生于金，其实是金生水；代表木的东方之帝周文王灭了代表水的北方之帝商汤，木灭水，即木生于水，其实是水生木。因此，谶纬中的五天帝说，仍然是在相生的序列之中，但却是使用"相灭"的说法延续下来，或许是谶纬学者认为朝代更替虽然是五行相生，但这种革命却是依然存在的，因此改朝换代依然可以称之为"灭"。

从五方帝之感生而论，可以认为赤帝灭苍帝，即苍帝灵威仰生赤帝赤熛怒；黄帝灭赤帝，即赤帝赤熛怒生黄帝含枢纽，以此类推，这与汉代刘向、刘歆父子对于五行相生学说的应用是统一的，可见谶纬五天帝系统对汉儒思想的继承与发展。

五方帝之所以是以"五"为基本数字架构，可以说来自人类对于五之进位制的反映。因为原始进位制来源于生物学的联想，即人类根据一只手中的五指的"五"来记数，即使是"十天干"也是以五作为基数，在五的基础上进位为十。因此，古人有生数与成数之分，生数是指一至五的五个数字，成数是指六至十的五个数字，成数是在生数的基础上分别加上作为基本进位制的五而产生的。所以，"这种观念不仅影响了方位体系的精确化，而且决定了诸如五行、五音、五色、五宗等一系列以'五'范围规划一切事物的传统思维模式"[①]。

——————————

① 冯时：《中国古代的天文与人文》（修订版），北京：中国社会科学出版社，2006年版，第41页。

三、太微五帝感生之衍生：孔子与刘邦之感生举例

上文所述，三皇、五帝、三代帝王之祖，皆是感太微五帝之精而生。然在谶纬文献与郑氏谶纬学中，也记载了两类不同于以上始祖的王者感生，一者为素王孔子，一者为西汉开国皇帝刘邦，体现了郑氏六天说建构了一个整全性的经学历史观，试图将与经学相关之内容皆纳入此系统之中的努力。

第一，素王孔子感生，如《春秋演孔图》载："孔子母徵在梦感黑帝而生，故曰玄圣。"《春秋演孔图》载："孔子母颜氏徵在游大冢之陂，睡梦黑帝使请己，已往梦交，语曰：汝乳必于空桑之中。觉则若感，生丘于空桑之中。"《春秋感精符》载："黑孔生，为赤制。"《论语撰考谶》载："叔梁纥与徵在祷尼邱山，感黑龙之精，以生仲尼。"[1]可知谶纬家言孔子感黑帝（五帝座星之黑帝）而生。之所以如此，在于孔子为宋人，即殷人之后，因此谶纬家认为孔子是感黑龙之精而生，与殷祖感北方黑帝汁光纪而生相合，因此孔子也处在此五方帝之系统中。另，《易纬·通卦验》载："一角期偶水精得。"郑注："水精者，孔子也。"皮锡瑞言："据纬书，孔子感黑帝而生曰玄圣，曰水精，是玄精为水之证。孔子殷后，与殷皆感黑帝，故皆为水精矣。"[2]可知孔子感黑帝而生，是为谶纬家通识，而郑玄亦接受之。

第二，刘邦之感生，《史记·高祖本纪》载："高祖，沛丰邑中阳里人，姓刘氏，字季。父曰太公，母曰刘媪。其先刘媪尝息大泽之陂，梦

---

① 以上谶纬诸篇见［清］赵在翰辑，钟肇鹏、萧文郁点校：《七纬（附论语谶）》（下），北京：中华书局，2012年版，第367、369—370、526、773页。

② ［东汉］郑玄注，［清］袁钧辑，［清］皮锡瑞疏证，吴仰湘点校：《尚书中候疏证》，载吴仰湘编：《皮锡瑞全集》第一册，北京：中华书局，2015年版，第634页。

与神遇。是时雷电晦冥，太公往视，则见蛟龙于其上。已而有身，遂产高祖。"①太史公言刘邦之母刘媪感蛟龙而生刘邦，但并未说明此蛟龙属性，《史记》三家注则引谶纬以证之：《正义》引《春秋握成图》云："刘媪梦赤鸟如龙，戏己，生执嘉。"②《正义》引《帝王世纪》云："汉昭灵后含始游洛池，有宝鸡衔赤珠出炫日，后吞之，生高祖。"③《索隐》据《春秋握成图》以为："执嘉妻含始，游洛池，生刘季。"《索隐》引《诗含神雾》云："赤龙感女媪，刘季兴。"④《史记》三家注所引纬书内容不一，第一种为刘媪感赤龙生执嘉，即刘邦之父，执嘉妻子含始游洛池，吞赤珠而生高祖，与《史记》之文不符；第二种是刘媪感赤龙生刘邦，与《史记》的感生之说一致。另，《春秋握诚图》载："刘媪梦赤鸟如龙戏己，生执嘉。执嘉要（妻）含始，游洛池。赤珠上刻曰：'玉英吞此为王客。'以其年生刘季，为汉皇。"⑤而郑玄在《驳五经异义·圣人感天而生篇》亦言："刘媪是汉太上皇之妻，感赤龙而生高祖，是非有父感神而生者也？"⑥可知诸家观点虽有不同，然皆认为无论是刘邦还是其父，皆是感赤龙而生，而此赤龙是五帝座星之赤帝之使，表明刘氏感南方赤帝赤熛怒而生，在此五方帝系统之中。

① ［西汉］司马迁撰，［南朝宋］裴骃集解，［唐］司马贞索隐，［唐］张守节正义：《史记》（修订本）第二册，北京：中华书局，2014年版，第435页。

② 按：此处言刘媪为刘邦祖母，生执嘉，因此执嘉为刘邦之父。

③ 按：此处言含始为刘邦之母。

④ 按：此处言刘媪为刘邦之母。

⑤ ［清］黄奭撰，郑杰文、李梅训校点：《通纬佚书考》，载《儒藏》精华编第一三一册：经部·谶纬类，北京：北京大学出版社，2013年版，第758页。

⑥ ［清］皮锡瑞：《驳五经异义疏证》，载［清］陈寿祺、［清］皮锡瑞著，王丰先点校：《五经异义疏证、驳五经异义疏证》，北京：中华书局，2014年版，第474页。

第四节　本章小结

本章论述"郑玄谶纬学天论体系构建",分"郑玄谶纬学天论体系构建之若干条件""郑玄感生说论略""郑氏六天说考辨"三节。

第一小节讨论郑玄谶纬学天论体系之构建条件,从时代条件、经学思想条件、谶纬学条件等三方面着手。整体而言,两汉时人对于天人关系极其重视,虽亦有言天人不相交感之论,但言天人感应确为时代主题,从帝王到诸学者,无不如此。两汉天文学十分鼎盛,天文历法之讨论不绝于耳,但汉儒言天,并非论述客观天文现象,而是以天道指导人事,借天象言人间政治,以天人相合之比附思想构成一整套对于天、地、人关系的认识。在这种背景之下,郑玄也系统学习并注解过天文学著作,并有《天文七政论》等论述天文学之专著。可知康成对于天文历法十分擅长,亦可谓汉代天文学之集大成者。郑玄经学体现于其经注之上,而六经所论天之不同意涵,以及后世注家之注,皆是郑玄谶纬学天论体系构建之必要条件,同时六经所言天,多与征验义相合。古人多将谶纬学与星象并列,因此天文、星历、谶记等皆指星象卜筮占验之学,从谶纬诸篇名亦可知晓此说。谶纬学也确实参与了汉代天文历法、改元易朔等制度构建。从某种意义上说,谶纬多言天道性命、天文星历之学,是对于经学所欠缺之处进行有益之补充与建构,也是汉人天人相合、天人相互征验思想的反映。

第二节对汉儒论天与郑玄论感生说作一梳理。古人论天含义颇丰,无论是星象运行、四时更替,还是谷物成熟之时、万物更始之道,抑或是以天配不同之时空、方位,皆反映了古人对于天的不同认识。汉代经学家所论之天,则是以经学文本为中心,讨论天之不同名号。一般认为，天有五义，对于汉人来说，主要是"自然之天"与"主宰之天"两大意涵，而言天神的主宰之天对于汉儒来说更加重要，因此，天人关系中，汉代主流观点是天人相合，尤其重视其中的天人感应思想，而感生说则是在这样的背景下成为两汉思想之主流观点。汉儒言天人感应，感应是言内外结合的过程，即需要一个施与者提供条件，接受者感受这一条件，并最终形成某种结果。因此，感生就是感应内涵之一，圣王感生是在此生之大系统之中的重要表现。除谶纬文献所载，经学文本、诸子、史学文本皆有载圣王感生之义。感生说有四大特点：第一，感生多为感星气所生，模式为"母感星气生圣王"。第二，感生者身份多是王者、祖先、圣人。第三，感生者多具异表，古人认为其异表特征多与天象相合。第四，感生说包含有父感生与无父感生两种模式，谶纬以及其他经典中多见无父感生之例，但郑玄证明有父感生亦有其学理依据，微小如虫蝇尚可因感气而发生变化，有父感生也是天气借人而生的重要表现。提及感生说，则不得不论与其同时之同祖说，同祖说言王者皆为胎生，有父而生子，始祖为同一人祖。故此同祖说体现了战国秦汉以来"大一统"思想的影响，感生说则体现了王天下的不同受命维度，强调异姓受命而王这一政治主题，这两种不同的祖先崇拜文化与对于受命之源的不同追溯，是对天人关系与古今关系的不同维度之认识。而郑玄吸收感生说，不仅在于这是谶纬学之核心理念，揭示帝王受命之源，与汉代政治文化相关，而且为郑玄描绘历代礼制之变革与帝土谱系所言王者受命之关系，都提供了较好的时间长度以供解释，并为其六天说之建构服务，以此完成其弥合经学矛盾，进而统合六经之抱负。

第三节论郑玄之六天说。之所以感生说是六天说之理论根砥，在于六天说言星气包括北辰星与五帝座星，王者之先祖俱是感此星气而生，是为太微五帝之精：东方苍帝灵威仰，南方赤帝赤熛怒，中央黄帝含枢纽，西方白帝白招拒，北方黑帝汁光纪。另有皇天上帝耀魄宝，以冬至日祭于圜丘，其余太微五帝分别祭于四郊，并配食神祇。同时，五方帝皆有使者以授天命，是谶纬学之受命观体现。但郑注之六天说，谶纬学系统与经学系统并不完全一致：郑玄言三皇（伏羲、女娲、神农）皆感紫微垣之北辰星而生，五帝（黄帝、少昊、颛顼、帝喾、尧帝、舜帝）皆感太微垣之五帝座星而生，此是从谶纬学系统而论；经学系统则言天分六天，以区分属性不同，从至尊性而言天只有一天，从生育性而论五方帝各有其生育之功德，因此天分为五。经学系统不言三皇感北辰星而生，或是与经学所言五帝系统难以匹配有关，故除了说明圜丘祭天为北辰耀魄宝之外，多言感太微五帝，而少言感紫微北辰之气。郑氏六天说之形成，可以认为是在融合谶纬学、天文历法星象之学、《周礼》《仪礼》之学、五人帝之说、五行学说基础上而形成的，尤其是对五行系统的发展，六天说配五行诸帝以太微五帝之精，是谶纬文化所独有之内容，体现了古人试图把所有内容纳入一个统一的五行系统之中的努力。五行系统有相生相克之属性，六天说所论五帝阐述了相生之过程，体现了谶纬对于汉儒思想的继承。除了三皇、五帝、三代帝王之祖是感太微五帝之精而生，还有两类感生对象也是如此，即素王孔子是感黑帝（五帝座星之黑帝）而生，西汉开国皇帝刘邦是感赤龙（五帝座星之赤帝）而生，体现了郑氏六天说试图建构一个整全性的经学历史观，将与经学相关之内容皆纳入此系统之中的努力。

第三章 感生—受命—改制

——郑玄谶纬学与汉代政治文化

本书第二章言郑玄谶纬学天论体系之构建，而天论体系中最重要的关系就是天人关系，在汉儒的释经模式中，天永远是一个绕不开的话题，对于郑玄亦然，因此郑玄谶纬学天论体系可谓是郑玄谶纬学说的基础，尤其是其与汉代政治文化相关的感生—受命—改制论。郑玄论述天人之间关系的经典表述是"天之通于人政"，此句见于《尚书大传·洪范五行篇》郑注，兹列于下：

《尚书大传·洪范五行传》载："王之不极，是谓不建。"

郑注："王，君也。不名体而言王者，五事象五行，则王极象天也。人法天，元气纯，则不可以一体而言之也。天变化为阴为阳，覆成五行。经曰：'历象日、月、星辰，敬授民时。'《论语》曰：'为政以德，譬如北辰。'是则天之通于人政也。孔子说《春秋》曰：'政以不由王出，不得为政。'则是王，君出政之号也。极，中也。建，立也。王象天，以情性覆成五事，为中和之政也。王政不中和，则是不能立其事也。"①

---

① ［西汉］伏生撰，［东汉］郑玄注，［清］皮锡瑞疏证，吴仰湘点校：《尚书大传疏证》，载吴仰湘编：《皮锡瑞全集》第一册，北京：中华书局，2015年版，第183页。按：《续汉书·五行志》载《五行传》曰："皇之不极，是谓不建。"刘昭注引郑玄曰："王，君也。不名体而言王者，五事象五行，则王极象天也。天变化为阴为阳，覆成五行。经曰：'历象日月星辰，敬授民时。'《论语》曰：'为政以德，譬如北辰。'是则天之道于人政也。孔子说《春秋》曰：'政以不由王出，不得为政。'则王君出政之号也。极，中也。建，立也。王象天，以情性覆成五事，为中和之政也。王政不中和，则是不能立其事也。"见［南朝宋］范晔撰，［唐］李贤等注：《后汉书》（点校本）第十一册，北京：中华书局，1965年版，第3341页。皮疏本基本源自《续汉志》本，二者大同小异，几处不同有：《续汉志》作"皇之不极，是谓不建"。皮疏本从郑注、刘昭注、《文献通考》、《玉海》、陈寿祺之说，作

郑玄引《尚书·尧典》"历象日、月、星辰，敬授民时"与《论语》"为政以德，譬如北辰"之语，认为"天之通于人政"，则从上下文之意可知天象之变化直接关系到人间之时令与政治，而在古时，时令也是政治的组成部分，故可谓天是人间政治的来源。因此，郑玄对于天人关系有天人相通的观点。《论语·公冶长》载子贡曰："夫子之言性与天道，不可得而闻也。"郑玄注："性，谓人受血气以生，有贤愚吉凶。天道，谓七政变动之占。"钱大昕以为"古书言天道者，皆主吉凶祸福而言"，故郑玄有此注。程树德更言："郑氏兼学谶纬，其以吉凶祸福解天道，亦为风气所囿。"①可知，郑玄言天，多从谶纬学之占卜吉凶祸福而言，以此沟通天人之际。而郑玄在其谶纬学天论体系的构建过程中，所言天

"王之不极，是谓不建。"另，皮疏本多"人法天，元气纯，则不可以一体而言之也"三句，其本源自陈寿祺《尚书大传辑校》本，陈氏曰："注'人法天'至'而言之也'，《续汉志》缺，见《文献通考》。"见［西汉］伏生撰，［东汉］郑玄注，［清］皮锡瑞疏证，吴仰湘点校：《尚书大传疏证》，载吴仰湘编：《皮锡瑞全集》第一册，北京：中华书局，2015年版，第183页。可知陈氏本此句源自《文献通考》。而有争议之处在于：《续汉志》载郑注为"是则天之道于人政也"，而皮疏《尚书大传疏证》本载郑注作"是则天之通于人政也"，"道"作"通"。中华书局本《后汉书》校勘记引柳从辰之说，认为"则天之道于人政，所谓'唯天为大，唯尧则之'，则即法也。此正譬如之义。作'通'误。"见［南朝宋］范晔撰，［唐］李贤等注：《后汉书》（点校本）第十一册，北京：中华书局，1965年版，第3353页。可知柳氏认为"通"当作"道"，"则"为"法则"之意，"是"字未解释。而陈寿祺、皮锡瑞等清儒作"是则天之通于人政"，当代学者车行健从之，因此是句中"是则"作"因此"之意。见车行健：《礼仪、谶纬与经义——郑玄经学思想及其解经方法》，台湾私立辅仁大学中国文学系1996年博士学位论文，第114页。笔者认为，刘昭注所引郑注中"是则天之道于人政也"与上文"则王极象天也""则不可以一体而言之也"、下文"则王君出政之号也""则是不能立其事也"等"则"字应属同一用法，意为"因此""那么"，不应单独作"法象""譬如"之意，而"天之道于人政"其义不明，未若"天之通于人政"意义明确，今从皮疏本《尚书大传疏证》所引郑注"天之通于人政"之说。

① 黄怀信主撰，孔德立、周海生参撰：《论语汇校集释》（上），上海：上海古籍出版社，2008年版，第410、413、415页。

论中很重要的两个方面为感生说与六天说，这两个特点正是郑玄谶纬学感生—受命—改制论思想的重要来源之一。换言之，郑玄之所以有受命—改制之说，正是与圣王感生、圣王列于六天说系统相关，只有通过与谶纬学天论体系相合的感生、受命之说，才可以发掘出郑玄改制说的深层意涵。

第一节　郑玄谶纬学之感生—受命论

前文已述，郑玄认为王者、祖先、圣人等多为感星气所生，且多具异表，与天象相合，因此揭示了帝王受命之根源在于天，也体现了王天下的不同受命维度。何谓受命？即接受命令。接受谁的命令？所受之"命"，并非常人所见之一般性命令，而可直接诉诸上天，故此处"命"指的是"天命"，即天的命令。因此，感生是为了言受命，受命是言承接天命。

一、天命之两种路径：命令与性命

天命之"命"，实包含两种意涵：一则言命令，一则言性命。先论命令。一般认为，命令是由上级向下级发布的指令，具有权威性、强制性、主导性、指挥性的特点。在中国古代，一般有两大类的命令。

第一是上天之命令，亦可谓之天帝之命令，接受命令者的身份是天子，即上天之子，是天在人间的代言人、发言人，天子代表最高主宰天来治理、管理人民。传统天人关系中，天与人如同父母与子女的关系，而中介是天子，即天将其父母的职责转给天之子，而天子则需要"作民父母"，践行天的责任与义务。如《尚书·泰誓上》云："惟天地万物父母，惟人万物之灵。亶聪明，作元后，元后作民父母。"①《尚书·洪范》也说："天子作民父母，以为天下王。"②可知天子践行了天之作为民之父母的责任，才能是王者。而后世对于殷周两代主流文献所载天命的认识，多从此义。如《诗经·商颂·玄鸟》郑笺云："天帝命有威武之德者成汤，使之长有邦域，为政于天下。"③《诗经·周颂·思文》郑笺云："天命以是循存后稷养天下之功，而广大其子孙之国，无此封竟于女今之经界，乃大有天下也。"④郑玄之意在于商汤、周王之所以可以王于天下，在于天命，即天之命令使然。

但汉代时也出现了对于天命的反思，以及对于所宣扬天命的不认可。如汉高祖刘邦病重时，吕后请良医为其诊治，但刘邦认为："吾以布衣提三尺剑取天下，此非天命乎？命乃在天，虽扁鹊何益！"⑤终拒医而亡。桓谭在《新论·识通篇》中言："汉高祖建立鸿基，侔功汤、武。……及身病，得良医弗用，专委妇人，归之天命，亦以误矣。"⑥桓氏认为汉高祖刘邦虽有奠基之功，但患病而不用良医，认为自己有天命而命不该绝，本是错误的想法，说明两汉时儒生对于天命观的另一种思考。

---

① ［西汉］伪孔安国传，［唐］孔颖达等正义：《尚书正义》，载［清］阮元校刻：《十三经注疏》（一），北京：中华书局，2009年影印本，第382页。

② ［西汉］伪孔安国传，［唐］孔颖达等正义：《尚书正义》，载［清］阮元校刻：《十三经注疏》（一），北京：中华书局，2009年影印本，第403页。

③ ［西汉］毛亨传，［东汉］郑玄笺，［唐］孔颖达等正义：《毛诗正义》，载［清］阮元校刻：《十三经注疏》（一），北京：中华书局，2009年影印本，第1344页。

④ ［西汉］毛亨传，［东汉］郑玄笺，［唐］孔颖达等正义：《毛诗正义》，载［清］阮元校刻：《十三经注疏》（一），北京：中华书局，2009年影印本，第1271页。

⑤ ［西汉］司马迁撰，［南朝宋］裴骃集解，［唐］司马贞索隐，［唐］张守节正义：《史记》（修订本）第二册，北京：中华书局，2014年版，第491页。

⑥ ［东汉］桓谭撰，朱谦之校辑：《新辑本桓谭新论》，北京：中华书局，2009年版，第42页。

第二是人民之命令，亦可谓之天子于人民之责任所转化为人民的命令。其说认为天子接受之天命，表面上看是由上天决定的，而实际上是由民众所决定的。如孟子引用《尚书·泰誓》之语："天视自我民视，天听自我民听。"①即认为天命是由民命所决定的，或者说天命与民命是一体的。另，《左传》文公十三年载邾文公占卜而需迁于绎地，史官认为"利于民而不利于君"，邾文公回答："命在养民。死之短长，时也。民苟利矣，迁也，吉莫如之！"因此后人称赞其"知命"。②可知邾文公认为天命在于"养民"，民众之利是君王、诸侯天命的重要标杆。有学者指出受命之君所接受的天命就与其对民众之责任伦理相关，"受天命者即意味着对天下——天下之民——负有无限绝对责任者"。③这是儒家提倡的"民本论"思想之核心内涵，孟子的"民贵君轻说"也是这种观点的进一步论述。

再言性命。所谓性命，即上天所赋予人之所以具有内在德性之依据，是每个个体都会具有的内在属性。如《中庸》："天命之谓性，率性之谓道，修道之谓教。"朱熹言："命，犹令也。性，即理也。天以阴阳五行化生万物，气以成形，而理亦赋焉，犹命令也。于是人物之生，因各得其所赋之理，以为健顺五常之德，所谓性也。"④故此朱子虽言命与令义同，但此处之命令却是天理所赋予之个人性命，是谓"天命之谓性"。《郭店楚墓竹简·性自命出》亦言："性自命出，命自天降。"⑤与

① 《孟子·万章上》，载［南宋］朱熹：《四书章句集注》，北京：中华书局，1983年版，第308页。

② ［西晋］杜预注，［唐］孔颖达等正义：《春秋左氏传正义》，载［清］阮元校刻：《十三经注疏》（四），北京：中华书局，2009年影印本，第4023页。

③ （新加坡）伍晓明：《"如保赤子"——儒家传统中的伦理与政治》，载赵德润主编：《炎黄文化研究》（第十一辑），郑州：大象出版社，2010年版，第268页。

④ ［南宋］朱熹：《中庸章句》，载氏著：《四书章句集注》，北京：中华书局，1983年版，第17页。

⑤ 荆门市博物馆编：《郭店楚墓竹简》，北京：文物出版社，1998年版，第177页。

此相合。另，朱子所言"气以成形"揭示性命也是由人所禀赋之气所产生，此说广泛见于先秦及汉唐诸儒思想之中，如《左传·成公十三年》引刘子言："民受天地之中以生，所谓命也。"孔疏云："'天地之中'，谓中和之气也。民者，人也。言人受此天地中和之气以得生育，所谓命也。命者，教命之意，若有所禀受之辞，故《孝经说》云：'命者，人之所禀受度是也。'……刘炫云：'命者，冥也。言其生育之性得之于冥兆也。'"①可知古人认为人之性命乃受天地中和之气而生，而性命即教命，是所禀赋之气不同而导致各人气质不同。

关于命令与性命两种天命观，可以认为命令言外王，是上天（亦包括民命）对于圣王之权威性、主导性指令，言其受命之依据，继而王天下，可谓命令之制度构建；性命求内圣，是人之为人之内在德性依据，禀赋天地中和之气而生，可谓命令之内在理路。

而谶纬家所言天命，当指圣王所接受之上天命令，是圣王对于天命的体认，继而实践天命，践行上天之命令而王天下。《乐纬稽耀嘉》言："其天命以黑，故夏有元珪。天命以赤，故周有赤雀衔书。天命以白，故殷有白狼衔钩。"②谶纬家言三代所尚三统，皆为上天之命令，因此以祥瑞示之。刘师培言六经之起源，论及《乐经》时说道："帝王易姓受命，咸作乐以示功成（用《乐纬》及《乐记》说），故音乐之技，代有兴作，是为《乐经》之始。"③此即《乐纬》言："受命而王，为之制乐，乐其先祖也。"④可知谶纬家言受命，最后以制礼作乐昭示成功，并以乐祭其先祖之德。此与《春秋公羊传·隐公元年》何注相通："以上系于

① ［西晋］杜预注，［唐］孔颖达等正义：《春秋左氏传正义》，载［清］阮元校刻：《十三经注疏》（四），北京：中华书局，2009年影印本，第4149—4150页。

② ［清］赵在翰辑，钟肇鹏、萧文郁点校：《七纬（附论语谶）》（上），北京：中华书局，2012年版，第347页。

③ ［清］刘师培：《经学教科书》，长沙：岳麓书社，2013年版，第7页。

④ ［清］赵在翰辑，钟肇鹏、萧文郁点校：《七纬（附论语谶）》（上），北京：中华书局，2012年版，第362页。

王，知王者受命，布政施教所制月也。王者受命，必徙居处，改正朔，易服色，殊徽号，变牺牲，异器械，明受之于天，不受之于人。"①王者受命，必承接天之命令而改制，因此受命于天，而非受命于人。

郑玄也接受了谶纬学对于天命的认识。如《六艺论》言："《河图》《洛书》，皆天神言语，所以教告王者也。"②在郑玄看来，《河图》《洛书》这些谶纬文献，是反映上天之命令，而王者受命则是来自这一部分思想内容。在谶纬学体系中，更加强调天命所具有的天象属性，这是谶纬学不同于一般天命观的重要特征。郑玄强调王者皆感太微五帝之气而生，认为这是受命的表征，体现了郑玄谶纬学立足于天道的特质。

二、受命之祥瑞与图书

既然王者受命，是言其接受上天之命令，继而践行其天命而王天下。那么这些天命的表征都有哪些呢？《春秋演孔图》载："天子皆五帝之精宝，各有题叙，以次运相据起，必有神灵符纪，使开阶立隧。"③故此神灵符瑞是帝王受命之象征。《春秋感精符》说："帝王之兴，多从符瑞。周感赤雀，故尚赤。殷致白狼，故尚白。夏锡玄珪，故尚黑。"④既然天子皆承接太微五帝之精而生，因此既有共同之受命表征，也各自具有不同之受命符瑞。如《尚书中候·握河纪》："帝尧即政七十载，祗德匪懈，万民和欣，景星出翼，凤凰止庭，朱草生郊，嘉禾孳连，甘露润

①［东汉］何休解诂，［唐］徐彦疏：《春秋公羊传注疏》，载［清］阮元校刻：《十三经注疏》（五），北京：中华书局，2009年影印本，第4766页。

②［东汉］郑玄撰，［清］皮锡瑞疏证，吴仰湘点校：《六艺论疏证》，载吴仰湘编：《皮锡瑞全集》第三册，北京：中华书局，2015年版，第508页。

③［清］赵在翰辑，钟肇鹏、萧文郁点校：《七纬（附论语谶）》（下），北京：中华书局，2012年版，第378页。

④［清］赵在翰辑，钟肇鹏、萧文郁点校：《七纬（附论语谶）》（下），北京：中华书局，2012年版，第528页。

液，醴泉出山。"①《尚书帝命验》："舜受命，蓂荚孳。……舜受终，赤凤来仪。"②《尚书中候》又言："文命盛德，俊乂在官，则朱草生郊，醴泉出山。"③《清河郡本》纬书载《尚书中候·准纤哲》言："桓公欲封太山，管仲曰：'昔者古先圣王，功成，道洽，符瑞并出。今比目之鱼不至，凤皇未来，麒麟不臻，未可以封也。'"④《尚书中候·准纤哲》载："古之王者将兴，封禅，则东海进比目鱼。"⑤祥瑞之说，不仅见于谶纬类文献，也见诸其他经典，如《管子·小匡篇》载齐桓公问管仲自己是否有受命之资本，管子言："夫凤皇鸾鸟不降，而鹰隼鸱枭丰。庶神不格，守龟不兆，握粟而筮者屡中。时雨甘露不降，飘风暴雨数臻。五谷不蕃，六畜不育，而蓬蒿藜藿并兴。夫凤皇之文，前德义，后日昌。昔人之受命者，龙龟假，河出图，雒出书，地出乘黄。今三祥未见有者。虽曰受命，无乃失诸乎？"⑥从祥瑞上否定了齐桓公试图封禅以示受命的想法。

而关于祥瑞之集大成描述，见《白虎通》所载：

① ［东汉］郑玄注，［清］袁钧辑，［清］皮锡瑞疏证，吴仰湘点校：《尚书中候疏证》，载吴仰湘编：《皮锡瑞全集》第一册，北京：中华书局，2015年版，第590—592页。

② ［清］赵在翰辑，钟肇鹏、萧文郁点校：《七纬（附论语谶）》（上），北京：中华书局，2012年版，第224页。

③ ［东汉］郑玄注，［清］袁钧辑，［清］皮锡瑞疏证，吴仰湘点校：《尚书中候疏证》，载吴仰湘编：《皮锡瑞全集》第一册，北京：中华书局，2015年版，第621页。

④ ［清］黄奭撰，郑杰文、李梅训校点：《通纬佚书考》，载《儒藏》精华编第一三一册：经部·谶纬类，北京：北京大学出版社，2013年版，第416页。

⑤ ［东汉］郑玄注，［清］袁钧辑，［清］皮锡瑞疏证，吴仰湘点校：《尚书中候疏证》，载吴仰湘编：《皮锡瑞全集》第一册，北京：中华书局，2015年版，第671页。

⑥ 黎翔凤撰，梁运华整理：《管子校注》（上），北京：中华书局，2004年版，第426页。

天下太平，符瑞所以来至者，以为王者承天统理，调和阴阳，阴阳和，万物序，休气充塞，故符瑞并臻，皆应德而至。德至天，则斗极明，日月光，甘露降。德至地，则嘉禾生，蓂荚起，秬鬯出，太平感。德至文表，则景星见，五纬顺轨。德至草木，则朱草生，木连理。德至鸟兽，则凤皇翔，鸾鸟舞，麒麟臻，白虎到，狐九尾，白雉降，白鹿见，白乌下。德至山陵，则景云出，芝实茂，陵出黑丹，阜出蓂莆，山出器车，泽出神鼎。德至渊泉，则黄龙见，醴泉涌，河出龙图，洛出龟书，江出大贝，海出明珠。德至八方，则祥风至，佳气时喜，钟律调，音度施，四夷化，越裳贡。①

祥瑞指的是吉利之征兆，是在自然界中出现的象征、预示美好事物的动物、植物、佳酿、天象以及文献等，例如麒麟、凤凰、鸾鸟、白虎、比目鱼等奇珍异兽，朱草、嘉禾、蓂荚、蓂莆、华萍等上古传说中的神奇植物，甘露、醴泉、秬鬯等天降圣水，在黄帝、尧帝、舜帝时出现的景星，也包括《河图》《洛书》等实体文献，是一个从上天到人间乃至于自然界中无所不在的祥瑞体系。对于受命之帝王来说，凤凰、朱草、醴泉、景星、《河图》《洛书》等是其共同之受命祥瑞，而周之赤雀、殷之白狼、夏之玄珪是其各自受命表征，体现了祥瑞的繁杂性与指向性。

谶纬中不仅言受命之祥瑞征兆，关于不得天命之君所受之灾异也作了描述：《尚书中候·洛予命》："夏桀无道，杀关龙逄，绝灭皇图，坏乱历纪，残贼天下，贤人遁逃，淫色嫚易，不事祖宗。"郑注："皇，天也。纪，纲纪也。天之图历，龙逄引以谏桀也。刑法峻也。避时虐也。

---

① ［东汉］班固撰，［清］陈立疏证，吴则虞点校：《白虎通疏证》（上），北京：中华书局，1994年版，第283—285页。

男女无别。日伤，天雨血，枉矢射，山亡土崩，地吐黄雾。"①故此灾异与祥瑞相反，表现为日食、天下血水、山崩地裂等自然灾害。上天之所以有灾变之象，儒生认为是帝王做了违背天道之事，触犯了天威，因此上天特降灾异之象以警告之，令其幡然悔悟，重修德行，以应上天，实则为董仲舒"屈君而伸天"的变相表述，是"天人感应"学说的深化发展。

需要注意的是，在谶纬类文献所提及的众多祥瑞中，昭示帝王受命最重要的实体典籍是《河图》《洛书》，之所以不同于其他祥瑞，是因其为有明确文字记载之书籍。《春秋命历序》言："《河图》，帝工之阶图，载江河山川州界之分野。后尧坛于河，作《握河纪》。逮虞舜、夏、商，咸亦受焉。"②《河图》载天下江河山川州界，即天下之象征，因此是受命之征，尧、舜、禹、汤等帝王皆以此为受命之符。《尚书中候·握河纪》："帝尧文明，德政清平，比隆伏羲。"郑注："伏羲氏有天下，龙马负图出于河，遂法之，画八卦。又龟书，洛出之也。"③可知郑玄认为伏羲氏王天下是效法《河图》《洛书》。今存世谶纬文献之谶部文献《河图》《洛书》中也有相关记载，如《洛书·灵准听》："河图本纪，图帝王终始存亡之期。"④此外，《华阳国志·蜀志·刘先主传》引谯周等言："'河洛符验，孔子所甄'。《洛书甄耀度》曰：'赤三日德昌，九世会备，合为帝际。'《洛书宝号命》曰：'逃谌帝道备称皇。'又言：'如

① ［东汉］郑玄注，［清］袁钧辑，［清］皮锡瑞疏证，吴仰湘点校：《尚书中候疏证》，载吴仰湘编：《皮锡瑞全集》第一册，北京：中华书局，2015年版，第628页。

② （日）安居香山、（日）中村璋八辑：《纬书集成》（中），石家庄：河北人民出版社，1994年版，第886页。

③ ［东汉］郑玄注，［清］袁钧辑，［清］皮锡瑞疏证，吴仰湘点校：《尚书中候疏证》，载吴仰湘编：《皮锡瑞全集》第一册，北京：中华书局，2015年版，第590页。

④ （日）安居香山、（日）中村璋八辑：《纬书集成》（下），石家庄：河北人民出版社，1994年版，第1261页。

《图》《书》，必有天子出。'"①另，《管子》载管仲言受命之图书："昔人之受命者，龙龟假，河出图，雒出书，地出乘黄。"②故此诸家皆言图书是言受命之书。而郑樵言伏羲、黄帝受《河图》之应而王天下③，可知此说为后人继承。

郑玄《六艺论·总论》言："六艺者，图所生也。"《公羊传》徐疏："问曰：《六艺论》云：'六艺者，图所生也。'然则《春秋》者，即是六艺也，而言依百二十国史以为《春秋》何？答曰：元本'河出图，洛出书'者，正欲垂范于世也。王者遂依图、书以行其事，史官录其行事以为《春秋》。夫子就史所录，刊而修之。云出图、书，岂相妨夺也？"④皮疏："郑君所云六艺，即《诗》《书》《礼》《乐》《易》《春秋》六经……"⑤六艺即六经，六经之所以为《河图》《洛书》所成，在于图书之学是昭示治世的典范之学，故王者受命而王天下，皆从此说。之所以《河图》《洛书》言受命，是因为其来源于上天。所以郑玄说："《河图》《洛书》，皆天神言语，所以教告王者也。"⑥故今人殷善培言："河图、洛书是受命之符瑞，说的准确些则是'即将受命的符瑞'。"⑦这一部分内容是谶纬文献中的谶部文献，因此具有占验之特性，具有预测帝王受命的效果，为郑玄所继承。

① ［晋］常璩著，任乃强校注：《华阳国志校补图注》，上海：上海古籍出版社，1987年版，第376页。

② 黎翔凤撰，梁运华整理：《管子校注》（上），北京：中华书局，2004年版，第426页。

③ ［南宋］郑樵撰：《通志》第一册，北京：中华书局，1987年版，第33页。

④ ［东汉］何休解诂，［唐］徐彦疏：《春秋公羊传注疏》，载［清］阮元校刻：《十三经注疏》（五），北京：中华书局，2009年影印本，第4763页。

⑤ ［东汉］郑玄撰，［清］皮锡瑞疏证，吴仰湘点校：《六艺论疏证》，载吴仰湘编：《皮锡瑞全集》第三册，北京：中华书局，2015年版，第505页。

⑥ ［东汉］郑玄撰，［清］皮锡瑞疏证，吴仰湘点校：《六艺论疏证》，载吴仰湘编：《皮锡瑞全集》第三册，北京：中华书局，2015年版，第508页。

⑦ 殷善培：《谶纬思想研究》，新北：花木兰文化出版社，2008年版，第44页。

三、感生—受命体系之不同命令

　　本书第二章已述，在这一套感生—受命体系中，郑玄将三皇、五帝、三代帝王之祖、素王孔子、西汉开国皇帝刘邦等都纳入六天说系统之中，因为郑玄笃信王者皆感太微五帝之精而生，但因受命者身份不同，也会出现所受之命令不同。感生帝受命，主要有三个维度：制作、改制、无改作（修道），而改制亦可分为制作之改制与改制无易道两种模式，分别对应不同的圣王。故本书将在以上具备感生帝身份的王者中，从制作圣王、修道圣王、素王孔子、汉帝王这四个方面分别进行阐述。

　　一者为制作圣王，其接受之命令是制作。例如三皇之首伏羲，其身份是立法者，制作者，为什么这么说呢？因为伏羲是《易经》之首创者，圣王制作，很重要的一点表现在经这一特殊的文本之上。《易纬通卦验》曰：“其刻曰苍牙通灵。”郑注：“刻曰苍精牙肩之人能通神灵之意，谓虑羲将作《易》也。”[1]郑玄认为伏羲氏之所以可以通神灵之意，在于其制作《易经》。此外，南宋郑樵《通志》言太昊伏羲氏与神农、黄帝之重要性说：“伏羲有《河图》之应矣，而黄帝复受《河图》；伏羲命子襄作六书矣，而黄帝复命苍颉制文字；伏羲已造律历矣，而黄帝复有律历之作；伏羲作《易》矣，而神农、黄帝复作《易》。”[2]故伏羲可谓三皇五帝中制作之奠基者，神农、黄帝则继续伏羲之制作，如伏羲应《河图》受命，而黄帝从之亦受《河图》，强调伏羲与黄帝皆有天命；伏羲命人制作六书，而黄帝从之命仓颉制作文字；伏羲制作律例，而黄帝从之亦制作律例；伏羲制作《易经》，而神农、黄帝亦从之而制作《易

---

　　① ［清］赵在翰辑，钟肇鹏、萧文郁点校：《七纬（附论语谶）》（上），北京：中华书局，2012年版，第127页。

　　② ［南宋］郑樵撰：《通志》第一册，北京：中华书局，1987年版，第33页。

经》①。因此伏羲氏、神农氏、黄帝轩辕氏皆承接《河图》受命，接受之命令即是制作，郑樵指出有制作六书、律例、《易经》等，可知制作之范围不仅限于经，也包含文字、律法等。

二者为修道圣王，其接受之天命是修道无改作。代表性帝王是郑玄三皇说中伏羲之后的女娲。郑注《尚书中候·敕省图》言："女娲修伏羲之道，无改作。"②何谓"修道"？郑注《尚书中候·洛师谋》"昌用起，发遵题，五百世，姜吕霸世遵姬携"云："遵，修。"郑注《尚书中候·合符后》"姬发遵昌"云："遵，循也。"皮疏曰："云'遵，修'者，'修'疑'循'字之讹。汉隶'修''循'二字形近，致误。……'遵，循也。'无训'遵'为'修'者。"③皮疏不确，郑玄言"女娲修伏羲之道，无改作"，可知康成之意为女娲遵循伏羲之道，因此亦可作"女娲循伏羲之道"，郑意"遵""修""循"等当可互训。何谓"无改作"？改谓改制，作谓制作，无改作即既不制作，也不改制。因此郑义或认为女娲没有作经，不具备立法者的地位，也没有改变伏羲之道，因此只是"修道"，即继承伏羲之道④。

另，此说亦可见之其余经典中。如《五行大义·论五帝》言："又

① 此处神农、黄帝制作《易经》之说，史籍多不载，不作深入讨论。

② ［东汉］郑玄注，［清］袁钧辑，［清］皮锡瑞疏证，吴仰湘点校：《尚书中候疏证》，载吴仰湘编：《皮锡瑞全集》第一册，北京：中华书局，2015年版，第585页。

③ ［东汉］郑玄注，［清］袁钧辑，［清］皮锡瑞疏证，吴仰湘点校：《尚书中候疏证》，载吴仰湘编：《皮锡瑞全集》第一册，北京：中华书局，2015年版，第648、656—657、650—651页。

④ 《淮南子·览冥训》言："往古之时，四极废，九州裂；天不兼覆，地不周载；火爁炎而不灭，水浩洋而不息；猛兽食颛民，鸷鸟攫老弱。于是女娲炼五色石以补苍天，断鳌足以立四极，杀黑龙以济冀州，积芦灰以止淫水。苍天补，四极正；淫水涸，冀州平；狡虫死，颛民生。"高诱注："女娲，阴帝，佐虑戏治者也。三皇时，天不足西北，故补之。师说如此。"见张双棣：《淮南子校释》（上），北京：北京大学出版社，2013年版，第688、694页。可知汉儒师说，以为女娲补天为辅佐及延续伏羲治天下之表现，虽有功，但无改作之义。

诸史以少昊、颛顼、高辛、唐、虞谓之五帝。此盖自舜以前，五行相承为帝也。《易经》乃上取伏羲，下至虞舜，不言中间三帝者，以其因修无所造作，何以得言之？故不论也。"①此论即《周易·系辞下》所载："古者包牺氏之王天下也……始作八卦，……包牺氏没，神农氏作……神农氏没，黄帝、尧、舜氏作。"②可知《周易》不载少昊、颛顼、帝喾，是因为此三帝因袭前代帝王，修道而无改作。《帝王世纪第一·自开辟至三皇》载："女娲氏亦风姓也，承庖牺制度。……及女娲氏没，次有大庭氏、柏皇氏、中央氏、栗陆氏、骊连氏、赫胥氏、尊卢氏、混沌氏、有巢氏、朱襄氏、葛天氏、阴康氏、无怀氏，凡十五世，皆袭庖牺之号。"③故此女娲、大庭氏至无怀氏，凡十四世，皆承袭伏羲之号，即言伏羲氏之号者帝王共十五世，除伏羲外，其余十四世帝王皆可谓之无改作。另可见《礼记正义·曲礼》孔疏："郑数伏牺、女娲、神农，非谓其人身自相接，其间代之王多矣。《六艺论》云：'燧人至伏牺一百八十七代。'宋均注《文耀钩》云：'女娲以下至神农七十二姓。'谯周以为伏牺以次有三姓始至女娲，女娲之后五十姓至神农，神农至炎帝一百三十三姓。是不当身相接。"④古帝王无改作者犹多，因此修道帝王承接前代帝王之号，无制作改制之举。

此外，郑玄也认为少昊氏帝宣是修道圣王，可谓之无改作。《礼记·祭法》郑注："少昊氏修黄帝之法，后王无所取焉。"孔疏："云'少昊氏修黄帝之法，后王无所取焉'者，以《易纬》有黄帝及颛顼以

---

① ［隋］萧吉撰，（日）中村璋八校注：《五行大义校注》（增订版），东京：汲古书院，1998年版，第177页。

② ［三国魏］王弼、［东晋］韩康伯注，［唐］孔颖达等正义：《周易正义》，载［清］阮元校刻：《十三经注疏》（一），北京：中华书局，2009年影印本，第179—180页。

③ ［西晋］皇甫谧著，刘晓东等点校：《帝王世纪》，载《二十五别史》，济南：齐鲁书社，2000年版，第3页。

④ ［东汉］郑玄注，［唐］孔颖达等正义：《礼记正义》，载［清］阮元校刻：《十三经注疏》（三），北京：中华书局，2009年影印本，第2665页。

下之乐，无少昊之乐。又《易·系辞》云：'神农氏没，黄帝、尧、舜氏作。'皆不云少昊，故知无取焉。《月令》'秋其帝少昊'者，直以五行在金，唯托记之耳。"①但少昊氏修道所继承之帝王，后世有不同说法，如郑樵《通志·五帝纪·帝少昊》载："以能修太昊之法，故曰少昊。"②郑樵认为少昊修太昊之法，与康成认为少昊修黄帝之法不同。

少昊虽"能修黄帝之法"，无改作之意，然郑玄亦将其纳入五帝系统之一。此与女娲修伏羲之道、无改作，但郑玄亦将女娲列入三皇系统之义相同，说明康成并非完全以制作为三皇五帝之标准，而是以是否感北辰星与五帝座星之气而论之。但女娲入三皇之序列，却遭致后人非议："郑康成依《运斗枢》注《尚书中候》，乃以伏牺、女娲、神农为三皇，帝鸿、金天、高阳、高辛、唐虞为五帝。司马贞因之作《三皇本纪》，亦以伏牺、女娲、神农为三皇。孔颖达注《尚书》最尊安国，故其驳郑注，谓女娲但修伏牺之道，无所改作，不得列于三皇。既不数女娲，则不可不取黄帝为三皇。"③而关于郑玄为何列女娲为三皇之一的原因，清儒王鸣盛认为："《系辞》以羲、农为上古圣人，黄帝、尧、舜为后世圣人，则羲、农宜为皇，黄帝宜为帝。惟三皇中少一人，则司马贞据康成说以女娲充数，亦未为无据。"④诸家之论，并不得康成本义。要之，郑玄列三皇五帝，并非仅仅从纬书而言⑤，最重要在于遵从其六

①［东汉］郑玄注，［唐］孔颖达等正义：《礼记正义》，载［清］阮元校刻：《十三经注疏》（三），北京：中华书局，2009年影印本，第3447页。

②［南宋］郑樵撰：《通志》第一册，北京：中华书局，1987年版，第35页。

③［清］赵翼撰，曹光甫校点：《陔余丛考》（上），上海：上海古籍出版社，2011年版，第260页。

④［清］赵翼撰，曹光甫校点：《陔余丛考》（上），上海：上海古籍出版社，2011年版，第261页。

⑤ 如宋均注《孝经援神契》，引《洛书甄耀度》数燧人、伏牺、神农为三皇，与郑玄同引谶纬文献而论三皇不同。见［东汉］郑玄注，［唐］孔颖达等正义：《礼记正义》，载［清］阮元校刻：《十三经注疏》（三），北京：中华书局，2009年影印本，第2665页。

天说系统之建构，以王者皆感五帝座星而论，如果不能从这一角度论之，则难以认清郑玄三皇五帝说之本质。

三者为素王孔子，其接受天之命令是改制。[①]有制作之义的圣王以及无改作的修道圣王，在具体施政过程中会出现一些问题，如何解决理论与现实之间的矛盾，则需要改制。郑玄说："孔子虽有圣德，不敢显然改先王之法，以教授于世。若其所欲改，其阴书于纬，藏之以传后王。"[②]孔子不敢显然改先王制作之法，因此作谶纬以明改制之意，即改变先王之法之不完全契合现实之处，以适应后王政治文化之需要，在谶纬家与今文家看来，后王即汉代帝王。但需说明的是，孔子阴书于纬之改制，实有制作之义，这是孔子所具有的独特地位决定的。

四者为刘汉帝王，其接受天之命令是继承孔子之道，效法唐尧，"改制无易道"。

首先言汉帝接受孔子之道。如上文已述，孔为汉制，孔子阴书于纬，传之汉帝王，即《春秋纬》所言："丘揽史记，援引古图，推集天变，为汉帝制法，陈叙图录。……丘水精，治法为赤制功。……黑龙生为赤，必告视象，使知命。"[③]此例犹多，兹不赘述。

其次言汉帝效法唐尧之道。因为在六天说系统之中，刘邦感赤龙而生，是为火德，而帝尧在六天说之中亦是感南方赤帝赤熛怒之精而生，因此汉家尧后，刘汉王朝接受之天命也包含恢复帝尧之治这一使命，以明其具有共同之感生帝。如《尚书中候·觊期》："卯金刀帝出，复尧之

---

① 谶纬文献中，不仅有论孔子改制者，言三代圣王改制之说者亦有之，如《乐纬》载："殷汤改制易正，荡涤故俗。"见［清］赵在翰辑，钟肇鹏、萧文郁点校：《七纬（附论语谶）》（上），北京：中华书局，2012年版，第362页。

② ［东汉］郑玄撰，［清］皮锡瑞疏证，吴仰湘点校：《发墨守箴膏肓释废疾疏证》，载吴仰湘编：《皮锡瑞全集》第四册，北京：中华书局，2015年版，第439页。

③ ［清］赵在翰辑，钟肇鹏、萧文郁点校：《七纬（附论语谶）》（下），北京：中华书局，2012年版，第646—647页。

常。"皮疏："汉时言纬候者以汉为尧之后，复尧之常。"①《尚书中候》开篇从帝尧论起，至结尾以汉"复尧之常"为结语，可知《中候》作者对于刘汉与尧帝关系之认知，即二者俱在五帝系列之中，同为火德，汉家尧后之旨明矣。《尚书璇玑钤》云："《河图》，命纪也。图天地帝王终始存亡之期。录代之矩。使帝王受命。用吾道述尧理代，平制礼，放唐之文，化洽作乐名斯在。"宋均注："述，修也。"②可知谶纬中明确表明刘汉王朝修唐尧之道以制礼作乐。这种观点亦见诸汉人其他典籍，如《汉书·高帝纪》班固赞曰："'汉帝本系，出自唐帝。降及于周，在秦作刘。涉魏而东，遂为丰公。'……由是推之，汉承尧运，德祚已盛，断蛇著符，旗帜上赤，协于火德，自然之应，得天统矣。"③班固《典引》言："若夫上稽乾则，降承龙翼，而炳诸《典》《谟》，以冠德卓绝者，莫崇乎陶唐。陶唐舍胤而禅有虞，有虞亦命夏后，稷、契熙载，越成汤、武。股肱既周，天乃归功元首，将授汉刘。"④汉唐注家皆从此意，如东汉蔡邕注："《典引》者，篇名也。典者，常也，法也。引者，伸也，长也。《尚书》疏，尧之常法，谓之《尧典》。汉绍其绪，伸而长之也。"⑤唐章怀太子注："典谓《尧典》，引犹续也。汉承尧后，故述汉德以续《尧典》。"⑥可知班固作《典引》之意在于描述汉家德运以追续

① ［东汉］郑玄注，［清］袁钧辑，［清］皮锡瑞疏证，吴仰湘点校：《尚书中候疏证》，载吴仰湘编：《皮锡瑞全集》第一册，北京：中华书局，2015年版，第674—675页。

② ［清］赵在翰辑，钟肇鹏、萧文郁点校：《七纬（附论语谶）》（上），北京：中华书局，2012年版，第192页。

③ ［东汉］班固撰，［唐］颜师古注：《汉书》（点校本）第一册，北京：中华书局，1962年版，第81—82页。

④ ［南朝梁］萧统编，［唐］李善注：《文选》（五），上海：上海古籍出版社，1986年版，第2159页。

⑤ ［南朝梁］萧统编，［唐］李善注：《文选》（五），上海：上海古籍出版社，1986年版，第2158页。

⑥ ［南朝宋］范晔撰，［唐］李贤等注：《后汉书》（点校本）第五册，北京：中华书局，1965年版，第1375页。

《尚书·尧典》，强调唐尧与刘汉接受天命之同一性。

最后，汉家受命之君需"改制无易道"。董仲舒在《春秋繁露·楚庄王篇》言："王者有改制之名，无易道之实。孔子曰：'无为而治者，其舜乎！'言其主尧之道而已。此非不易之效与？"①可知董子认为汉帝王需改制无易道，所谓改制，即《繁露》所言在"徙居处、更称号、改正朔、易服色"诸方面进行改制，无易道则是"大纲、人伦、道理、政治、教化、习俗、文义尽如故"，如同舜帝仿效尧道之"无为而治"。另，需要说明的是此处改制不再具有孔子改制所具"名为改制，实有制作"之意涵，即只是改正朔、易服色等昭示受命而改，从而继承先王之道，无制作之义。

第二节　郑玄谶纬学之受命—改制论

葛志毅先生认为，谶纬学反映了战国秦汉以来受命改制思潮的发展趋势，其最重要之处在于，"谶纬中有关圣人受命改制的系列中，产生孔子受命改制为汉制法之说，这是汉代今文经学乃至经学全体繁荣的思想根据，明白这些，才会真正理解何以郑玄作为古文经学家不仅相信谶纬，而且对今文经学亦不深拒的原因"。②故此孔子为汉改制，可谓汉儒通识，为两汉时不变之主题。

郑玄谶纬学中的改制之说，是谓感生受命之孔子阴书于纬而改先王之法，其说源自郑玄《释废疾》之论："孔子虽有圣德，不敢显然改先

---

① ［清］苏舆撰，钟哲点校：《春秋繁露义证》，北京：中华书局，1992年版，第19页。

② 葛志毅：《郑玄研究论纲》，载《湖南科技学院学报》2010年第10期，第14页。

王之法，以教授于世。若其所欲改，其阴书于纬，藏之以传后王。"①此论之具体含义，皮锡瑞《发墨守箴膏肓释废疾疏证》有证，兹列于下：

《穀梁传》桓公四年：四时之田，皆为宗庙之事也。春曰田，夏曰苗，秋曰搜，冬曰狩。四时之田用三焉，唯其所先得，一为乾豆，二为宾客，三为充君之庖。

何休《穀梁废疾》：《运斗枢》曰："夏不田。"《穀梁》有夏田，于义为短。

郑玄《释废疾》：四时皆田，夏殷之礼。《诗》云："之子于苗，选徒嚣嚣。"夏田明矣。孔子虽有圣德，不敢显然改先王之法，以教授于世。若其所欲改，其阴书于纬，藏之以传后王。《穀梁》四时田者，近孔子故也。《公羊》正当六国之亡，谶纬见，读而传为三时田，作传有先后，虽异，不足以断《穀梁》也。

又云：岁三田，谓以三事为田，即上一曰乾豆之等。②

皮疏：《公羊解诂》曰："不以夏田者，《春秋》制也。以为飞鸟未去于巢，走兽未离于穴，恐伤害于幼稚，故于苑囿中取之。"据何君说，以夏不田为《春秋》制，则《周礼》本四时皆田，夫子作《春秋》，以夏乃长养之时，恐伤害幼稚，故为后王立法，夏不田，止宜三时出。郑君意申《穀梁》，而不背《公羊》，分别作传先后，足以疏通二家之义。

……

① ［东汉］郑玄撰，［清］皮锡瑞疏证，吴仰湘点校：《发墨守箴膏肓释废疾疏证》，载吴仰湘编：《皮锡瑞全集》第四册，北京：中华书局，2015年版，第439页。

② ［东汉］郑玄撰，［清］皮锡瑞疏证，吴仰湘点校：《发墨守箴膏肓释废疾疏证》，载吴仰湘编：《皮锡瑞全集》第四册，北京：中华书局，2015年版，第439页。

> 穀梁子不受《春秋》改制大义，云四时田，自是周礼。公
> 羊子得之口授，云三时田，自是《春秋》制。当如郑说，分别
> 观之，以周礼说《周礼》，以《春秋》制说《春秋》制，不必
> 以《周礼》疑《春秋》制为误，亦不必以《春秋》制抵《周
> 礼》为非。①

可知何休认为：《周礼》言四时皆田，《春秋》言夏不田，源于孔子作《春秋》以夏季为生长养护之季节，行田猎之礼恐伤害幼崽，因此言夏不田猎，有改制之义，是为后王立法而作。纬书《春秋运斗枢》言夏不田，正与《春秋》改制之义合。郑玄认为《穀梁传》与《公羊传》作传时间不同，而《穀梁传》受《周礼》影响，言四时皆田，是不受《春秋》改制之义影响，《公羊传》则继承孔子作《春秋》改制之说，二传思想不同，不可互相断之。可知，康成也赞同孔子虽欲改制，然不能直接改变先王既定之法（四时田），因此阴书于纬（言夏不田），传之后王，以示其改制之义。郑玄谓孔子作谶纬，而谶纬显现的时间为"六国之亡"时，此时为战国末期至秦汉初期，是大乱之世向大治之世的转捩点，因此谶纬的性质必然与结束战乱、趋近太平盛世相合。所以，在郑玄看来，谶纬的出现与孔子所改先王之法而传之后王这一目的相合，即刘汉王朝将承接孔子所作谶纬之文化精髓，并实现天下大治这一政治理想。故可进一步说，谶纬言"改制"之论，并非仅仅是孔子欲改先王之法，更深层次的文化意涵在于郑玄认为谶纬对于汉代来说，是"孔子为汉制法"这一主流价值观的重要体现。

郑玄谶纬学天论体系研究

---

① ［东汉］郑玄撰，［清］皮锡瑞疏证，吴仰湘点校：《发墨守箴膏肓释废疾疏证》，载吴仰湘编：《皮锡瑞全集》第四册，北京：中华书局，2015年版，第440—441页。

一、孔子之制作、改制与述而不作辨析

上文言孔子阴书于纬以传后王之说，具改制之义。然孔子在经学系统之中，究竟是"制作""改制"还是"述而不作"，在不同经学思想流派对孔子的不同认知之视域下，依然有可疏通之论。

一般认为，制作是谓制作一王大法，具有立法之性质，其主要表现是作经。孔子制作六经，今文经学家多有所言，如皮锡瑞论孔子作经之旨：

> 读孔子所作之经，当知孔子作"六经"之旨。孔子有帝王之德而无帝王之位，晚年知道不行，退而删定"六经"，以教万世。其微言大义实可为万世之准则。后之为人君者，必遵孔子之教，乃足以治一国……孔子之教何在？即在所作"六经"之内。故孔子为万世师表，"六经"即万世教科书。惟汉人知孔子维世立教之义，故谓孔子为汉定道，为汉制作。当时儒者尊信"六经"之学可以治世，孔子之道可为弘亮洪业、赞扬迪哲之用。朝廷议礼、议政，无不引经；公卿大夫士吏，无不通一艺以上。虽汉家制度，王霸杂用，未能尽行孔教；而通经致用，人才已为后世之所莫逮。……故必以经为孔子作，始可以言经学；必知孔子作经以教万世之旨，始可以言经学。①

可知今文家言孔子制作六经，有为万世立准则之义，孔子之教即体现在六经之中。汉人认为孔子为汉制作，为汉定道，因此以孔子六经为

治世之学、教化之学。

另，传世文献与纬书中皆明言孔子制作《春秋》已传汉帝。如《公羊传》隐公元年疏论孔子所以作《春秋》者，引《解疑论》释之："圣人不空生，受命而制作，所以生斯民，觉后生也。……又闻端门之命，有制作之状，乃遣子夏等求周史记，得百二十国宝书，修为《春秋》。"又引《春秋说》云："伏羲作八卦，丘合而演其文，渎而出其神，作《春秋》以改乱制。"《春秋说》又云："丘揽史记，援引古图，推集天变，为汉帝制法，陈叙图录。"《春秋说》又云："丘水精治法，为赤制功。"《春秋说》又云："黑龙生为赤，必告云象使知命。"《春秋说》又云："经十有四年春，西狩获麟，赤受命，仓失权，周灭火起，薪采得麟。"①以证孔子制作《春秋》以授汉世。

何休亦明确言孔子制作《春秋》。《公羊传·哀公十四年》："何以终乎哀十四年？曰：'备矣！'"何休解诂："绝笔于春，不书下三时者，起木绝火王，制作道备，当授汉也。"徐疏："四时具，然后为年，此乃《春秋》之常，今不书下三时者，欲起木应之君将亡，欲别起为王，是以此处不得记之。且获麟既记，制作之道已备，当欲以之授于汉帝，使为治国之法，是以不得录于三时矣。"何邵公基于《公羊传》立场，认为孔子不是改制，而是制作，所以所作《春秋》明制作之义，以传汉帝，作为治国之大法。又，《公羊传·哀公十四年》："君子曷为为《春秋》？拨乱世，反诸正，莫近诸《春秋》。"何休解诂："得麟之后，天下血书鲁端门曰：'趋作法，孔圣没，周姬亡，彗东出，秦政起，胡破术，书记散，孔不绝。'子夏明日往视之，血书飞为赤乌，化为白书，署曰《演孔图》，中有作图制法之状。孔子仰推天命，俯察时变，却观未来，豫解无穷，知汉当继大乱之后，故作拨乱之法以授之。"徐疏："孔子未

---

① ［东汉］何休解诂，［唐］徐彦疏：《春秋公羊传注疏》，载［清］阮元校刻：《十三经注疏》（五），北京：中华书局，2009年影印本，第4763页。

得天命之时，未有制作之意，故但领缘旧经，以济当时而已。既获麟之后，见端门之书，知天命已制作，以俟后王，于是选理典籍，欲为拨乱之道，以为《春秋》者，赏善罚恶之书，若欲治世，反归于正，道莫近于《春秋》之义，是以得天命之后，乃作《春秋》矣，即上云治世之要务，义亦通于此。……此是《演孔图》中义理，乃有训作之象，制法之形状矣。……孔子……知汉当继大乱之后，故作拨乱之法以授之者，谓知其承大乱之后，天下未醇，故作治乱之法以授之矣。"①可知在何休与徐彦看来，谶纬文献《春秋演孔图》本身包含制作之义，因此孔子知汉朝继承乱世，故接受天命以制作一王大法，传之后王，即汉代帝王。

言孔子改制，出自上文郑玄之论："孔子虽有圣德，不敢显然改先王之法，以教授于世。若其所欲改，其阴书于纬，藏之以传后王。"②康成认为，素王作纬，纬言改制，以传后王，此义上文已分析，兹不赘述。

《论语·述而篇》载孔子云："述而不作，信而好古，窃比于我老彭。"可知孔子自认其"述而不作"。《述而篇》又载孔子曰："我非生而知之者，好古，敏以求之者也。"《季氏篇》载孔子曰："生而知之者，上也；学而知之者，次也；困而学之，又其次也；困而不学，民斯为下矣。"③可知"生而知之者"难得，孔子以之为圣王④，因此可以不学而知、不学而能，但孔子自认好学而知，并非圣王生而知之。然今文经学家与古文经学家对于孔子是否是"述而不作"，则有不同看法。今文经

① ［东汉］何休解诂，［唐］徐彦疏：《春秋公羊传注疏》，载［清］阮元校刻：《十三经注疏》（五），北京：中华书局，2009年影印本，第5115页。

② ［东汉］郑玄撰，［清］皮锡瑞疏证，吴仰湘点校：《发墨守箴膏肓释废疾疏证》，载吴仰湘编：《皮锡瑞全集》第四册，北京：中华书局，2015年版，第439页。

③《论语》，载［南宋］朱熹撰：《四书章句集注》，北京：中华书局，1983年版，第93、98、172—173页。

④ 朱熹引尹氏言："孔子以生知之圣。"载［南宋］朱熹撰：《四书章句集注》，北京：中华书局，1983年版，第98页。

学家解释孔子"述而不作",言孔子自谦,夫子不以己为圣人,故不言自己是作,但实际六经皆为孔子所作,只是孔子不言而已。此是皮锡瑞之论孔子作六经之旨。古文经学家解释孔子"述而不作",认为孔子确实没有作六经,六经或是周公所作,或为上古圣王之遗法,孔子仅继承这一套制度而已。如刘师培言:"《六经》为古代文章之祖……《六经》皆周公旧典,足证孔子以前久有《六经》矣。……《六经》之中,或为讲义,或为课本。《易经》者,哲理之讲义也。《诗经》者,唱歌之课本也。《书经》者,国文之课本也。《春秋》者,本国近世史之课本也。《礼经》者,修身之课本也。《乐经》者,唱歌课本以及体操之模范也。又孔子教人以雅言为主,故用《尔雅》以辨言。则《尔雅》者,又即孔门之文典也。此孔子所由言述而不作与。"①

同样是与谶纬学相关的传后王之大法,郑玄认为孔子作谶纬是改制,而何休认为谶纬所显示孔子作《春秋》是制作,二者看似矛盾,实则统一。笔者认为,孔子之"改制"也具"制作"之义,孔子作《春秋》,其实质也是一种改制。孟子说:"晋之《乘》、楚之《梼杌》、鲁之《春秋》,一也。"②可知《春秋》本为鲁国史书,因孔子以鲁国旧史为本,"笔则笔,削则削",因此成《春秋》一经,《春秋经》包含孔子之思想,故孔子说:"后世知丘者以《春秋》,而罪丘者亦以《春秋》。"③孟子说"孔子成《春秋》而乱臣贼子惧"④,孔子以《春秋》行褒贬之评、立世之教,正是其立足于《春秋》进行改制的表现之一。

---

① [清] 刘师培:《经学教科书》,长沙:岳麓书社,2013年版,第6、10—12页。

② 《孟子·离娄下》,载 [南宋] 朱熹撰:《四书章句集注》,北京:中华书局,1983年版,第295页。

③ [西汉] 司马迁撰,[南朝宋] 裴骃集解,[唐] 司马贞索隐,[唐] 张守节正义:《史记》(修订本) 第六册,北京:中华书局,2014年版,第2353页。

④ 《孟子·滕文公下》,载 [南宋] 朱熹撰:《四书章句集注》,北京:中华书局,1983版,第273页。

因孔子为素王，是圣王体系中具备制作之义的最后一位王者，但这种制作并非直接作经，而是"述而不作"，或以述为作而作《春秋》。孔子言"述而不作"，虽言"不作"，但言"述"，然则述本身也是一种对于先王之道的传递，也是一种对于传世文献的损益，而纬书亦可看作是孔子在"述"先王之道的过程中所作之经典。但这种建构是在孔子"不敢显然改先王之法"的基础上形成的，说明孔子亦是在先王之法的基础上进行修订，而并非直接制作，这种在改制之义下的制作，并不同于周公之制作《周礼》。故郑玄认为纬书是孔子之作，含有为汉立法之意，具有改先王制作的倾向，此则《春秋纬》所言孔子"作《春秋》以改乱制"。可以说，孔子之改制是为了制作，重心不是"改"，而是"制"。谶纬中言"为汉制作""为汉制法"云云，除了有直接对应汉王朝的政治合法性之外，还应有对于现实制度构建的考量。汉时有以谶纬来制作者，如光武帝以图谶改历，曹褒以谶纬修《汉礼》等，但光武被后世儒生认为依靠谶纬制作并不合乎经义，而曹褒作《汉礼》也受到了极大的阻力，最终未获成功。光武、曹褒之所以备受指摘，除了与谶纬相关外，主要是在主导两汉官方经学的今文家看来，汉帝国并不具备制作一代大法之条件，国典只能是圣王制作，因此汉人不能制作"《汉经》"，只能依靠圣王之经而进行改制。故汉儒认为汉代真正的礼法必须是在经学体系中找寻，而郑玄明确说谶纬言改制而不是制作，正合此意。换言之，郑玄认为汉人没有制作之能力，也没有制作之资格[1]，制作之主体只能属于上古圣王，制作之内容只能是大经大法。则可知郑玄的经纬观：经言制作，纬言改制。

---

[1] 从郑玄谶纬学诸多文献中，郑玄言汉人无有制作之义；但当郑玄的《周礼》学树立了《周礼》这一大经，把天子诸礼乐制度发掘出来，注成一套新的经学体系之后，三国、西晋建国伊始就能制作一代大典，可以说，恰恰是郑学流行之后，周礼礼制完备，三国、晋才可以制作国典了。郑玄对于制作国典的认识，应是有一个变化过程。

二、汉世受命—改制之内容

前文言孔子之改制具有制作之义，而汉世改制则为具体内容之变化，二者并不相同。汉世所论改制之内容，主要有以下几个方面。

一者，改正朔、易服色。谶纬中言改制之义者犹多，如《易纬通卦验》曰："王者必改正朔，易服色，以应天地人三气之色。"①《春秋元命苞》曰："王者受命，昭然明于天地之理，故必移居处，更称号，改正朔，易服色，以明天命圣人之实。质文再而改，穷则相乘，周则复始。……正朔三而改，文质再而复。"②而在谶纬家看来，改制之契机，与符瑞相合，此则《春秋感精符》所言："帝王之兴，多从符瑞。周感赤雀，故尚赤。殷致白狼，故尚白。夏锡玄珪，故尚黑。"③故皮锡瑞言："古帝王之改正朔、服色，皆用天命瑞应，而天降祥瑞，又因兴王所尚以应之。"④除谶纬文献外，《礼记·大传》言："圣人南面而治天下，必自人道始矣。立权度量，考文章，改正朔，易服色，殊徽号，异器械，别衣服，此其所得与民变革者也。其不可得变革者则有矣！亲亲也，尊尊也，长长也，男女有别，此其不可得与民变革者也。"⑤《史

①［清］黄奭撰，郑杰文、李梅训校点：《通纬佚书考》，载《儒藏》精华编第一三一册：经部·谶纬类，北京：北京大学出版社，2013年版，第260页。

②［清］赵在翰辑，钟肇鹏、萧文郁点校：《七纬（附论语谶）》（下），北京：中华书局，2012年版，第393页。

③［清］赵在翰辑，钟肇鹏、萧文郁点校：《七纬（附论语谶）》（下），北京：中华书局，2012年版，第528页。

④［东汉］郑玄注，［清］袁钧辑，［清］皮锡瑞疏证，吴仰湘点校：《尚书中候疏证·合符后》，载吴仰湘编：《皮锡瑞全集》第一册，北京：中华书局，2015年版，第660页。

⑤［东汉］郑玄注，［唐］孔颖达等正义：《礼记正义》，载［清］阮元校刻：《十三经注疏》（三），北京：中华书局，2009年影印本，第3265页。

记·周本纪》载："……文王。改法度，制正朔矣。"①故此改正朔、易服色，是王者改制之核心议题，也是先秦至汉代通识，广泛见诸经纬文献与汉世经史之作。之所以需在正朔、服色诸方面改制，其意义在预示新王受命必改制，亦即改制言受命。

具体而言，何谓"改正朔，易服色"？一般认为，正指的是一岁之始，意为正月，朔指的是一月之始，意为初一，所谓改正朔即是改正月，定初一，是为定一年一月之始，如《白虎通》所言："改正者，非改天道也，但改日月也。"②色指服色，即所尚之色、服饰之色，意为所主之色。所改之正朔、服色，必在三统三正说之列，以此循环系统而生生不息。"易服色"者，与三统相关，"三统"是指崇尚赤、白、黑三色。"改正朔"者，即改变正月与朔日，与三正相关，"三正"是指立十一月、十二月、十三月（一月）为正月。其中，立十一月即子月为正月，又称天正；立十二月即丑月为正月，又称地正；立十三月（一月）即寅月为正月，又称人正。在夏、商、周三代的更替中，夏尚黑，是黑统，以寅月（正月）为正月；殷尚白，是白统，以丑月（十二月）为正月；周尚赤，是赤统，以子月（十一月）为正月。在谶纬家与今文学看来，所有王朝之更替，皆需在此三统三正之中进行变革。夏、商、周三朝之正月，按时间顺序，后起之朝代在前朝正月基础上，提前一月为正月，意在说明时间性在先，更早进入新岁，意味着新朝代更新换代，通过历法体系的变革以强调对于天命的追溯与认可。

不仅是夏、商、周三代如此，郑玄借经纬文献，试图将所有三皇、五帝、三代之属之圣王皆纳入这种三统三正系统之中。如《尚书中候·敕省图》所言："高阳氏尚赤，以十一月为正，荐玉以赤缯。高辛氏尚

① ［西汉］司马迁撰，［南朝宋］裴骃集解，［唐］司马贞索隐，［唐］张守节正义：《史记》（修订本）第一册，北京：中华书局，2014年版，第154页。

② ［东汉］班固撰，［清］陈立疏证，吴则虞点校：《白虎通疏证》（上），北京：中华书局，1994年版，第364页。

黑，以十三月为正，荐玉以黑缯。陶唐氏尚白，以十二月为正，荐玉以白缯。有虞氏尚赤，以十一月为正。"[1]以此为基础，《通典》引崔灵恩论之：

> 若以《书传》《中候》文，依《三正记》推之，则三皇、五帝之所尚，可得而知也。以周人代殷用天正而尚赤，殷人代夏用地正而尚白，夏以人正代舜而尚黑，则知虞氏之王当用天正而尚赤，陶唐氏当用地正而尚白，高辛氏当用人正而尚黑，高阳氏当用天正而尚赤，少皞氏当用地正而尚白，黄帝当用人正而尚黑，炎帝当用天正而尚赤，共工氏当用地正而尚白，太皞当用人正而尚黑也。[2]

但此处崔氏论三皇之正朔、服色时，以共工氏代替女娲氏，"与郑义不合"[3]。这种序列，也在《公羊传》《春秋繁露》《白虎通》等今文经经典中常见。

> 《白虎通》载："十一月之时，阳气始养根株黄泉之下，万物皆赤，赤者，盛阳之气也。故周为天正，色尚赤也。十二月之时，万物始牙而白，白者，阴气，故殷为地正，色尚白也。十三月之时，万物始达，孚甲而出，皆黑，人得加功，故夏为

---

① [东汉]郑玄注，[清]袁钧辑，[清]皮锡瑞疏证，吴仰湘点校：《尚书中候疏证》，载吴仰湘编：《皮锡瑞全集》第一册，北京：中华书局，2015年版，第585页。

② [唐]杜佑撰，王文锦等点校：《通典》（二），北京：中华书局，1988年版，第1544页。

③ [东汉]郑玄注，[清]袁钧辑，[清]皮锡瑞疏证，吴仰湘点校：《尚书中候疏证》，载吴仰湘编：《皮锡瑞全集》第一册，北京：中华书局，2015年版，第586页。

人正，色尚黑。"①

《尚书·舜典》正义载郑玄之论："帝王易代，莫不改正。尧正建丑，舜正建子。此时未改尧正，故云'正月上日'。即位，乃改尧正，故云'月正元日'。"②可知郑玄认可受命之君改朝换代有改正朔之义，帝尧、帝舜即有此意，若推而言之，当可容扩历代帝王。

整体而言，"改正朔易服色"之旨，一者言必须改正朔，是为新王受命必改制，强调天命所在；一者言改正朔亦有其章法，即正朔之标准已在先王之法度之中，即孔子言"所损益可知也"，故《诗纬推度灾》曰："如有继周而王者，虽百世可知，以前验后，文质相因，法度相改。三而复者，正朔也。二而复者，文质也。"③南宋郑樵《通志》言："乃若律历之所更，易象之所作，亦在适时，所以三代之前，律历不同，而易亦异。"④但三代之后，圣王正朔之更替只在三代之制中，"十三月（一月）""十二月""十一月"三月为正月之所在，"黑""白""赤"三色为正色，这是先王所制定之大法，后王以此为标准即可实施。

三统三正说亦与郑玄六天说关系密切。

《五经异义》载：

> 《公羊说》：存二王之后，所以通天三统之义。引《礼·郊特牲》云："天子存二代之后，犹尊贤也。尊贤不过二代。"古《春秋左氏》说：周家封夏、殷二王之后以为上公，封黄帝、

---

① ［东汉］班固撰，［清］陈立疏证，吴则虞点校：《白虎通疏证》（上），北京：中华书局，1994年版，第363页。

② ［西汉］伪孔安国传，［唐］孔颖达等正义：《尚书正义》，载［清］阮元校刻：《十三经注疏》（一），北京：中华书局，2009年影印本，第266页。

③ ［清］赵在翰辑，钟肇鹏、萧文郁点校：《七纬（附论语谶）》（上），北京：中华书局，2012年版，第238页。

④ ［南宋］郑樵撰：《通志》第一册，北京：中华书局，1987年版，第33页。

尧、舜之后谓之三恪。①

许慎从古文家之义，以为存二王之后，行封赏之事，仅是由于尊贤而已。然许氏不解《公羊说》"通天三统"为何义，经义不周备。故郑玄在《驳五经异义》中明确道：

> 言所存二王之后者，命使郊天，以天子礼祭其始祖，受命之王自行其正朔服色，此之谓通天三统。三恪，尊于诸侯，卑于二王之后。恪者，敬也。敬其先圣而封其后，与诸侯无殊异，何得比夏、殷之后？②

郑玄明言，对于当世之王以及二王之后，所言正朔服色，俱在"通天三统"的序列之中，以示其受命有天道支持。"通天三统"，强调三统属天，此天为何意？陈壁生先生认为此为"六天说"之天："将'通三统'理解为'通天三统'，也就是说，'通三统'的真正意义，是此三统属'天'。在郑玄的'六天'说中，五帝都是天，五帝轮番感生子孙以王天下，但天意并不使每一代之王都能够万世不竭，如果圣王的子孙出现无德之王，天意便会让下一位感生之子孙受命王天下。儒家思想中之'革命'最高的合理性，实源于此。"③因此通天三统，可谓在六天说之感生帝之中，以天道合法性寻找天子，以维护政治稳定。

---

① ［清］皮锡瑞：《驳五经异义疏证》，载［清］陈寿祺、［清］皮锡瑞撰，王丰先点校：《五经异义疏证、驳五经异义疏证》，北京：中华书局，2014年版，第533页。

② ［清］皮锡瑞：《驳五经异义疏证》，载［清］陈寿祺、［清］皮锡瑞撰，王丰先点校：《五经异义疏证、驳五经异义疏证》，北京：中华书局，2014年版，第533页。

③ 陈壁生：《周公的郊祀礼——郑玄的经学构建》，载《湖南大学学报（社会科学版）》，2018年第5期，第45页。

这种论述是否是有道理呢？我们可以看一下谶纬原文以及郑玄的注解。

> 《尚书帝命验》："自三皇以下，天命未去，向善，使一姓不再命。"[1]
>
> 《尚书帝命验》："天道无适莫，常传其贤者。"[2]
>
> 《易纬通卦验》："黑白系名，摇命子据其题，由乾成黄赤苍，道之贞。"
>
> 郑玄注："贞犹信。黄赤苍，谓木火土之君者，信遵不系于一，其王天下也，其当录运即得与子孙，不当即禅位。"[3]

郑玄一方面肯定了君主如果能够承接帝王所受之天之历运，那么可以保有子孙之王位，另一方面也说明了历运的"革命性"，即言天下非一家一姓之天下，无论是获木德、火德还是土德等君，皆不能千秋一统，永远安稳居于王位，如果出现不当之位，不德之行，则需禅位。但所有这一切，都是在五天帝系统之中实现的，即无论受命与否，都是受天所支配，如果出现恶政，则要还命于天，如果在政，则要以天为法，不得妄为。钱穆先生也指出，王者通三统，实则表明天命所归，并非一家一姓，汉儒认为汉家天下太平世已经过去，在汉德已衰的情况下，需要有新王出现。这便是孔子"春秋"人义。[4]

---

① ［清］赵在翰辑，钟肇鹏、萧文郁点校：《七纬（附论语谶）》（上），北京：中华书局，2012年版，第223页。

② ［清］赵在翰辑，钟肇鹏、萧文郁点校：《七纬（附论语谶）》（上），北京：中华书局，2012年版，第223页。

③ ［清］赵在翰辑，钟肇鹏、萧文郁点校：《七纬（附论语谶）》（上），北京：中华书局，2012年版，第130页。

④ 钱穆：《孔子与春秋》，载氏著：《两汉经学今古文平议》，北京：商务印书馆，2001年版，第284页。

这就产生了一种对于权力合法性的具有张力的设置，具有二维性。[1]一方面，我们可以说这种描述是为汉王朝的政治合法性所论述，是为了"论证汉之合法正统地位"[2]，但另一方面，却可以让汉代君主恪守己德，按照儒家所设置的这一套伦理政治模式来行政，因此反而具有反对君主专制，建立儒家理想政治制度的意义。而这种对于"天命"的论述，其实也是为了更好地实践理想政治秩序，是为了"天下为公"这一理念，其看似荒诞不经、怪力乱神，实际上具有极强的操作意义与历史文化价值，需要我们拨开历史的迷雾，重新发现其价值，继续深入研究。

三皇、五帝、三代帝王与言受命改制相关之属性，按照郑玄谶纬学之相关文献记载，可以整合为下表：

表3　受命帝王之改制属性

受命者名氏	皇、帝、王之属	五运之德	五运之精	三统	三正
伏羲（太皞氏）	三皇	木德	苍精	尚黑	正月
女娲	三皇	无配	无配	尚白	十二月
炎帝（神农氏）	三皇	火德	赤精	尚赤	十一月
黄帝（轩辕氏）	五帝	土德	黄精	尚黑	正月
帝宣（少皞氏）	五帝	金德	白精	尚白	十二月
颛顼（高阳氏）	五帝	水德	黑（玄）精	尚赤	十一月
帝喾（高辛氏）	五帝	木德	苍精	尚黑	正月
帝尧（陶唐氏）	五帝	火德	赤精	尚白	十二月
帝舜（有虞氏）	五帝	土德	黄精	尚赤	十一月

[1] 钱穆先生认为："孔子为汉制法，固替汉廷建立了制度，引生了光荣，而同时也为汉代带来了麻烦，横添了纠纷。"钱穆：《孔子与春秋》，载氏著：《两汉经学今古文平议》，北京：商务印书馆，2001年版，第284页。

[2] 曾德雄：《谶纬中的帝王世系及受命》，《文史哲》2006年第1期，第46页。

受命者名氏	皇、帝、王之属	五运之德	五运之精	三统	三正
禹（夏后氏）	三代圣王	金德	白精	尚黑	正月
汤（殷氏）	三代圣王	水德	黑（玄）精	尚白	十二月
文王（周氏）	三代圣王	木德	苍精	尚赤	十一月
孔子（素王）	素王	水德	黑（玄）精	无配	无配
刘邦（刘汉）	刘汉帝王	火德	赤精	尚黑	正月

从表3可知，郑玄所论之受命圣王，从属于三套系统之中：甲，三皇、五帝、三代圣王及后世帝王；乙，五运之德与五运之精；丙，三统三正。而五运之精与三统皆有尚色之属性，因此受命之王有两套尚色系统，只有炎帝神农氏与帝宣少皞氏两套系统尚色一致，炎帝均为赤，帝宣皆为白，其余帝王二者并不相同。但有二王与其他王者不同，一者为女娲，其修道无改作，虽为三皇，却无配五运之德与五运之精，但在三统三正序列之中；二者为素王孔子，其祖为宋人，乃殷人后代，因此承袭殷商五运之德为水德，殷商五运之精为黑（玄）精，但因孔子有德无位，因此不参与三统三正之配，同时孔子之水德并不影响刘汉承接周代之木德。另，若按五帝即五位帝王而论，则刘汉难以保证为五运之德为火德、五运之精为赤精、三统尚黑、三正为正月，故只有加入少皞氏帝宣以配之，才能保证刘汉所强调的"汉为火德""汉家尧后"，此则贾逵所言："《五经》家皆无以证图谶明刘氏为尧后者，而《左氏》独有明文。《五经》家皆言颛顼代黄帝，而尧不得为火德。《左氏》以为少昊代黄帝，即图谶所谓帝宣也。如令尧不得为火，则汉不得为赤。"[1]此外，周正十一月，秦则改正为十月，以邹衍之相克五德终始说为据，与表

① ［南朝宋］范晔撰，［唐］李贤等注：《后汉书》（点校本）第五册，北京：中华书局，1965年版，第1237页。

3所列刘向、刘歆父子之相生五德终始说并不同，而且秦代国祚较短，在汉人这套系统之中，并没有将秦代置入其中，因此刘歆认为秦为"闰统"，并非正统。

汉代改制之正朔、服色，最终也落实在此系统之中，但经历了一个较为复杂的演变过程。

> 《东观汉记》载：自汉草创德运，正朔、服色未有所定，高祖因秦，以十月为正，以汉水德，立北畤而祠黑帝。至孝文，贾谊、公孙臣以为秦水德，汉当为土德。至孝武，倪宽、司马迁犹从土德。自上即位，案图谶，推五运，汉为火德。周苍汉赤，木生火，赤代苍，故上都洛阳。制郊兆于城南七里，北郊四里，为圆坛，天地位其上，皆南面西上。行夏之时，时以平旦，服色、牺牲尚黑，明火德之运，徽炽尚赤，四时随色，季夏黄色。①

可知西汉初期，百废待兴，无法进行礼乐、历法等建构，因此正朔、服色并没有形成统一定制，高祖承袭秦朝旧制，并安苟简，以十月为正，以汉为水德，尚黑。此即《史记·历书》所言："汉兴，高祖曰'北畤待我而起'，亦自以为获水德之瑞。虽明习历及张苍等，咸以为然。是时天下初定，方纲纪大基，高后女主，皆未遑，故袭秦正朔服色。"②《汉书·律历志》承接《史记》之论而说："战国扰攘，秦兼天下，未皇暇也，亦颇推五胜，而自以获水德，乃以十月为正，色上黑。

---

① ［东汉］刘珍等撰，吴树平校注：《东观汉记校注》（上），北京：中华书局，2008年版，第8页。

② ［西汉］司马迁撰，［南朝宋］裴骃集解，［唐］司马贞索隐，［唐］张守节正义：《史记》（修订本）第四册，北京：中华书局，2014年版，第1505页。

汉兴，方纲纪大基，庶事草创，袭秦正朔。"①李善注《典引》言："汉承周后，当就夏正，以十二月（应作"十三月"——引者）为年首，而秦以十月为年首，高祖又以十月至霸上，因而不改。"②可知汉初以十月为岁首，不仅是高祖推五德终始说而自认为水德为根本依据，亦与其十月于霸上兴起之个人境遇有关，并且汉初诸事草创，难以形成礼制建设，因此沿袭秦正。但这种规制，一方面沿袭秦制，并非汉朝之制，另一方面，秦以十月为正③，并不在三统三正序列之中，因此不合经学之义，受到汉儒批评，如东汉尚书令陈忠批评道："汉祖受命，因秦之纪，十月为年首，闰常在岁后。不稽先代，违于帝典。"④所以从汉文帝开始，儒者认为秦为水德，以邹衍五德终始说言相克而论，土克水，汉应为土德，然正月犹从十月旧制。但"圣王兴起，各异正朔，以通三统"，改正朔是明受命之基本条件，故"孝武皇帝摅发圣思，因元封七年十一月甲子朔旦冬至，乃诏太史令司马迁、治历邓平等更建《太初》，改元易朔，行夏之正"⑤，改用夏正，以甲子日为朔日，才实现了汉代改正朔之建构。但汉武时，诸儒依旧持汉世为土德之说。惠栋言："刘向父

① ［东汉］班固撰，［唐］颜师古注：《汉书》（点校本）第四册，北京：中华书局，1962年版，第973—974页。

② ［南朝梁］萧统编，［唐］李善注：《文选》（五），上海：上海古籍出版社，1986年版，第2163页。

③ 秦之正朔服色，《史记·封禅书》载："秦始皇既并天下而帝，或曰：'黄帝得土德，黄龙地螾见。夏得木德，青龙止于郊，草木畅茂。殷得金德，银自山溢。周得火德，有赤乌之符。今秦变周，水德之时。昔秦文公出猎，获黑龙，此其水德之瑞。'于是秦更命河曰'德水'，以冬十月为年首，色上黑，度以六为名，音上大吕，事统上法。"见［西汉］司马迁撰，［南朝宋］裴骃集解，［唐］司马贞索隐，［唐］张守节正义：《史记》（修订本）第四册，北京：中华书局，2014年版，第1643页。

④ ［南朝宋］范晔撰，［唐］李贤等注：《后汉书》（点校本）第十一册，北京：中华书局，1965年版，第3034页。

⑤ ［南朝宋］范晔撰，［唐］李贤等注：《后汉书》（点校本）第十一册，北京：中华书局，1965年版，第3035页。

子以为帝出于震，故包羲氏始受水（应作"木"——引者）德，其后以母传子终而复始，自神农、黄帝下，历唐、虞、三代，而汉得火焉，故高祖始起神母夜号，著赤帝之符，旗章遂赤，自得天统矣。"①可知直到西汉中后期，刘向、刘歆父子才提出五德终始说之相生说，以为周为木德，木生火，故汉应为火德。但刘向父子"虽有此议，时不施行，至光武建武二年，乃用火德，色尚赤耳"②，可知直到光武时以图谶推五运之德，确定汉为火德，用夏正，服色尚黑，五运之标志尚赤，最终完成了正朔、服色的改制。

二者，改制有改变先王之法不合后王之处。事实证明，先王之法会出现不合后代的实际情况，更改制度也是应有之意。如范仲淹《答手诏条陈十事》说："历代之政，久皆有弊，弊而不救，祸乱必生。"③因此改制有补救弊陋之意。《史记·叔孙通传》载叔孙通曰："五帝异乐，三王不同礼。礼者，因时世人情为之节文者也。故夏、殷、周之礼所因损益可知者，谓不相复也。"④《资治通鉴·汉纪》载汉武言："汉家庶事草创，加四夷侵陵中国，朕不变更制度，后世无法。"⑤因此，制度创立之后，随着时间流逝，必将出现其与现存实际情况不完全一致之处，如果不能改制，则无法有效解决当下问题，也不足以为后世效法。

三者，改制中要做到"改制无易道"，在变与不变中谋求平衡点。董仲舒言："受命之君……故必徙居处、更称号、改正朔、易服色者，

---

① ［清］王先谦：《后汉书集解》上册，扬州：广陵书社，2006年影印本，第10页。

② ［清］王先谦：《后汉书集解》上册，扬州：广陵书社，2006年影印本，第10页。

③ 见明黄淮《历代名臣奏议》卷二九，清文渊阁《四库全书》本；又见宋吕祖谦《宋文鉴》皇朝文鉴卷第四十三，《四部丛刊》景宋刊本。

④ ［西汉］司马迁撰，［南朝宋］裴骃集解，［唐］司马贞索隐，［唐］张守节正义：《史记》（修订本）第八册，北京：中华书局，2014年版，第3296页。

⑤ ［宋］司马光编著，［元］胡三省音注，"标点资治通鉴小组"校点：《资治通鉴》，北京：中华书局，1956年版，第726页。

无他焉，不敢不顺天志而明自显也。若夫大纲、人伦、道理、政治、教化、习俗、文义尽如故，亦何改哉？故王者有改制之名，无易道之实。"①可知董子认为受命之君需做到改制无易道，即仅在居处（国都）、称号（国号）、正朔（历法）、服色（所尚之色）诸方面进行改变，是为"改制"之义；而在三纲五常、人伦教化、礼义廉耻、风俗习惯、经书大义诸方面，需沿袭先王之道，即儒家所提倡之尧舜之道，此之谓"无易道"。二者为统一之整体，不可缺一。《白虎通》亦言："王者有改道之文，无改道之实"，故此"君南面，臣北面，皮弁素积，声味不可变，哀戚不可改"②，乃百王不易之道，承接董子所言"天不变，道亦不变"之旨。总体而言，之所以需要改制，一方面是明受命之本，即董子《对策》所言："《春秋》受命所先制者，改正朔，易服色，所以应天也。"③另一方面是为了"新民"，即显示新政权的新气象以教化民众，如朱熹解释为"一番新民观听，合如此。如新知县到任，便变易号令一番；住持入院，改换行者名次，相似"。④苏舆也说："正朔、服色数者，为天子大礼。易姓受命，必显扬一二，以新民耳目。"⑤即正朔、服色不改，民众也无从得以自新，不知新王与旧王的区别，则不符合儒家制度构建与民众教化的需求；之所以不能改变儒家三纲五常、教化、习俗等，说明儒家所论天道具有永恒价值，是历代帝王都需遵守之道，可谓立国之根本，百世不易之理。如果汉代承认其也是这个受命系统之一

---

① ［清］苏舆撰，钟哲点校：《春秋繁露义证》，北京：中华书局，1992年版，第18—19页。

② ［东汉］班固撰，［清］陈立疏证，吴则虞点校：《白虎通疏证》（上），北京：中华书局，1994年版，第365页。

③ ［东汉］班固撰，［唐］颜师古注：《汉书》（点校本）第八册，北京：中华书局，1962年版，第2510页。

④ ［南宋］黎靖德编，王星贤点校：《朱子语类》，北京：中华书局，1986年版，第598页。

⑤ ［清］苏舆撰，钟哲点校：《春秋繁露义证》，北京：中华书局，1992年版，第18页。

员，那么就必须承接这些古已有之的礼乐制度。

从经学思想言，三统三正之说一直是主流价值，但在实际历法应用中，夏正之说却是最为核心的历法体系，并保持不变。如《逸周书》所载："万物春生、夏长、秋收、冬藏。天地之正，四时之极，不易之道。夏数得天，百王所同。其在商汤，用师于夏，除民之灾，顺天革命，改正朔，变服殊号，一文一质，示不相沿，以建丑之月为正，易民之视。若天时大变，亦一代之事，亦越我周王致伐于商，改正异械，以垂三统，至于敬授民时，巡狩祭享，犹自夏焉。是谓周月，以纪于政。"①可知夏正是百王不变之正，而后世即使"改正朔"也不会意味着夏正被废除，因为夏正具有现实的操作意义，不可随意更改。改正朔意味着顺天革命，意味着新朝代的建立，新民耳目。而关于具体的"敬授民时"，祭祀大典等则依然沿用夏历。因此在夏代之后的朝代中，会出现历法的双轨制：昭示天命所归的改正朔，因此有夏正、殷正与周正，但实际农耕气候则沿用夏正。笔者认为，对于夏正的保存，意味着对于合理天道秩序的体认与追溯，可以说是"无易道"，即这种天象的合理秩序是一直存在的。故无论朝代如何更替，则夏正是始终要遵循的，也可以说是对于禹这三代第一圣王所建立朝代的认可。

又，《左传·昭公十七年》载："火出，于夏为三月，于商为四月，于周为五月。夏数得天。"杜预注："得天正。"孔疏："斗柄所指，一岁十二月，分为四时。夏以建寅为正，则斗柄东指为春，南指为夏，是为得天四时之正也。若殷、周之正，则不得正。"②《礼记·大传》郑注："王者之先祖……皆用正岁之正月郊祭之，盖特尊焉。"孔疏："云'皆用正岁之正月郊祭之'者，案《易纬乾凿度》云：'三王之郊，一用夏

---

① 黄怀信、张懋镕、田旭东撰：《逸周书汇校集注》（修订本）下册，上海：上海古籍出版社，2007年版，第579页。

② ［西晋］杜预注，［唐］孔颖达等正义：《春秋左传正义》，载［清］阮元校刻：《十三经注疏》（四），北京：中华书局，2009年影印本，第4526页。

正.'"①可知夏历是为古代接受之通行历法，其他历法有表明朝代更替之意，但并不改变夏历的根本性地位。而郑玄也接受了这种"改制无易道"的思想，认为夏正仍是王者改制之本，为不易之道。

第三节　本章小结

本章主要探讨郑玄谶纬学之感生—受命—改制论与汉代政治文化之间的关系。分"郑玄谶纬学之感生—受命论"与"郑玄谶纬学之受命—改制论"两节。郑玄在天论体系的构建过程中所提出的感生说与六天说，正是郑玄谶纬学感生—受命—改制论思想的重要来源之一。只有将感生、受命与改制三者结合，才可以发掘出郑玄改制说的深层意涵。

第一节探讨郑玄谶纬学之感生—受命论。受命是指接受命令，从感生的角度出发，此"命"指的是"天命"，即天的命令。因此，感生是为了言受命，受命是言承接天命。天命包含两种意涵：上天之命令（也包括人民之命令）与上天赋予人之内在性命。命令言外王，是王天下受命之依据；性命求内圣，是人内在德性之依据。而谶纬家所言天命，是从上天之命令而论，郑玄谶纬学之于天命，亦然。王者受命，有其祥瑞，为吉利之征兆，不仅包括动物、植物、佳酿、天象等，也包括实体化的谶部文献《河图》《洛书》。感生帝之受命体系中，主要有三个维度：制作、改制与无改作（修道），分别对应历代不同圣王。如伏羲氏等制作圣王，受命制作；女娲、帝宣等修道圣王，受命修道无改作；素王孔子受改制之命令，实有制作之义；汉帝王受命继承孔子之道，效法

---

① ［东汉］郑玄注，［唐］孔颖达等正义：《礼记正义》，载［清］阮元校刻：《十三经注疏》（三），北京：中华书局，2009年影印本，第3264页。

唐尧并具改制无易道。从谶纬学而论，孔子与刘汉帝王之受命—改制为最重要的两个进路。

第二节探讨郑玄谶纬学之受命—改制说。郑玄接受谶纬学之受命改制思潮，是因为其中含有孔子受命改制而为汉制法这一涵义，此说也是两汉儒生通识。孔子在经学系统之中，是"制作""改制"，还是"述而不作"，涉及不同经学思想流派对孔子的不同认知。今文家言孔子制作六经，古文家言孔子述而不作，六经皆先王旧典。虽孔子"述而不作"，但实则是以述为作，纬书即可认为是孔子述先王之道而改制所作之经典，因此谶纬多言改制之意，符合汉儒认为汉时不具备作经之资格，而只具改制之义。可见郑玄之经纬观：经言制作，纬言改制。汉世受命改制之内容，首先在于改正朔、易服色，这是王者改制之核心议题，其意义在预示新王受命必改制，亦即改制言受命。改正朔易服色，与三统三正说相合，不仅强调天命所在，也预示受命之君所改制之举，皆在先王所立法度之中，且论及天命非一家一姓之私器，若汉德不再，则有新王出，可谓重塑"天下为公"这一儒家核心价值。而郑玄借经纬文献，试图将三皇、五帝、三代之属的圣王（亦包括孔子、刘邦）皆纳入这一系统之中。汉代之改正朔、易服色，经历了高祖沿袭秦正十月为水德、汉武改历夏正一月为土德到光武推图谶定汉为火德用夏正一月的过程。其次，改制是因为先王之法不合后王实际情况，而通过改制来解决后王当下问题，以为后世法。最后，"改制无易道"强调受命之君仅在正朔、服色上有所改变，以示天命所归与新民耳目，对于儒家提倡之三纲五常、人伦教化等立国之本，则不能有所改变，是承接受命之本。虽然三统三正说言改制之义，然夏正得天数，是百王所同、不易之道，用夏正郊天也体现了郑玄承认"改制无易道"这一思想。

第四章　天神地祇人祖祭祀之统合

——郑玄谶纬学之祭礼论考

第一节　郑玄谶纬学与祭礼体系

《左传·成公十三年》传文引刘子言："国之大事，在祀与戎，祀有执膰，戎有受脤，神之大节也。"孔疏曰："'国之大事，在祀与戎'，宗庙之祀，则有执膰；兵戎之祭，则有受脤，此是交神之大节也。……执膰、受脤，俱是于祭末受而执之，互相见也。"①可知此处"祀"为宗庙之祀，"戎"为兵戎之祭，古人认为宗庙之祀与兵戎之祀皆为国家最重要的祭祀典礼，而宗庙祭祀后的执膰与兵戎之祀后的受脤，都是与天神相交感的重要祭品，在祭祀仪式结束后以手执之，以示受命。因此，无论是宗庙之祀还是兵戎之祀，俱与天神相合，可知古人认为礼本身与天具有密切关系。

《礼记正义序》言："自伏牺以后至黄帝，吉、凶、宾、军、嘉五礼始具。"②古人认为上古时代即有五礼：吉礼、凶礼、宾礼、军礼、嘉礼。一般认为，吉礼为祭祀之事，凶礼为丧葬之事，宾礼为宾客之事，军礼为军旅之事，嘉礼为冠婚之事。③而吉礼为五礼之冠冕，是古人最为重视的典礼。吉礼言祭祀之事，"吉""祭"音近义通，二者相合，因此"祭礼""吉礼"多通用。祭祀之对象一般认为包括天神、地祇与人鬼，也是天地人三才之道的映射。三者之中，地祇即地神，在国家祭祀之中多是天神之反映；人鬼为祖先，也是上天之映射。因此，天地人三

---

① ［西晋］杜预注，［唐］孔颖达等正义：《春秋左氏传正义》，载［清］阮元校刻：《十三经注疏》（四），北京：中华书局，2009 年影印本，第 4149—4150 页。

② ［东汉］郑玄注，［唐］孔颖达等正义：《礼记正义》，载［清］阮元校刻：《十三经注疏》（三），北京：中华书局，2009 年影印本，第 2654 页。

③ 清人秦蕙田有《五礼通考》言之甚详，可参考［清］秦蕙田撰，方向东、王锷点校：《五礼通考》，北京：中华书局，2020 年版。

才中，对于天的祭祀是最为重要与隆重的礼仪。祭礼为一国之本，是汉朝人对于天神、地祇与人鬼这一系列国家信仰的源泉所在，也是古人认为推动一个国家得以生生不息之必要手段。

孔颖达言："礼是郑学。"可知郑玄经学思想的核心是礼学，而郑玄礼学体系构建又主要在其三礼学体系之中，其对于五礼均有涉及，建构了一个完整的礼学体系，祭礼则是郑玄礼学思想的核心所在。如《周礼·大宗伯》言："大宗伯之职，掌建邦之天神、人鬼、地示之礼，以佐王建保邦国。"郑注云："建，立也。立天神、地祇、人鬼之礼者，谓祀之、祭之、享之。礼，吉礼是也。保，安也。所以佐王立安邦国者，主谓凶礼、宾礼、军礼、嘉礼也。目吉礼于上，承以立安邦国者，互以相成，明尊鬼神，重人事。"①可知郑玄礼学以祭礼为主，言祭天、祭地与祭祖之礼。

郑玄在建构其祭礼体系之中，吸收了大量谶纬学祭祀体系的内容。因此，郑玄谶纬学的思想价值之一就是参与了郑玄最为重要的祭礼体系建构。事实上，谶纬学在东汉的国家祭祀建构中具有重要的作用。《后汉书·郑兴传》载："（光武）帝尝问（郑）兴郊祀事，曰：'吾欲以谶断之，何如？'"②一般认为此处说明光武迷信图谶，事事以谶纬决断之，多抱以负面评价。但若从另外一个角度进行理解，正是因为谶纬中多谈郊祀之事，祭天是谶纬的主流思想之一，反映了谶纬具天象征验之义，因此刘秀欲以谶断郊祀事，正反映了谶纬的思想价值与郊祀礼相合。而郑玄对于谶纬学祭礼体系的吸收，正与此相通。

祭祀礼制范围极其庞杂，对于郑玄谶纬学的祭礼来说，主要是祭天、祭地与祭祖三方面的内容。南宋杨复评论郑玄三礼学言："郑康成

①［东汉］郑玄注，［唐］贾公彦疏：《周礼注疏》，载［清］阮元校刻：《十三经注疏》（二），北京：中华书局，2009年影印本，第1633页。

②［南朝宋］范晔撰，［唐］李贤等注：《后汉书》（点校本）第五册，北京：中华书局，1965年版，第1223页。

注《仪礼》《周礼》《礼记》三书，通训诂，考制度，辨名数，词简而旨明，得多而失少，使天下后世犹得以识先王制度之遗者，皆郑氏之功也。惟天神、地示祭礼及天子、诸侯宗庙祭礼，郑注乃杂之以纬书之伪，参之以臆决之私，则其失之又有甚矣。"[1]在杨复看来，郑玄经学以礼学为中心，尤其体现为三礼学，于训诂、制度诸方面多有发明，是郑学之核心价值所在；但关于祭祀天神、地祇与人鬼（祖先）等方面的祭礼体系，郑注则掺杂谶纬之学，是其祭礼中失误之处。杨复所论康成祭礼为"失之"，本书不作评述，但杨氏认为郑玄谶纬学与郑玄之祭礼建构体系之间具有极大关联，则可谓抓住郑学核心，值得重视。清儒皮锡瑞亦言："郑君先治今文，后治古文。……是郑君注《孝经》最早。其解社稷、明堂大典礼，皆引《孝经纬》：《援神契》《钩命决》文。"[2]皮氏言郑玄注"社稷、明堂大典礼"多引谶纬文献作为论据，说明康成对于谶纬文献的理解多与社稷、明堂礼相合。社稷、明堂礼是祭礼的重要组成部分，因此郑玄以谶纬学来作为其祭礼体系建构的重要理论依据。

具体的祭礼之中，祭天、祭地与祭祖之礼多在同一系统之中，祭天是最为重要而且复杂的祭祀体系，而谶纬学天论体系中的郑氏六天说，就是郑玄谶纬学祭礼体系建构的核心理论依据。

---

① ［宋］杨复撰，林庆彰校订，叶纯芳、（日）桥本秀美编辑：《杨复再修仪礼经传通解续卷祭礼》（初版）上册，台北："中央研究院"中国文哲研究所，2011年版，第173页。

② ［清］皮锡瑞撰，吴仰湘点校：《孝经郑注疏》，北京：中华书局，2016年版，第1页。

第二节　六天说与郑玄祭天礼之建构

"帝王之义，莫大承天；承天之序，莫重于郊祀。"①郊祀礼是历代帝王十分重视的礼仪规范，是强调王者受命而王天下的重要国家典礼。自从汉武帝"罢黜百家，表彰六经"之后，经学成为国家祭祀的重要思想来源，以经学建构郊祀礼成为时代需求。但吊诡的是，经学文献中却缺少祭天的具体礼仪规范，并没有一整套规范化的祭祀程序，因此汉代经学家在对于经文的注释过程中，通过自己的知识体系注解出一套新的郊祀礼仪模式，以期实现汉代祭天礼的建构，郑玄就是此类经学家的代表性人物。

一、郊祀礼与圜丘礼

郑玄以为祭天之礼分郊祭与圜丘祭，是对《周礼》《礼记》中出现的关于祭天的诸多分歧进行融合所产生的观点。先论郊祭。《礼记·郊特牲》云："郊之祭也，迎长日之至也。"郑注："《易说》曰：三王之郊，一用夏正。夏正，建寅之月也。此言迎长日者，建卯而昼夜分，分而日长也。"②郊祭是"迎长日之至"，郑玄认为此"长日"是为"日长"，即郊祭的时间节点是在白昼渐长之时。郑注又言建卯之月，是为太阳历二月，此月含二十四节气之春分，是日白昼与黑夜均等，从春分

---

① ［南朝宋］范晔撰，［唐］李贤等注：《后汉书》（点校本）第十一册，北京：中华书局，1965年版，第3158页。

② ［东汉］郑玄注，［唐］孔颖达等正义：《礼记正义》，载［清］阮元校刻：《十三经注疏》（三），北京：中华书局，2009年影印本，第3146页。

之后白昼愈长而黑夜愈短，以此顺延，可以保证在历法上逐渐趋向于夏至日时达到昼最长、夜最短，是为"迎长日"。

郑玄以《易纬乾凿度》"三王之郊，一用夏正"为根据，认为夏之正月是建寅之月，即太阳历一月，此月行郊祀礼，而非殷正（建丑之月，即太阳历十二月）、周正（建子之月，即太阳历十一月）。故孔疏言："'迎长日之至也'者，明郊祭用夏正建寅之月，意以二月建卯春分后日长。今正月建寅，郊祭，通而迎此长日之将至。"①此说亦可通过五经证明。如《礼记·月令》孟春月："是月也，天子乃以元日，祈谷于上帝。"郑注："谓以上辛郊祭天也。《春秋传》曰：夫郊祀后稷，以祈农事。是故启蛰而郊，郊而后耕。上帝，大微之帝也。"②《左传》桓公五年载："凡祀，启蛰而郊。"③《左传·襄公七年》引孟献子曰："夫郊，祀后稷以祈农事也。是故启蛰而郊，郊而后耕。"④可知郊祀应在惊蛰之月。何谓惊蛰之月？杜预注："启蛰，夏正建寅之月，祀天南郊。"⑤为何惊蛰之月为寅月？《汉书·律历志》载："诹訾，初危十六度，立春。中营室十四度，惊蛰。（注：今曰雨水，于夏为正月，商为二月，周为三月。）终于奎四度。降娄，初奎五度，雨水。（注：今曰惊蛰。）中娄四度，春分。（注：于夏为二月，商为三月，周为四月。）终

① ［东汉］郑玄注，［唐］孔颖达等正义：《礼记正义》，载［清］阮元校刻：《十三经注疏》（三），北京：中华书局，2009年影印本，第3146页。

② ［东汉］郑玄注，［唐］孔颖达等正义：《礼记正义》，载［清］阮元校刻：《十三经注疏》（三），北京：中华书局，2009年影印本，第2936页。

③ ［西晋］杜预注，［唐］孔颖达等正义：《春秋左传正义》，载［清］阮元校刻：《十三经注疏》（四），北京：中华书局，2009年影印本，第3796页。

④ ［西晋］杜预注，［唐］孔颖达等正义：《春秋左传正义》，载［清］阮元校刻：《十三经注疏》（四），北京：中华书局，2009年影印本，第4206—4207页。

⑤ ［西晋］杜预注，［唐］孔颖达等正义：《春秋左传正义》，载［清］阮元校刻：《十三经注疏》（四），北京：中华书局，2009年影印本，第3796页。

于胃六度。"①古历所载惊蛰、雨水与汉时所载已然不同，汉时至今，二十四节气中春季六节气排列是立春、雨水、惊蛰、春分、清明、谷雨，立春之后是雨水，则立春是正月之节，雨水是正月之中气；然从《汉书》所记载之古历可知：立春之后是惊蛰，则立春是正月之节，惊蛰是正月之中气。而言"启蛰而郊"，是谓郊祀在惊蛰之月，此亦郑玄所言祈谷之祭，故郊在正月，即寅月可知也。另，《春秋·宣公三年》载："春，王正月，郊牛之口伤，改卜牛。"《公羊传》："郊则曷为必祭稷？王者必以其祖配。"②陈立认为："《春秋》但讥其不敬，不讥其于正月郊也。"③故此正月郊祭是为通例，而此正月是夏正之寅月。

郊祀礼所祭祀之对象，《礼记·大传》仅言："礼，不王不禘。王者禘其祖之所自出，以其祖配之。"此处"其祖之所自出"与"其祖"如何配之，经文并未明言。而郑注："凡大祭曰禘。自，由也。大祭其先祖所由生，谓郊祀天也。王者之先祖，皆感大微五帝之精以生，苍则灵威仰，赤则赤熛怒，黄则含枢纽，白则白招拒，黑则汁光纪，皆用正岁之正月郊祭之，盖特尊焉。《孝经》曰'郊祀后稷以配天'，配灵威仰也；'宗祀文王于明堂，以配上帝'，泛配五帝也。"④又如《礼记·丧服小记》同样记载："王者禘其祖之所自出，以其祖配之。"郑注："禘，

---

① ［东汉］班固撰，［唐］颜师古注：《汉书》（点校本）第四册，北京：中华书局，1962年版，第1005页。

② ［东汉］何休解诂，［唐］徐彦疏：《春秋公羊传注疏》，载［清］阮元校刻：《十三经注疏》（五），北京：中华书局，2009年影印本，第4946—4947页。

③ ［东汉］班固撰，［清］陈立疏证，吴则虞点校：《白虎通疏证》（下），北京：中华书局，1994年版，第563页。

④ ［东汉］郑玄注，［唐］孔颖达等正义：《礼记正义》，载［清］阮元校刻：《十三经注疏》（三），北京：中华书局，2009年影印本，第3264页。按：《孝经援神契》云："郊祀后稷以配天，配灵威仰也。宗祀文王于明堂，以配上帝。汎祀配上帝也。"载［清］赵在翰辑，钟肇鹏、萧文郁点校：《七纬（附论语谶）》（下），北京：中华书局，2012年版，第680页。可知郑说配灵威仰、配五帝云云，当来自谶纬之说。

大祭也。始祖感天神灵而生，祭天则以祖配之。自外至者，无主不上。"①可知郑玄吸收谶纬学之六天说，认为王者"其祖之所自出"皆是天之神灵，具体而言为太微五帝之精，即东方苍帝灵威仰、南方赤帝赤熛怒、中央黄帝含枢纽、西方白帝白招拒、北方黑帝汁光纪，"王者禘其祖之所自出"即祭天，祭天时则各以其始祖配之，即各自之感生帝，如《孝经》"郊祀后稷以配天"，是以周之始祖，也是感生帝后稷配东方苍帝灵威仰。其他依次类推。

再论圜丘祭。上文已述，一般言祭天，即为郊祭，此为通说。然《周礼》中言祭天者有二，除了郊祭之外，《周礼·大司乐》明确言："冬日至，于地上之圜丘奏之，若乐六变，则天神皆降，可得而礼矣。"郑注："《大传》曰：'王者必禘其祖之所自出。'《祭法》曰：'周人禘喾而郊稷。'谓此祭天圜丘，以喾配之。"②诸经典中皆未见"圜丘"之说，此处圜丘之说亦仅在《周礼》经文中出现一次，而此处言"圜丘"与"天神皆降"相关，故郑玄以为圜丘是禘礼之一种，为祭天之礼，以帝喾配食。郑玄从《礼记·祭法》之义："有虞氏禘黄帝而郊喾，祖颛顼而宗尧。夏后氏亦禘黄帝而郊鲧，祖颛顼而宗禹。殷人禘喾而郊冥，祖契而宗汤。周人禘喾而郊稷，祖文王而宗武王。"郑注："禘、郊、祖、宗，谓祭祀以配食也。此禘，谓祭昊天于圜丘也。祭上帝于南郊，曰郊。"③《礼记·祭法》中有"禘""郊""祖""宗"四种祭法，而"禘"又高于"郊"，故郑玄言"禘"为圜丘之祭。所以，郑注"祭天圜丘，以喾配之"，正是通过对《周礼》与《礼记》经文的整全性结构考

---

① ［东汉］郑玄注，［唐］孔颖达等正义：《礼记正义》，载［清］阮元校刻：《十三经注疏》（三），北京：中华书局，2009年影印本，第3240页。

② ［东汉］郑玄注，［唐］贾公彦疏：《周礼注疏》，载［清］阮元校刻：《十三经注疏》（二），北京：中华书局，2009年影印本，第1705页。

③ ［东汉］郑玄注，［唐］孔颖达等正义：《礼记正义》，载［清］阮元校刻：《十三经注疏》（三），北京：中华书局，2009年影印本，第3444页。

虑所形成①。

　　然圜丘之祭者为何?《周礼·大宗伯》"以禋祀祀昊天上帝"郑注:"昊天上帝,冬至于圜丘所祀天皇大帝。"②《礼记·祭法》郑注:"此禘,谓祭昊天于圜丘也。"《周礼·神仕》郑注:"言郊之布席,象五帝座。礼祭宗庙,序昭穆,亦又有似虚危。则祭天圜丘象北极,祭地方泽象后妃,及社稷之席皆有明法焉。"③可知郑玄所言圜丘祭天之对象是"天皇大帝",象北极。前文已述,郑玄认为皇天上帝耀魄宝为北辰帝名,郑注:"德合北辰星者皆称皇。"④可知此处圜丘所祭之天帝为郑玄六天说系统中的皇天上帝耀魄宝。孔颖达言:"郑氏以为天有六天,丘、郊各异。"⑤故此郑玄以谶纬学为基础,对于《周礼》中的"圜丘"作出符合其经义之解释,是郑玄以谶纬学统合经义之重要表现,不仅解决了诸经矛盾,而且试图以谶纬学六天说来重新构建经学体系之中的祭天礼。

　　《周礼》言圜丘之祭在冬至,是为子月,即太阳历十一月,而《礼

---

　　① 但后儒或认为郑玄"随文解经",并无定论。如清儒赵翼评"郑康成注禘祭之误"云:"《周颂·雍》之序曰:'禘,祭太祖也。'康成因注曰:'禘,大祭也。太祖,谓文王也。禘大于四时祭,而小于祫也。'《商颂·长发》之序曰:'大禘也。'康成因曰:'大禘,祭天也。'盖因《诗序》禘字加大,故又以为祭天也。于是注《小戴记·祭法》,则竟以禘为祀昊天于圆丘。而于《春秋传》则又以禘为郊祀灵威仰,而以后稷配。随处异议,迨无定说,宜黎干等之纷纷驳诘也。"载〔清〕赵翼撰,曹光甫校点:《陔余丛考》(上),上海:上海古籍出版社,2011年版,第54页。
　　② 〔东汉〕郑玄注,〔唐〕贾公彦疏:《周礼注疏》,载〔清〕阮元校刻:《十三经注疏》(二),北京:中华书局,2009年影印本,第1633页。
　　③ 〔东汉〕郑玄注,〔唐〕贾公彦疏:《周礼注疏》,载〔清〕阮元校刻:《十三经注疏》(二),北京:中华书局,2009年影印本,第1786页。
　　④ 〔东汉〕郑玄注,〔清〕袁钧辑,〔清〕皮锡瑞疏证,吴仰湘点校:《尚书中候疏证》,载吴仰湘编:《皮锡瑞全集》第一册,北京:中华书局,2015年版,第585页。
　　⑤ 〔东汉〕郑玄注,〔唐〕孔颖达等正义:《礼记正义》,载〔清〕阮元校刻:《十三经注疏》(三),北京:中华书局,2009年影印本,第3129页。

记·郊特牲》载郊祭是正月，即为寅月，如果承认圜丘也是祭天之礼，则同为祭天的圜丘祭与郊祭不同，因此郑玄需要解释为何二者不同，以及二者分别代表何种祭祀？故此康成引入纬书之六天说，以圜丘之言祭皇天上帝耀魄宝于冬至，以郊祭言祭太微五帝于四郊，各以其始祖配之，正与《礼记·大传》所言"王者禘其祖之所自出，以其祖配之"相合。这种划分不仅解决了《周礼》中圜丘与郊二者不同的问题，同时将谶纬学与经学作了有效结合，为六天说在郊祀中安放了位置，实现了经义的统合。后世也有继承此说，如《通典》载："吴操之云：'"启蛰而郊"，郊应在立春后。'何佟之曰：'今之郊祀，是报昔岁之功，而祈今年之福，故取岁首上辛，不拘立春先后。周之冬至圆丘，大报天也。夏正又郊，以祈农事，故有启蛰之说。'（梁武）帝曰：'圆丘自是祭天，先农即是祈谷。祭昊天宜在冬至，祈谷必须启蛰。'"①以此区分圜丘祭天与郊祭之不同。

但郊、丘之说，古无定论，诸经所载圜丘之内容极少，对于二者的区分也容易引起争议。郑玄认为郊、丘为二，后世王肃则有不同意见。王氏认为郊祭与圜丘祭二者为一，皆在建子之月，即十一月。因此，王肃认为"郊之祭也，迎长日之至也"是言"周之郊祭于建子之月，而迎此冬至长日之至也"②，故长日指冬至日，迎长日之至云迎冬至之日，与郑说异。《礼记·郊特牲》孔疏载《圣证论》王肃难郑之语，所论颇详，兹列于下：

> 《郊特牲》曰"郊之祭，迎长日之至"，下云"周之始郊日
>   以至"，玄以为迎长日谓夏正也。郊天日以至，玄以为冬至之

① ［唐］杜佑撰，王文锦等点校：《通典》（二），北京：中华书局，1988年版，第1176页。
② ［东汉］郑玄注，［唐］孔颖达等正义：《礼记正义》，载［清］阮元校刻：《十三经注疏》（三），北京：中华书局，2009年影印本，第3146页。

日。说其长日至于上而妄为之说，又徙其始郊日以至于下，非其义也。玄又云"周衰礼废，儒者见周礼尽在鲁，因推鲁礼以言周事"，若儒者愚人也，则不能记斯礼也；苟其不愚，不得乱于周、鲁也。郑玄以《祭法》禘黄帝及喾为配圆丘之祀，《祭法》说禘无圆丘之名，《周官》圆丘不名为禘，是禘非圆丘之祭也。玄既以《祭法》禘喾为圆丘，又《大传》"王者禘其祖之所自出"，而玄又施之于郊祭后稷，是乱礼之名实也。按《尔雅》云："禘，大祭也。""绎，又祭也。"皆祭宗庙之名。则禘是五年大祭先祖，非圆丘及郊也。周立后稷庙，而喾无庙，故知周人尊喾不若后稷之庙重。而玄说圆丘祭天祀大者，仲尼当称"昔者周公禘祀喾圆丘以配天"，今亡此言，知禘配圆丘非也。又《诗·思文》后稷配天之颂，无帝喾配圆丘之文。知郊则圆丘，圆丘则郊。所在言之则谓之郊，所祭言之则谓之圆丘。于郊筑泰坛象圆丘之形。以丘言之，本诸天地之性，故《祭法》云："燔柴于泰坛。"则圆丘也。《郊特牲》云："周之始郊日以至。"《周礼》云："冬至祭天于圆丘。"知圆丘与郊是一也。言始郊者，冬至阳气初动，天之始也。对启蛰及将郊祀，故言始。《孔子家语》云："定公问孔子郊祀之事，孔子对之。"与此《郊特牲》文同，皆以为天子郊祀之事。[①]

王肃主要从"长日"是冬至日非夏至日、郑玄推鲁礼以言周事是乱周鲁之别、《祭礼·祭法》无明确说禘为圜丘之义、禘其祖非谓郊祭感生帝、禘是宗庙之祭非圜丘与郊祭、圜丘与郊为一等方面进行反驳。但王氏从《尔雅》之义，认为禘仅表五年大祭，此说不确。《说文解字》：

---

① ［东汉］郑玄注，［唐］孔颖达等正义：《礼记正义》，载［清］阮元校刻：《十三经注疏》（三），北京：中华书局，2009年影印本，第3147页。

"禘，谛祭也。从示帝声。《周礼》曰：'五岁一禘。'"①许慎此处仅作禘祫之区分，并无指出禘之不同含义。段玉裁《说文解字注》云：

　　谛有三，有时谛，有殷禘，有大禘。时禘者，《王制》"春曰礿，夏曰禘，秋曰尝，冬曰蒸"是也，夏商之礼也。殷禘者，"周春祠，夏礿（即礿字），秋尝，冬蒸"，以禘为殷祭。殷者，盛也。禘与祫皆合群庙之主祭于大祖庙也。大禘者，《大传》《小记》皆曰："王者禘其祖之所自出，以其祖配之。"谓王者之先祖皆感大微五帝之精以生，皆用正岁之正月郊祭之，《孝经》"郊祀后稷以配天"，配灵威仰也。《毛诗》言禘者二：曰《雝》，禘大祖也，大祖谓文王，此言殷祭也；曰《长发》，大禘也，此言商郊祭感生帝汁光纪以玄王配也。云大禘者，盖谓其事大于宗庙之禘。②

　　可见禘义有三：时谛，殷禘与大禘，时禘言四时祭，殷禘主要是宗庙之祭，如禘祫之义，大禘则是以祖配天之祭，大禘云郊祀天之义重于殷禘云宗庙之祭。郑玄所言禘义十分丰富，时禘、殷禘、大禘皆有论之，而言大禘，则言感生帝以配天之祭。如《周礼·大司乐》郑注："此三者，皆禘大祭也。天神则主北辰，地祇则主昆仑，人鬼则主后稷，先奏是乐以致其神，礼之以玉而祼焉，乃后合乐而祭之。"③《礼记·大传》："礼，不王不禘。王者禘其祖之所自出，以其祖配之。"郑注："凡

　　①［东汉］许慎撰，［北宋］徐铉校定：《说文解字》，北京：中华书局，2013年版，第2页。
　　②［清］段玉裁：《说文解字注》，北京：中华书局，2013年版，第5页。
　　③［东汉］郑玄注，［唐］贾公彦疏：《周礼注疏》，载［清］阮元校刻：《十三经注疏》（二），北京：中华书局，2009年影印本，第1705页。

大祭曰禘。自，由也。大祭其先祖所由生，谓郊祀天也。"①王肃此说仅取禘之宗庙祭之意，而忽略了郑玄也论禘之祭天义，以宗庙祭来否定祭天义，并非信论。

孔疏申郑义，认为王肃所说为非，并举如下数例以证明之："《大宗伯》云：'苍璧礼天。'《典瑞》又云：'四圭有邸以祀天。'是玉不同；《宗伯》又云：'牲币各放其器之色。'则牲用苍也。《祭法》又云：'燔柴于泰坛，用骍犊。'是牲不同也；又《大司乐》云：'凡乐，圜钟为宫，黄钟为角，大蔟为徵，姑洗为羽。''冬日至于地上之圜丘奏之，若乐六变，则天神皆降。'上文云：'乃奏黄钟，歌大吕，舞《云门》，以祀天神。'是乐不同也；……按《周礼》冬至祭天圆丘，不论郊也；又此下云'戴冕璪十有二旒'，《周礼》祀昊天上帝则大裘而冕，是服不同；《周礼》玉路以祀天，此下云'乘素车'，是车不同也；《祭法》云'燔柴于泰坛，用骍犊'，《周礼》苍璧礼天，牲从玉色，是牲不同也；《尔雅》曰'非人为之丘'，泰坛则人功所作，是圆丘与泰坛别也。以是知郊与圆丘所祭非一，故云此说非也。"②孔氏言《周礼》《礼记》所载祭天之服饰、礼车规制、玉器、牺牲、祀乐等皆不同，因此《周礼》《礼记》言祭天必有不同，而郑玄分圜丘与郊为二，正合《周礼》《礼记》经文之意。

二、郊祀礼：圣王始祖配五方帝

"孝为人行之本，祀为国事之大。"③汉代以孝治天下，"孝"对于沟

---

① ［东汉］郑玄注，［唐］孔颖达等正义：《礼记正义》，载［清］阮元校刻：《十三经注疏》（三），北京：中华书局，2009年影印本，第3264页。

② ［东汉］郑玄注，［唐］孔颖达等正义：《礼记正义》，载［清］阮元校刻：《十三经注疏》（三），北京：中华书局，2009年影印本，第3129、3146页。

③ ［唐］李隆基注，［宋］邢昺疏，金良年整理：《孝经注疏》，上海：上海古籍出版社，2009年版，第46页。

通天人进而将祭天与祭祖结合发挥了重要作用。郑玄吸收谶纬学所述之"六天说"理论，除了对于三礼学具有影响之外，《孝经》中也可以看到这种以谶纬学来统合经义的努力。

《孝经·圣治章》载与此相应的经注（郑注）：

> 曾子曰："敢问圣人之德，无以加于孝乎？"子曰："天地之性人为贵（郑注：贵其异于万物也。），人之行莫大于孝（郑注：孝者，德之本，又何加焉？）。
>
> 孝莫大于严父（郑注：莫大于尊严其父。），严父莫大于配天（郑注：尊严其父，莫大于配天，生事敬爱，死为神主也。），则周公其人也（郑注：尊严其父，配食天者，周公为之。）。
>
> 昔者周公郊祀后稷，以配天（郑注：郊者，祭天之名。后稷者，周公始祖。东方青帝灵威仰，周为木德，威仰木帝，以后稷配苍龙精也。）[1]；宗祀文王于明堂，以配上帝（郑注：文王，周公之父。明堂，天子布政之功。明堂之制，八窗四闼，上圆下方，在国之南。南是明阳之地，故曰明堂。上帝者，天之别名也。神无二主，故异其处，避后稷也。）。
>
> 是以四海之内，各以其职来祭（郑注：周公行孝于朝，越裳重译来贡，是得万国之欢心也。）。"[2]

---

[1] 按：此处郑注"东方青帝灵威仰，周为木德，威仰木帝"，严可均言："此注上下阙。《正义》云：'郑以《祭法》有周人禘喾之文，变郊为祀感生之帝，谓东方青帝'云云。详郑意，盖以为配天者，配东方天帝，非配昊天上帝也。周人帝喾而郊稷，禘祀昊天上帝以帝喾配，郊祀感生帝以后稷配。"郑注"以后稷配苍龙精也"，皮锡瑞言："《仪礼经传通解续》引郑注'周为木德'下多此八字。严本遗之，今据补。"载［清］皮锡瑞撰，吴仰湘点校：《孝经郑注疏》，北京：中华书局，2016年版，第72页。

[2]［清］皮锡瑞撰，吴仰湘点校：《孝经郑注疏》，北京：中华书局，2016年版，第69—83页。

另，敦煌经部文献所见《孝经》"昔者周公郊祀后稷以配天"郑注为：

> 郊者，祭天之名，在国之南郊，故谓之郊。后稷者，是尧臣，周公之始祖。自外至者，无主不止，故推始祖，配天而食之。①

从经文中可知，孔子认为人子的德性以孝为最大，最能够彰显人子之孝的表现就是尊严其父，而尊严其父最大的表现就是祭天时以父配食上天，行严父配天礼的代表性人物就是周公。那周公是如何来表现其孝道呢？一者是以祭天的郊祀礼祭祀后稷，来配享天；一者是在明堂以宗祀礼祭祀文王，来配享上帝。

此处郑注与谶纬学相关的地方，也是其争议性最大之处是关于经文所言"昔者周公郊祀后稷，以配天；宗祀文王于明堂，以配上帝"之注。郑玄释郊为祭天，后稷为周公始祖，此为通说，然郑注云"始祖配天而食"，并有后稷感苍帝灵威仰而生之六天说，故严可均、皮锡瑞推论郑注"东方青帝灵威仰，周为木德，威仰木帝，以后稷配苍龙精也"，虽不合敦煌所见《孝经》郑注原文，但学理上符合郑意，兹以为据。另，《孝经援神契》载："郊祀后稷以配天，配灵威仰也。宗祀文王于明堂，以配上帝。汎祀配上帝也。"②《礼记·大传》郑注所言："《孝经》曰'郊祀后稷以配天'，配灵威仰也；'宗祀文王于明堂，以配上帝'，

---

①《孝经郑注》，载张涌泉主编、审订，许建平、关长龙、张涌泉等撰：《敦煌经部文献合集》（第四册），北京：中华书局，2008年版，第1930页。

②［清］赵在翰辑，钟肇鹏、萧文郁点校：《七纬（附论语谶）》（下），北京：中华书局，2012年版，第680页。

泛配五帝也。"①可知此说合郑注之义。但郑玄以谶纬六天说注解《孝经》，受到后世注家非议。

郑玄采用谶纬之说注经，需要从郑玄经注之深层思想意涵考量。后稷是周之始祖，关于后稷的身份，郑玄采取了谶纬的说法，认为后稷是感生之圣王，这也是郑玄在笺《诗》、注《三礼》、注谶纬中的常见说法。例如《诗经·生民》云："履帝武敏歆，攸介攸止。载震载夙，载生载育，时维后稷。"郑笺云："帝，上帝也。敏，拇也。介，左右也。夙之言肃也。祀郊禖之时，时则有大神之迹，姜嫄履之，足不能满。履其拇指之处，心体歆歆然。其左右所止住，如有人道感己者也。于是遂有身，而肃戒不复御。后则生子而养长，名之曰弃。舜臣尧而举之，是为后稷。"②可知郑玄认为后稷是其母姜嫄履大神之迹而生，即是感生。而此"大神"与苍帝灵威仰之间关系如何？《易纬·通卦验》云："河出龙图授帝，戒曰：帝迹术感。"郑注："震为足，故苍帝之兴多以迹感，后稷之生则然。"③可知郑玄明确后稷是感苍帝灵威仰而生。又，《礼记·大传》郑注："《孝经》曰'郊祀后稷以配天'，配灵威仰也。"④《仪礼·丧服传》郑注："始祖者，感神灵而生，若稷、契也。自，由也。及始祖之所由出，谓祭天也。"贾疏："案《大传》云：'王者禘其祖之所自出，以其祖配之。'是后稷感东方青帝灵威仰所生，契感北方

①［东汉］郑玄注，［唐］孔颖达等正义：《礼记正义》，载［清］阮元校刻：《十三经注疏》（三），北京：中华书局，2009年影印本，第3264页。

②［西汉］毛亨传，［东汉］郑玄笺，［唐］孔颖达等正义：《毛诗正义》，载［清］阮元校刻：《十三经注疏》（一），北京：中华书局，2009年影印本，第1137页。

③［清］赵在翰辑，钟肇鹏、萧文郁点校：《七纬（附论语谶）》（上），北京：中华书局，2012年版，第129页。

④［东汉］郑玄注，［唐］孔颖达等正义：《礼记正义》，载［清］阮元校刻：《十三经注疏》（三），北京：中华书局，2009年影印本，第3264页。

黑帝汁光纪所生。"①可知康成于经注中明确表示周之始祖后稷感东方苍帝灵威仰而生。《孝经郑注义疏》于《孝经·圣治章》"昔者周公郊祀后稷以配天"云："天，谓东方青帝灵威仰，是帝而谓之天者，尊之也。周公于郊祭所出之帝灵威仰，而用于始祖后稷配之而祭，故云郊祀后稷以配天。灵威仰木帝，周木德王，是木德而生后稷也。"②因此，《孝经·圣治篇》之"周公郊祀后稷，以配天"也在这五方帝系统之内，后稷所配之帝即是苍帝灵威仰。可推论之：苍帝灵威仰是后稷之感生父，而后稷之母姜嫄履"大神之迹"的"大神"即东方苍帝灵威仰，后稷即周代的感生帝。而通过郑玄经注与纬注，可知康成以六天说统合诸经矛盾，使得经纬文献所载之内容具有统一观点，以此建构其经学体系。

《孝经》载："宗祀文王于明堂，以配上帝。"《孝经援神契》载："明堂有五室，天子每月于其室听朔布教，祭五帝之神，配以有德之君。"③此处《孝经纬》所载应属对于《孝经》之注。蔡邕《明堂论》曰："明堂者，天子太庙，所以崇礼其祖，以配上帝者也。……政教之所由生，变化之所由来，明一统也。故言明堂，事之大，义之深也。"④可知明堂是天子之太庙，祭五帝之神，以有功德之祖先配上帝，是天子宣布政教之所，正与《孝经》郑注之意相合。但现存《孝经》郑注并无直接论述谶纬学五方帝之说。然《郑志》载郑玄弟子赵商问云："说者谓天子庙制如明堂，是为明堂即文庙邪？"郑玄答曰："明堂主祭上帝，

---

①［东汉］郑玄注，［唐］贾公彦疏：《仪礼注疏》，载［清］阮元校刻：《十三经注疏》（二），北京：中华书局，2009年影印本，第2393页。

②《孝经郑注义疏》，载张涌泉主编、审订，许建平、关长龙、张涌泉等撰：《敦煌经部文献合集》（第四册），北京：中华书局，2008年版，第1994页。

③［清］赵在翰辑，钟肇鹏、萧文郁点校：《七纬（附论语谶）》（下），北京：中华书局，2012年版，第681页。

④［南朝宋］范晔撰，［唐］李贤等注：《后汉书》（点校本）第十一册，北京：中华书局，1965年版，第3178页。见《后汉书·志第八·祭祀中》李贤注"灵台未用事"引蔡邕《明堂论》。

以文王配耳，犹如郊天以后稷配也。"①可知郑玄认为"宗祀文王于明堂以配上帝"与"周公郊祀后稷以配天"，应属同样性质，既然"周公郊祀后稷以配天"郑注以为是以后稷配东方苍帝灵威仰，则文王配祭上帝应也在此五帝系统之中。故《礼记·大传》郑注言："'宗祀文王于明堂，以配上帝'，泛配五帝也。"②郑玄所谓"五帝"，即五方帝，是谶纬系统的五位天帝，而后世儒生多将此处"泛配五帝"认为是谶纬之五方帝。如隋萧吉之《五行大义·论五帝篇》载："《河图》云：东方青帝灵威仰，木帝也；南方赤帝赤熛怒，火帝也；中央黄帝含枢纽，土帝也；西方白帝白招拒，金帝也；北方黑帝叶光纪，水帝也。……此五帝，并天上神，下治于世，综理神鬼，次第相接。治太微宫，其精为五帝之座，五星随王受气，即明堂所祭者也。故云'宗祀文王于明堂，以配上帝'。""上帝有五，灵威仰等姓氏事。"③

之所以是"泛配"，明皇注"周公因祀五方上帝于明堂，乃尊文王以配之也"邢疏：

> 五方上帝，即是上帝也。谓以文王配五方上帝之神，侑坐而食也。案郑注《论语》云："皇皇后帝，并谓太微五帝。在天为上帝，分王五方为五帝。"……五帝卑于昊天，所以于郊祀昊天，于明堂祀上帝也。其以后稷配郊，以文王配明堂，义见于上也。五帝谓东方青帝灵威仰，南方赤帝赤熛怒，西方白帝白招拒，北方黑帝汁光纪，中央黄帝含枢纽。……此言宗祀于明堂，谓九月大享灵威仰等五帝，以文王配之，即《月令》

① ［清］皮锡瑞疏证，吴仰湘点校：《郑志疏证》，载吴仰湘编：《皮锡瑞全集》第三册，北京：中华书局，2015年版，第319页。

② ［东汉］郑玄注，［唐］孔颖达等正义：《礼记正义》，载［清］阮元校刻：《十三经注疏》（三），北京：中华书局，2009年影印本，第3264页。

③ ［隋］萧吉撰，（日）中村璋八校注：《五行大义校注》（增订版），东京：汲古书院，1998年版，第176—177、180页。

云："季秋大享帝。"注云："遍祭五帝。"以其上言"举五穀之要，藏帝藉之收于神仓"，九月西方成事，终而报功也。①

《孝经郑注义疏》于《孝经·圣治章》"宗祀文王于明堂，以配上帝"云："此以父配天也。宗者，尊也。宗祀谓祖有功，宗有德。既有功可尊，可尊亦可祖。不云配五帝，而云配上帝，示尊之故也。"郑注云："上帝者，天之别名，神无二主，故异其处，避后稷。"《孝经郑注义疏》云："总则曰天，别则名帝。……《祭法》云：'大德配众，小德配寡'是也。"②孔颖达对《礼记·大传》郑注"'宗祀文王于明堂，以配上帝'，泛配五帝也"疏解曰："证文王不特配感生之帝，而泛配五帝矣。"③《周礼·典瑞》："四圭有邸，以祀天、旅上帝。"郑注："祀天，夏正郊天也。上帝，五帝，所郊亦犹五帝，殊言天者，尊异之也。"孔疏："王者各郊所感帝，若周之灵威仰之等，即是五帝。而殊言天，是尊异之，以其祖感之而生故也。"④可知郊祀配食之对象是始祖感生帝，因为是始祖之所出，故尊感生帝；泛配五帝是因为此处五帝所代表就是整体的天，而文王并非感生帝，因此仅仅泛配，以示文王受命，是对天帝的尊重不同而形成不同的严父配天礼。周文王可以配五帝，在谶纬学文献中也可以有证明，因谶纬文献载文王为东方苍帝灵威仰之后，如《河图》云："尧赤精，舜黄，禹白，汤黑，文王苍。"⑤《河图》又云：

① ［唐］李隆基注，［宋］邢昺疏，金良年整理：《孝经注疏》，上海：上海古籍出版社，2009年版，第47页。

② 《孝经郑注义疏》，载张涌泉主编、审订，许建平、关长龙、张涌泉等撰：《敦煌经部文献合集》（第四册），北京：中华书局，2008年版，第1994页。

③ ［东汉］郑玄注，［唐］孔颖达等正义：《礼记正义》，载［清］阮元校刻：《十三经注疏》（三），北京：中华书局，2009年影印本，第3264页。

④ ［东汉］郑玄注，［唐］贾公彦疏：《周礼注疏》，载［清］阮元校刻：《十三经注疏》（二），北京：中华书局，2009年影印本，第1677页。

⑤ ［东汉］郑玄注，［唐］孔颖达等正义：《礼记正义》，载［清］阮元校刻：《十三经注疏》（三），北京：中华书局，2009年影印本，第3264页。

"仓精萌姬，稷之后昌。"①《春秋感精符》："灭虚者房。"注："文王，房星之精，在东方，其色青。"《春秋感精符》："孔子按录书，合观五常英人，知姬昌为苍帝精。"②可知周文王姬昌也是苍帝之精，因此可以配五帝。

另，周文王之所以可以宗祀于明堂，在于说明文王是周代受命之王。此说广泛见于经、史、谶纬文献之中。如《诗经》载："《文王》，文王受命作周也。……文王受命，有此武功。"③今文经学家多言文王受命，如《春秋繁露·四祭》："已受命而王，必先祭天，乃行王事，文王之伐崇是也。……以是见文王之先郊而后伐也。文王受命则郊。"④《公羊传》隐公元年何氏解诂："文王，周始受命之王，天之所命，故上系天端。"⑤《史记·周本纪》云："西伯阴行善，诸侯皆来决平。……诸侯闻之，曰：'西伯盖受命之君。'"⑥朱子亦然："言周国虽旧，至于文王，能新其德以及于民，而始受天命也。"⑦谶纬中言文王受命者犹多，《尚书运期授》引《河图》曰："仓帝之治八百二十岁，立戊午蔀。"注

① ［清］黄奭撰，郑杰文、李梅训校点：《通纬佚书考》，载《儒藏》精华编第一三一册：经部·谶纬类，北京：北京大学出版社，2013年版，第16页。

② ［清］赵在翰辑，钟肇鹏、萧文郁点校：《七纬（附论语谶）》（下），北京：中华书局，2012年版，第527页。

③ ［西汉］毛亨传，［东汉］郑玄笺，［唐］孔颖达等正义：《毛诗正义》，载［清］阮元校刻：《十三经注疏》（一），北京：中华书局，2009年影印本，第1081、1133页。

④ ［清］苏舆撰，钟哲点校：《春秋繁露义证》，北京：中华书局，1992年版，第408页。

⑤ ［东汉］何休解诂，［唐］徐彦疏：《春秋公羊传注疏》，载［清］阮元校刻：《十三经注疏》（五），北京：中华书局，2009年影印本，第4766页。

⑥ ［西汉］司马迁撰，［南朝宋］裴骃集解，［唐］司马贞索隐，［唐］张守节正义：《史记》（修订本）第一册，北京：中华书局，2014年版，第152页。

⑦ ［南宋］朱熹：《大学章句集注》，载氏著：《四书章句集注》，北京：中华书局，1983版，第5页。

云："周文王以戊午蔀二十九年受命。"①《易纬是类谋》曰："文王比隆兴，始霸伐崇，作灵台，受赤雀丹书，称王制命，示王意。"②《隋书·经籍志》载："《河图》九篇，《洛书》六篇，云自黄帝至周文王所受本文。"③《河图》《洛书》为谶纬家所言帝王受命之文本，可知周文王为谶纬家所承认之受命帝王。

《诗经·周颂·思文》："贻我来牟，帝命率育。无此疆尔界，陈常于时夏。"郑笺："天命以是循存后稷养天下之功，而广大其子孙之国。"④可推之郑玄言后稷与周文王之间的关系：后稷以感生帝身份受天命，以存养后世子孙，积德数百年，以至于周文王之受命建立周朝。这是感生帝与受命王之间建立的一种牢靠的宗族系统和感生受命体系。

《孝经》此处论祭天时，郊祀后稷以配天，宗祀文王于明堂以配上帝，无论是配天还是配上帝，都需一王者配之，即郑注云："生事敬爱，死为神主。""自外至者，无主不止，故推始祖，配天而食之。"郑注《礼记·丧服小记》亦言："自外至者，无主不上。"孔疏："'外至'者，天神也，'主'者，人祖也。故祭以人祖，配天神也。"⑤此论亦来自谶纬家与今文经学家之通识，如《孝经钩命决》言："自外至者，无

---

① [清]赵在翰辑，钟肇鹏、萧文郁点校：《七纬（附论语谶）》（上），北京：中华书局，2012年版，第230页。

② [清]黄奭撰，郑杰文、李梅训校点：《通纬佚书考》，载《儒藏》精华编第一三一册：经部·谶纬类，北京：北京大学出版社，2013年版，第338页。

③ [唐]魏徵、[唐]令狐德棻撰：《隋书》（点校本）第四册，北京：中华书局，1973年版，第941页。

④ [西汉]毛亨传，[东汉]郑玄笺，[唐]孔颖达等正义：《毛诗正义》，载[清]阮元校刻：《十三经注疏》（一），北京：中华书局，2009年影印本，第1271页。

⑤ [东汉]郑玄注，[唐]孔颖达等正义：《礼记正义》，载[清]阮元校刻：《十三经注疏》（三），北京：中华书局，2009年影印本，第3240页。

主不止；自内出者，无匹不行。"①《公羊传·宣公三年》："郊则曷为必祭稷？王者必以其祖配。王者则曷为必以其祖配？自内出者，无匹不行；自外至者，无主不止。"何休解诂云："必得主人乃止者，天道暗昧，故推人道以接之。不以文王配者，重本尊始之义也，故《孝经》曰'郊祀后稷以配天，宗祀文王于明堂以配上帝'。上帝，五帝，在太微之中，迭生子孙，更王天下。"徐疏云："此五帝者，即灵威仰之属。言在太微宫内迭王天下。"②《白虎通·郊祀篇》亦言："王者所以祭天何？缘事父以事天也。祭天必以祖配何？自内出者，无匹不行；自外至者，无主不止。故推其始祖，配以宾主，顺天意也。"③可知无论是郊祀配天神，还是明堂配上帝，均为百神之主，即皮锡瑞所言"或以祖配，或以父配，皆死为神主矣"④。神主在于其是始祖，是本宗之祖，因此可以作为牵引天神与本宗族之间的使者，并形成郊祀之具体礼仪。

从上可知：郑玄认为王者始祖皆感太微五帝之精而生，祭祀先祖时皆需配享五方帝，说明郑玄实际上接受了谶纬的一套感生学说，将历代王者的始祖重新进行了划分，也即本书第二章郑玄六天说所含摄之诸位圣王。郑玄在注"周公郊祀后稷，以配天"时，对于经学整全性的考量超过其他注家。因郑玄对周公极其重视，虽未如明皇注以为"以父配天

---

①［清］黄奭撰，郑杰文、李梅训校点：《通纬佚书考》，载《儒藏》精华编第一三一册：经部·谶纬类，北京：北京大学出版社，2013年版，第862页。

②［东汉］何休解诂，［唐］徐彦疏：《春秋公羊传注疏》，载［清］阮元校刻：《十三经注疏》（五），北京：中华书局，2009年影印本，第4947页。

③［东汉］班固撰，［清］陈立疏证，吴则虞点校：《白虎通疏证》（下），北京：中华书局，1994年版，第561页。

④［清］皮锡瑞撰，吴仰湘点校：《孝经郑注疏》，北京：中华书局，2016年版，第70—71页。

之礼始自周公"①，但郑玄强调周公制礼作乐，才有资格施行严父配天礼，郊祀后稷与宗祀文王。后稷为周之始祖，如果从同祖说而论，后稷是帝喾之子，后稷为周之始祖这一问题则难以有效说明。因此郑玄选择感生说，以六天说为理论根砥，认为后稷为感生帝，是为无父感生，即没有血缘意义上的父亲，却有苍帝灵威仰这一具备天之属性的父亲，因此始祖这一问题得到解决，也与郑玄其余经纬文献所注相合，使得此处经义充满完整性，经学逻辑也更加圆融。因此，郑玄此处以谶纬解经，更加说明谶纬中极力宣扬以天象为代表的天人关系论，为汉儒深化理解经学、扩充经义提供了重要理论来源。而对于郑玄来说，谶纬学给康成解经、弥合诸经矛盾、整合经义提供了新的更能贯通天人之学的解经依据，这是研究郑玄谶纬学不能忽视之处。

严父配天礼，一方面是对于上帝的追溯，表明始祖受命是承接上天而来，另一方面表明祭祀者宣布自己承接远祖，后世子孙是祖先的一种延续，也是对于自身天命的一种再承认，因此祭祖之礼是对于上天与远祖的双重回溯，其重要性可见一斑。

三、东汉郊祀礼制建构与谶纬学

纵观《后汉书》全文，其并没有提到"圜丘"祭天之说，因此，在整个东汉的郊祀礼中，没有可以具体施行的圜丘礼之礼仪规范。但对源

---

① 《孝经注疏·圣治章》明皇注"严父莫大于配天，则周公其人也"之语，见［唐］李隆基注，［宋］邢昺疏，金良年整理：《孝经注疏》，上海：上海古籍出版社，2009年版，第43页。然《尚书中候·合符后》言："文王立后稷配天，追王太王亶父、王季历。"郑注："文王受命祭天，立稷以配之。"见［东汉］郑玄注，［清］袁钧辑，［清］皮锡瑞疏证，吴仰湘点校：《尚书中候疏证》，载吴仰湘编：《皮锡瑞全集》第一册，北京：中华书局，2015年版，第653页。可知纬书中已明言以父配天之礼并不始于周公，而自文王时已有。并且郑注亦未言文王立后稷配天是第一人，而只言受命祭天，故立后稷配天。而历史上关于谁是以父配天之礼之第一人，则难以考证。

于感生帝基础上的严父配天礼，以始祖配天，却在东汉时代逐步发展，成为具体可以施行的礼制。

《东观汉记》载：

> 自上即位，案图谶，推五运，汉为火德。周苍汉赤，木生火，赤代苍，故上都洛阳。制郊兆于城南七里，北郊四里，为圆坛，天地位其上，皆南面西上。行夏之时，时以平旦，服色、牺牲尚黑，明火德之运，徽炽尚赤，四时随色，季夏黄色。议者曰："昔周公郊祀后稷以配天，宗祀文王以配上帝。图谶著伊尧赤帝之子，俱与后稷并受命而为王。汉刘祖尧，宜令郊祀帝尧以配天，宗祀高祖以配上帝。"有司奏议曰："追迹先代，无郊其五运之祖者。故禹不郊白帝，周不郊帝喾。汉虽唐之苗，尧以历数命舜，高祖自感赤龙火德，承运而起，当以高祖配尧之后，还复于汉，宜修奉济阳、成阳县尧冢，云台致敬祭祀，礼亦宜之。"①

可知建武初年，刘秀以图谶推五德终始说，认为汉为火德。故其时议礼者认为图谶昭示尧帝是赤帝之子，在五运系统中为火德，受命而王；汉家尧后，亦为火德而王，当借鉴《孝经·圣治章》"周公郊祀后稷以配天，宗祀文王于明堂以配上帝"之郊祀礼，构建汉家郊祀礼为"郊祀帝尧以配天，宗祀高祖以配上帝"。故此帝尧为汉家感生帝，高祖为汉家受命王，正合《孝经》所言后稷是周人感生帝，周文王是周人受命王的宗族系统与感生受命体系。但有司否定了这种汉家郊祀礼的建构，虽然其赞同汉家尧后，高祖感赤龙而生，是为承火德之运而兴的东

---

① ［东汉］刘珍等撰，吴树平校注：《东观汉记校注》（上），北京：中华书局，2008年版，第8页。

汉初期共识，但其仍说明"追迹先代，无郊其五运之祖者"，其说从《礼记·祭法》"有虞氏禘黄帝而郊喾，祖颛顼而宗尧。夏后氏亦禘黄帝而郊鲧，祖颛顼而宗禹。殷人禘喾而郊冥，祖契而宗汤。周人禘喾而郊稷，祖文王而宗武王"①，认为禹不郊西方白帝白招拒而郊鲧，周人不郊帝喾而郊后稷，可谓明证。②故应如同舜帝修尧帝之德，修奉尧冢以祭祀，也是适宜之礼制。王先谦言光武初期有司反驳之意："当由光武信谶，故久不决也。"③故此光武信谶，而时儒并不完全认可，有司奏议认为此例尚不可行，是为反对光武以图谶定郊祀礼而为之。因此，光武帝初年的汉家郊祀礼并未建构起来。

东汉大儒杜林也参与了东汉初期的郊祀礼之争。《后汉书·杜林传》载："（光武七年五月）大议郊祀制，多以为周郊后稷，汉当祀尧。诏复下公卿议，议者佥同，帝亦然之。林独以为周室之兴，祚由后稷，汉业特起，功不缘尧。祖宗故事，所宜因循。定从林议。"④《东观汉记》载杜林上疏："政卑易行，礼简易从。民无愚智，思仰汉德，乐承汉祀。基业特起，不因缘尧。尧远于汉，民不晓信，言提其耳，终不悦谕。后稷近于周，民户知之，世据以兴，基由其祚，本与汉异。郊祀高帝，诚从民望，得万国之欢心，天下福应，莫大于此。民奉种祀，且犹世主，不失先俗。……宜如旧制，以解天下之惑……祭可且如元年郊祭故事。"⑤可知杜林认为"汉不当祀尧"的原因：一者，光武初年政令易

---

① ［东汉］郑玄注，［唐］孔颖达等正义：《礼记正义》，载［清］阮元校刻：《十三经注疏》（三），北京：中华书局，2009年影印本，第3444页。

② 但周人不郊帝喾而郊后稷，正可证明周人郊其五运之祖者，不知《东观汉记》记载有司此处例证是否有误。

③ ［清］王先谦：《后汉书集解》上册，扬州：广陵书社，2006年影印本，第306页。

④ ［南朝宋］范晔撰，［唐］李贤等注：《后汉书》（点校本）第四册，北京：中华书局，1965年版，第937页。

⑤ ［东汉］刘珍等撰，吴树平校注：《东观汉记校注》（下），北京：中华书局，2008年版，第528页。

行，礼仪易从，在光武中兴的东汉初期，政权尚未完全稳固，亦未实现全国统一，此时增加过多礼仪规范，反而不利于政治稳定。二者，杜氏认为周朝与汉朝情况不同，周人郊祀后稷以配天，因为周室之兴盛是从后稷开始，周时人人皆知此说，周郊后稷有其合理性与历史渊源。但汉代之兴盛，功业不在尧帝，而在于高祖、光武，况且尧帝与汉代相隔时间过于遥远，二者关系不大，如果勉强说汉家尧后，则汉人不信服此说，反而达不到郊祀之效果。所以应该遵从古制，因循以往祭祀，而不能过多强加。杜林此时已有反对汉家尧后之观点，与东汉初期有司承认高祖感赤龙应运而起不同。由于杜林反对，东汉初年郊祀礼之建构依旧未果。

从史书所载可知西汉时代已有郊祀礼之建构模式，如《后汉书·祭祀上》李贤注言元始郊祀礼："天子亲郊天地。先祖配天，先妣配地，阴阳之别。以日冬至祀天，夏至祀后土，君不省方而使有司。……常以岁之孟春正月上辛若丁，亲郊祭天南郊，以地配，望秩山川，遍于群神。天地位皆南乡同席，地差在东，共牢而食。太祖高皇帝、高后配于坛上，西乡，后在北，亦同席，共牢而食。日冬至，使有司奉祭天神于南郊，高皇帝配而望群阳。夏至，使有司奉祭地祇于北郊，高皇后配而望群阴。天地用牲二，燔燎瘗埋用牲一，先祖先妣用牲一。天以牲左，地以牲右，皆用黍稷及乐。"①可知西汉元始郊祀礼以汉高祖刘邦配祀天神于南郊，高后吕雉配祀地祇于北郊。而建武元年的郊祀礼却"六宗群神皆从，未以祖配"②，说明其时严父配天之礼尚未完备。建武二年正月，制郊祀礼："为圆坛八陛，中又为重坛，天地位其上，皆南乡，西上。其外坛上为五帝位。青帝位在甲寅之地，赤帝位在丙巳之地，黄帝

① ［南朝宋］范晔撰，［唐］李贤等注：《后汉书》（点校本）第十一册，北京：中华书局，1965年版，第3158—3159页。
② ［南朝宋］范晔撰，［唐］李贤等注：《后汉书》（点校本）第十一册，北京：中华书局，1965年版，第3157页。

位在丁未之地，白帝位在庚申之地，黑帝位在壬亥之地。其外为壝，重
营皆紫，以像紫宫；有四通道以为门。"①可知其时已有郊祀五方帝之
礼，然仍未有以祖配之。因此有建武七年五月议"汉当郊尧"之事，后
因杜林反对，又未果。但杜林认为"郊祀高帝，诚从民望，得万国之欢
心，天下福应，莫大于此"，赞同郊祀高帝。后"陇、蜀平后，乃增广
郊祀，高帝配食，位在中坛上，西面北上。天、地、高帝、黄帝各用犊
一头，青帝、赤帝共用犊一头，白帝、黑帝共用犊一头，凡用犊六
头"②，可知汉高祖配食五色天帝已成定制。汉家郊祀礼的建构得以实
现，是在东汉明帝时代。永平二年春正月辛未，汉明帝刘庄"宗祀光武
皇帝于明堂，帝及公卿列侯始服冠冕、衣裳、玉佩、絇屦以行事。礼
毕，登灵台。使尚书令持节诏骠骑将军、三公曰：'今令月吉日，宗祀
光武皇帝于明堂，以配五帝。'"此处五帝归属，李贤引《五经通义》
注云："苍帝灵威仰，赤帝赤熛怒，黄帝含枢纽，白帝白招矩，黑帝叶
光纪。牲币及玉，各依方色。"③《后汉书·祭祀中》亦载："明帝即位，
永平二年正月辛未，初祀五帝于明堂，光武帝配。五帝坐位堂上，各处
其方。黄帝在未，皆如南郊之位。光武帝位在青帝之南少退，西面。牲
各一犊，奏乐如南郊。卒事，遂升灵台，以望云物。"④可知光武殁后，
其子明帝宗祀光武于明堂，以配五帝，取《孝经》"宗祀文王于明堂以
配上帝"之制。宗祀光武之前，高祖已郊祀配食，此时东汉郊祀礼中的
感生帝与受命帝结合的祭祀礼制才真正形成，可概括为"汉帝郊祀高帝

郑玄谶纬学天论体系研究

---

① ［南朝宋］范晔撰，［唐］李贤等注：《后汉书》（点校本）第十一册，北京：
中华书局，1965年版，第3159页。

② ［南朝宋］范晔撰，［唐］李贤等注：《后汉书》（点校本）第十一册，北京：
中华书局，1965年版，第3161页。

③ ［南朝宋］范晔撰，［唐］李贤等注：《后汉书》（点校本）第一册，北京：
中华书局，1965年版，第100—101页。

④ ［南朝宋］范晔撰，［唐］李贤等注：《后汉书》（点校本）第十一册，北京：
中华书局，1965年版，第3181页。

以配天，宗祀光武于明堂以配五帝"，这与《孝经》"周公郊祀后稷以配天，宗祀文王于明堂以配上帝"具有一致性。东汉的这种郊祀礼是在经学与谶纬学的基础上所形成的，即郊祀之高帝是感生帝，在五运系统中是感赤龙而生，配南方赤帝赤熛怒；宗祀之光武是受命之君，在明堂系统中处于南方，可谓泛配五帝，因此建构起一整套的郊祀礼。而具体之谶纬五方帝祭祀，见《后汉书·祭祀中》载："自永平中，以《礼谶》及《月令》有五郊迎气服色，因采元始中故事，兆五郊于雒阳四方。中兆在未，坛皆三尺，阶无等。立春之日，迎春于东郊，祭青帝句芒。……立夏之日，迎夏于南郊，祭赤帝祝融。……先立秋十八日，迎黄灵于中兆，祭黄帝后土。……立秋之日，迎秋于西郊，祭白帝蓐收。……立冬之日，迎冬于北郊，祭黑帝玄冥。"[1]明帝之后，章帝即位，元和二年二月，"壬申，宗祀五帝于孝武所作汶上明堂，光武帝配，如雒阳明堂礼"。"和帝无所增改。""顺帝即位，修奉常祀。"[2]可知此礼成为东汉中后期之郊祀礼定制。

郑玄是汉末时人，并且求学京师，对礼制尤为重视，因此东汉这种基于谶纬学基础上的郊祀礼对于郑玄一定是具有直观的影响，甚至可推论：东汉的郊祀礼是郑玄建构周公郊祀礼的现实礼制依据。有学者指出："明帝永平二年，宗祀光武于明堂以配五帝。……可知其时五帝之名，沿用纬书，载在祀典。郑氏注经时，取其俗所共知，直就汉制言之耳。"[3]因此可以认定这种郊祀礼对于郑玄产生了极大影响。

① ［南朝宋］范晔撰，［唐］李贤等注：《后汉书》（点校本）第十一册，北京：中华书局，1965年版，第3181—3182页。

② ［南朝宋］范晔撰，［唐］李贤等注：《后汉书》（点校本）第十一册，北京：中华书局，1965年版，第3183—3188页。

③ 张舜徽：《郑学叙录》，载氏著：《郑学丛著》，武汉：华中师范大学出版社，2005年版，第97页。

第三节　受命圣王观河洛沈璧礼

在郑玄谶纬学的祭礼体系中，六天说除了与祭天、祭祖关系密切之外，还对地祇祭祀具有影响，其祭祀的对象主要是河洛之神，祭祀的礼仪是观河洛与沈（沉）璧礼，笔者谓之受命圣王观河洛沈璧礼。观河洛沈璧礼可分为两部分，一者是观河洛，一者是沈璧。观河洛是言观于河水、洛水，是望祭之一种；沈璧是谓沈璧祭礼，而沈璧之地点是河水与洛水。此说亦见于其他典籍之中，如《帝王世纪·殷商第三》载："汤时有神牵白狼衔钩入殷朝者，乃东观，沈璧于洛，获黄鱼黑玉之瑞。于是始受命称王。"[①]是言商汤东观于洛水，并行沈璧之礼，获符瑞而受命称王。

既言观河洛，则为何要观于河水、洛水？《尔雅·释水》言："江、河、淮、济为四渎。四渎者，发源注海者也。"邢疏言："盖以川渎皆水之大者也。"[②]《白虎通》云："谓之渎何？渎者，浊也。中国垢浊，发源东注海，其功著大，故称渎也。"[③]四渎言南渎长江、西渎黄河、东渎淮河、北渎济水，皆为大江大河，是为发源之水，携带污垢、污浊之物而终东流注海，因此功德显著。河水即黄河，是为四渎之"西渎"，有学者指出，黄河（河水）是中华民族文明之摇篮，因此中华民族的先民

① 徐宗元辑：《帝王世纪辑存》，北京：中华书局，1964年版，第69页。

② ［东晋］郭璞注，［北宋］邢昺疏：《尔雅注疏》，载［清］阮元校刻：《十三经注疏》（五），北京：中华书局，2009年影印本，第5697—5698页。

③ ［东汉］班固撰，［清］陈立疏证，吴则虞点校：《白虎通疏证》（上），北京：中华书局，1994年版，第301页。

将黄河当作圣水来崇拜。①洛为洛水，是黄河十分重要的一条支流，河水与洛水共同构成了中国早期文明独特的河洛文化。《尚书帝命验》载："天宗：日、月、北辰。地宗：岱、河、海也。日月为阴阳宗，北辰为星宗，河为水宗，海为泽宗，岱为山宗。"②可知汉儒认为黄河为水宗，是地宗的代表之一，在祭祀地祇时可以从祀，地位高贵。古人祭河、祭洛者犹多，如《今本竹书纪年》载："五十年秋七月庚申，凤鸟至，（黄）帝祭于洛水。"③

观河洛，是为望祭之一种。何谓望祭？《春秋》僖公三十一年载"犹三望"，《公羊传》言："三望者何？望祭也。然则曷祭？祭泰山、河、海。曷为祭泰山、河、海？山川有能润于百里者，天子秩而祭之。触石而出，肤寸而合，不崇朝而遍雨乎天下者，唯泰山尔。河、海润于千里。"④《尚书·舜典》载："望于山川，遍于群神。"伪孔传："九州名山大川、五岳四渎之属，皆一时望祭之。群神谓丘陵、坟衍、古之圣贤，皆祭之。"⑤可知望祭即为泰山、黄河、海等名山大川之祭。此处望祭是为观河礼，即遥望于河水而祭之。观河礼又广见诸古文献中，如《博物志·异闻》载："昔夏禹观河，见长人鱼身出曰：'吾河精。'岂河伯耶？"⑥《尸子·卷下》言："禹理洪水，观于河，见白面长人，鱼身，

---

①何光岳：《河神的崇拜及河伯族的来源和迁徙》，载《中南民族学院学报（哲学社会科学版）》1988年第1期，第21页。

②［清］黄奭撰，郑杰文、李梅训校点：《通纬佚书考》，载《儒藏》精华编第一三一册：经部·谶纬类，北京：北京大学出版社，2013年版，第378—379页。

③《今本竹书纪年》，载张玉春译注：《竹书纪年译注》，哈尔滨：黑龙江人民出版社，2002年版，第88页。

④［东汉］何休解诂，［唐］徐彦疏：《春秋公羊传注疏》，载［清］阮元校刻：《十三经注疏》（五），北京：中华书局，2009年影印本，第4913—4915页。

⑤［西汉］伪孔安国传，［唐］孔颖达等正义：《尚书正义》，载［清］阮元校刻：《十三经注疏》（一），北京：中华书局，2009年影印本，第266页。

⑥［西晋］张华撰，［东晋］范宁校证：《博物志校证》，北京：中华书局，1980年版，第83页。

出曰：'吾河精也。'授禹河图，而还于渊中。"①郑玄《六艺论》言："太平嘉瑞，图书之出，必龟龙衔负焉，黄帝、尧、舜、周公是其正也，若禹观河见长人，皋陶于洛见黑公，汤登尧台见黑鸟至，武王渡河白鱼跃，文王赤雀止于户，秦穆公白雀集于车，是其变也。"②夏禹观河见白招拒之精长人，皋陶观洛亦见黑公，皆与观河礼有关。

沈璧又所指何事？《说文解字》释"沈"言："沈，陵上滴水也。从水冘声。一曰浊黕也。"并无训"沈"为"沉"之义。段注言："谓陵上雨积停潦也。古多假借为湛没之湛，如《小雅》'载沈载浮'是。又或借为沕字，《檀弓》'为榆沈'是也。"③段氏也仅仅认为"沈"字可借为"沉"字，但并未将"沈"之"沉"义与祭祀礼仪相联。"沈"字甲骨文有如下几种写法：作"𣲾"，会意字，从川（水）从牛；作"𣲾"，会意字，从川（水）从牛（倒牛形）；作"𣲾"，会意字，从川（水）从羊（双羊上下重叠），皆是言将牛、羊（也包括玉石）等物投入水中，是祭祀河神之礼仪。金文"沈"作"𣲾"，从会意字改为形声字，从水冘④声，《说文》之释义来自金文，然不得其实质之义。殷商卜辞中也有"乙巳卜，沈十牛""巳亥卜，沈三牛"⑤等记载，说明其时已经有沈牛祭河的礼仪，是沈祭礼的表现形式之一。故可知沈之本义为祭祀之礼仪，形式是沉物入水。此说也被后儒所继承，如《尔雅·释天》言：

① 载《百子全书》第三册，杭州：浙江人民出版社，2013年版，第476页。按：梁玉绳云："《水经注》五《河水》有此条，不云是《尸子》。"《水经注》本《尚书中候》，见《御览》八十二。暂列于《尸子》篇目下。

② [东汉]郑玄撰，[清]皮锡瑞疏证，吴仰湘点校：《六艺论疏证》，载吴仰湘编：《皮锡瑞全集》第三册，北京：中华书局，2015年版，第509页。

③ [清]段玉裁：《说文解字注》，北京：中华书局，2013年版，第563页。

④ 冘即方，是即将被流放的重型罪犯，言以罪犯代替牛羊等物祭祀河神。

⑤ 陈梦家：《殷墟卜辞综述》，北京：中华书局，1988年版，第597页。

"祭川曰浮沈。"郭璞注："投祭水中，或浮或沈。"① 《周礼·大宗伯》云："以狸沈祭山林、川泽。"郑注："不言祭地，此皆地祇，祭地可知也。……祭山林曰埋，川泽曰沈，顺其性之含藏。"贾疏："以其山林无水，故埋之，川泽有水，故沈之，是其顺性之含藏也。"② 《周礼·夏官司马·小子》："凡沈辜侯禳，饰其牲。"郑玄引郑众云："沈，谓祭川。"③ 《管子·形势》载："山高而不崩，则祈羊至矣；渊深而不涸，则沈玉极矣。"《管子·形势解》言："渊者，众物之所生也，能深而不涸，则沈玉至。"何如璋注："沈玉者，祭川以璧投渊，故曰沈玉。"张佩纶云："周秦及汉均沈玉祭河。"黎翔凤按："以玉为上币，沈玉犹后世之化钱纸、宝锭也。"④ 《淮南子·说山训》载："生子而牺，尸祝斋戒，以沈诸河。"高诱注："祀河曰沈。"⑤ 《周礼》《尔雅》等经学文献明确言沈璧之礼，而《管子》《淮南子》等诸子文献中也有诸多说明。从上可知，祭川泽曰沈，是为沈祭，此是祭祀地祇之仪式之一，而以沉物作为祭祀之形式，是因为顺应川泽有水可以浮沉这一特性。水是万物所生之处，深厚而不枯竭，因此是古人沈玉祭神求神之所在。而高诱明确言"祀河曰沈"，说明其时祀河礼主要为沈祭礼。

璧为玉器之一种，是中国古代祭祀的重要礼器之一。《周礼·典瑞》

① ［东晋］郭璞注，［北宋］邢昺疏：《尔雅注疏》，载［清］阮元校刻：《十三经注疏》（五），北京：中华书局，2009年影印本，第5676页。

② ［东汉］郑玄注，［唐］贾公彦疏：《周礼注疏》，载［清］阮元校刻：《十三经注疏》（二），北京：中华书局，2009年影印本，第1635—1636页。

③ ［东汉］郑玄注，［唐］贾公彦疏：《周礼注疏》，载［清］阮元校刻：《十三经注疏》（二），北京：中华书局，2009年影印本，第1820页。

④ 黎翔凤撰，梁运华整理：《管子校注》（上），北京：中华书局，2004年版，第22—24页。

⑤ 张双棣：《淮南子校释》（下），北京：北京大学出版社，2013年版，第1726、1729页。

云："圭璧以祀日、月、星辰。"①《毛诗·大雅·云汉》："圭璧既卒，宁莫我听！"郑笺云："礼神之圭璧又已尽矣，曾无听聆我之精诚而兴云雨。"孔疏："礼神之圭器，自有多名，言圭璧为其总称。"②《礼记·月令》载："（仲春之月）祀不用牺牲，用圭璧，更皮币。"郑注："为季春将选而合腾之也。更，犹易也。当祀者，古以玉帛而已。"孔疏："以季春将腾合牝牡，不用杀其牺牲，其应祀之时，圭璧更易此牺牲，非但用圭璧更易，又用皮币以更之，故在圭璧、皮币之中，上下有也。"③可知圭璧是用来礼神，即祭祀神祇的，而祭神之玉器以圭璧为总称，并非仅仅用圭璧。因此沈璧礼是言在沈祭之礼中，以投入水中圭璧而祭祀河神。

关于具体的沈璧礼，《穆天子传》载："天子授河宗璧，河宗伯夭受璧，西向沉璧于河，再拜稽首。"郭璞注："河位载昆仑。"顾实引翟云升言："载读若戴，古字通用，值也。古者有事于山川，而非常祭，则为位。河源出昆仑，在西，位与相值，故柏夭西向而沈璧也。"所以顾实先生说："此穆王沈璧，盖所谓望祀，遥望河神而以璧为礼。……盖在河中设位而沈之也。"④可知沈璧礼是天子有事祭于河洛，又非常规之祭礼，故在河中设牌位而向西方沈璧，以求河神保佑。

《左传》中记载沈璧礼者犹多：

《左传·僖公二十四年》："及河，子犯以璧授公子，曰：

① ［东汉］郑玄注，［唐］贾公彦疏：《周礼注疏》，载［清］阮元校刻：《十三经注疏》（二），北京：中华书局，2009年影印本，第1677页。

② ［西汉］毛亨传，［东汉］郑玄笺，［唐］孔颖达等正义：《毛诗正义》，载［清］阮元校刻：《十三经注疏》（一），北京：中华书局，2009年影印本，第1209页。

③ ［东汉］郑玄注，［唐］孔颖达等正义：《礼记正义》，载［清］阮元校刻：《十三经注疏》（三），北京：中华书局，2009年影印本，第2951页。

④ 顾实：《穆天子传西征讲疏》，上海：上海科学技术文献出版社，2015年版，第31页。

'臣负羁绁从君巡于天下，臣之罪甚多矣。臣犹知之，而况君乎？请由此亡。'公子曰：'所不与舅氏同心者，有如白水。'投其璧于河。"杜预注："质信于河。"（第3942页）①

《左传·文公十二年》："秦伯以璧祈战于河。"杜预注："祷求胜。"（第4020页）

《左传·襄公三十年》："驷带追之，及酸枣。（游吉）与子上盟，用两珪质于河。"杜预注："沈珪于河，为信也。"（第4370页）

《左传·昭公二十四年》："冬十月癸酉，王子朝用成周之宝圭沈于河。"②杜预注："祷河求福。"（第4574页）

《左传·定公三年》："蔡侯归，及汉，执玉而沈，曰'余所有济汉而南者，有若大川。'"杜预注："自誓言若复渡汉，当受祸，明如大川。"（第4632页）③

可知《左传》所记载的沈璧（圭）礼，多是为了祈求河神保佑战争胜利、表示盟誓之信誉、祈求平安福运等而作。有学者指出，沉玉礼主要以沈圭和沈璧为主，包含沉玉以祀和沉玉以誓两种模式，但"盟誓的

---

① 又见《国语·卷十·晋语四》："及河，子犯授公子载璧，曰：'臣从君还轸，巡于天下，怨其多矣！臣犹知之，而况君乎？不忍其死，请由此亡。'公子曰：'所不与舅氏同心者，有如河水。'沈璧以质。"韦昭注："如，往也；质，信也。言若不与舅氏同心，不济此河，往而死也。因沈璧以自誓为信。"载［旧题］左丘明撰，鲍思陶点校：《国语》，济南：齐鲁书社，2005年版，第178页。

② 《左传》本作"王子朝用成周之宝珪于河"，《左传正义》："'珪于河'，本或作'沈于河'。"方诗铭先生引用此句作"王子朝用成周之宝圭沈于河"，并言："'沈'字据《史记·周本纪》正义引《左传》补，见洪亮吉《春秋左传诂》卷一八。"方诗铭、王修龄：《古本竹书纪年辑证》，上海：上海古籍出版社，2005年版，第11页。

③ 以上《左传》诸篇见［西晋］杜预注，［唐］孔颖达等正义：《春秋左传正义》，载［清］阮元校刻：《十三经注疏》（四），北京：中华书局，2009年影印本。

目的并非是单纯地祭祀神灵，而是要把神灵作为诚信的见证者并以此来约束参盟者的行为。玉也并非是单纯地用于表达祭祀神灵的意蕴，而是在盟誓的过程中彰显其诚信的内涵"①。所以《左传》所言沈璧礼内容较为多样，而且并非完全在河水、洛水进行。因而这种沈璧礼与纬书中所言帝王进行观河洛沈璧礼，继而出现受命之符的祭祀礼仪是有不同之处的。

谶纬中言观河洛沈璧礼者犹多，证明其是谶纬学祭礼的重要内容。

《礼纬斗威仪》："周成王治平，观于河，青云浮于河。……周成王观于河，沈璧而退，青云浮洛，青龙临坛，吐玄甲之图。"②

《春秋命历序》："尧修坛于河，受龙图，作《握河纪》。"③

《孝经钩命决》："舜即位，巡省中河，录图授文。地在洛水旁。方尧禅舜，沈书日稷，而赤光起。舜禅禹沈璧，尧坛赤光又起。及汤观洛沈璧，三投光不起矣。"④

《尚书中侯·握河纪》："尧……修坛河洛。仲月辛日昧明，帝立坛，磬折西向。禹进迎，舜、契陪位，稷辨护，乃沈璧于河。礼备，至于日稷，荣光出河，休气四塞，白云起，同风摇。龙马衔甲，赤文绿色，自河而出，临坛止霅，吐甲图而蹒。甲似龟背，广九尺平，上五色，颊下有赤文似字，有列星

---

① 张野、赵东玉：《先秦"沉玉"风俗始末》，载葛志毅主编：《中国古代社会与思想文化研究论集》（第三辑），哈尔滨：黑龙江人民出版社，2008年版，第164、170页。

② ［清］赵在翰辑，钟肇鹏、萧文郁点校：《七纬（附论语谶）》（上），北京：中华书局，2012年版，第313页。

③ ［清］黄奭撰，郑杰文、李梅训点校：《通纬佚书考》，载《儒藏》精华编第一三一册：经部·谶纬类，北京：北京大学出版社，2013年版，第800页。

④ ［清］赵在翰辑，钟肇鹏、萧文郁点校：《七纬（附论语谶）》（上），北京：中华书局，2012年版，第732页。

斗政之度，帝王录纪兴亡之数。帝乃写其文，藏之东序。"郑玄注："龙而形象马，故云马图。是龙马负图而出，赤熛怒之使也。甲所以藏图，王者有仁德，则龙马见也，赤文色而绿地也。"（第599—601页）

《尚书中候·握河纪》："尧使禹治水，禹观于浊河，而授绿字。表曰：'文命治淫水。'禹辞，天地重功，帝钦择人。伯禹曰：'臣观河伯面长人首鱼身，出曰："吾河精也。"授臣河图，蹻入渊。'"郑注："观河，观于河水也。河图，谓《括地象》。蹻，去也。禹握《括地象》，天已命之，故不复试以众官。"（第607页）

《尚书中候·运衡》："帝尧刻璧，率群臣东沈于雒。……退候至于下稷。赤光起，玄龟负书出，背甲赤文成字，止坛。又沈璧于河，黑龟出，赤文题。朕率群臣，沈璧于雒河，退俟于下稷。赤光起，玄龟负书，赤文成字。"（第613—614页）

《尚书中候》："舜礼坛于河畔，沉璧，礼毕，至于下稷，荣光休至。黄龙负卷舒图，出水坛畔，赤文绿错。帝舜曰：朕维不乂，莫英孚，百兽凤晨。"（第616—617页）

《尚书中候·洛予命》："天乙在亳。夏桀迷惑，诸邻国襁负归德。汤东观于雒，云：寡人慎机。降三分璧，沉于雒水。退立，荣光不起，而黑龟与之书。黄鱼双跃，出脐于坛。黑乌以雄，随鱼亦止，化为黑玉，赤勒曰：'玄精天乙受神福，命之子伐桀，命克子，商灭夏，天下服。'三年天下悉合。"郑注："降，下也，以厚三分之璧玉沉雒水也。沉毕，退而立，俟神，荣光不起。鱼者无足翼，言桀孤特无党，可伐也。黄者，土色，土所以遏水，今土归汤，则金助矣。济，上也。虽祭犹为位告神，故有坛。黑乌，黑帝汁光纪之使。"（第630—632页）

《尚书中候·合符后》："武王观于河，沉璧。礼毕，且退，至于日昧。荣光并塞河，青云浮洛。赤龙临坛，衔玄甲之图，吐之而去。"（第661页）

《尚书中候·摘洛戒》："曰若稽古周公旦，钦维皇天，顺践阼，即摄七年。周公归政于成王，太平制礼。作乐而治。鸾凤见，蓂荚生，乿草生郊。周成王举尧、舜礼，沉璧于河。礼毕，王退俟，至于日昧，荣光并出幕河。白云起而青云浮至，乃有青龙临坛，衔玄甲之图，吐之而去也。成王顾于洛，沉璧。礼毕，王退。有玄龟青纯苍光，背甲刻书，止跻于坛，赤文成字。周公援笔，以时文写之。"郑注："周公摄政，归美成王，制礼作乐，天下治和。荣光五色从河水出，幕覆其上。浮云从荣光中来。青龙者，苍帝灵威仰之使也。玄甲，所以裹图也。"（第662—663页）①

《河图》："洛水地理，阴精之官。帝王明圣，龟书出文。天以与命，地以授瑞。接河合际，居中护群。王道和洽，吐图佐神。逆名乱教，摘亡吊存。故圣人观河洛也。"②

从上可知，谶纬文献所载圣王观河洛沈璧礼，广泛见于《礼纬》《春秋纬》《孝经纬》《尚书中候》等纬类文献之中，亦载于谶类文献《河图》之中，尤其以《尚书中候》所载最为详细。圣王观河洛沈璧礼，祭祀的执行者主要是五帝及三代圣王，即皮锡瑞所言："《中候》言尧、

---

① 以上《尚书中候》诸篇出自［东汉］郑玄注，［清］袁钧辑，［清］皮锡瑞疏证，吴仰湘点校：《尚书中候疏证》，载吴仰湘编：《皮锡瑞全集》第一册，北京：中华书局，2015年版。

② ［清］黄奭撰，郑杰文、李梅训校点：《通纬佚书考》，载《儒藏》精华编第一三一册：经部·谶纬类，北京：北京大学出版社，2013年版，第14页。

舜、禹、汤、武王、周公皆有观河洛事，与《河图》说合。"①而祭祀的礼仪规范是先于河水、洛水修祭祀之坛，在河水边则向西而立，在洛水边则向东而立，以厚三分之璧玉沉河水、洛水中。沈璧礼结束，后退于下侧等候河神。此时河洛之水会荣光并起②，祥瑞乍现，出现符合主持祭祀仪式的受命帝王的五方帝之使，即本书第二章所言郑氏六天说载五方帝各有使者，是为尧之龙马负图而出是南方赤帝赤熛怒之使，舜之黄龙是中央黄帝含枢纽之使，禹之河精（长人）是西方白帝白招拒之使，汤之黑鸟是北方黑帝汁光纪之使，周公之青龙是东方苍帝灵威仰之使，以示受命之征兆，预示帝王之兴。最终河出图，洛出书，待《河图》《洛书》书写之后，观河洛沈璧礼自此结束。可知观河洛沈璧礼即是为求预示帝王受命具有征验意义之《河图》《洛书》而作。

《仪礼·觐礼》云："祭天，燔柴。祭山、丘陵，升。祭川，沉。祭地，瘗。"郑注云："升、沈必就祭者也。就祭，则是谓王巡守及诸侯之盟祭也。其盟，竭其著明者。燔柴、升、沈、瘗，祭礼终矣，备矣。"③故此纬书中以沈璧礼为最终之礼，一方面预示着祭礼之终，一方面意味着祭祀的完备，祭祀后出现的受命之符瑞，尤为重要的《河图》《洛书》就是沈璧礼之后所形成的天命征兆。另，祀河曰沈，是为祭地，然祭地所引出之乃天神之使（五方帝之使），说明这种祭祀礼仪是沟通天地人结合的重要仪式。观河洛沈璧礼是古人对于黄河、洛水祭祀的重要形式，郑玄通过对于纬书中圣人观河洛沈璧礼的解释，将其与五方帝之使

---

① ［东汉］郑玄注，［清］袁钧辑，［清］皮锡瑞疏证，吴仰湘点校：《尚书中候疏证》，载吴仰湘编：《皮锡瑞全集》第一册，北京：中华书局，2015年版，第661页。

② 如果荣光不起，则是预示非受命之君将会失败之征兆，即郑玄所言："荣光不起。鱼者无足、翼，言桀孤特，无党可伐也。"见［东汉］郑玄注，［清］袁钧辑，［清］皮锡瑞疏证，吴仰湘点校：《尚书中候疏证》，载吴仰湘编：《皮锡瑞全集》第一册，北京：中华书局，2015年版，第630—631页。

③ ［东汉］郑玄注，［唐］贾公彦疏：《仪礼注疏》，载［清］阮元校刻：《十三经注疏》（二），北京：中华书局，2009年影印本，第2366页。

进行了勾连，构建了其谶纬学体系中的天地人一体观，换言之，在郑玄的谶纬学体系中，依托于六天说，将祭天、祭地与祭祖有效统合在一个系统之中。

第四节　本章小结

本章言郑玄统合天神、地祇、人祖祭祀之谶纬学祭礼论。分"郑玄谶纬学与祭礼体系""六天说与郑玄祭天礼之建构""受命圣王观河洛沈璧礼"三节。

第一节论述郑玄谶纬学对郑玄祭礼体系之重要影响。在吉、凶、兵、军、嘉五礼之种，言祭祀之吉礼是古人最为重视的礼仪，其祭祀对象包括天神、地祇与人鬼，其中祭天礼是郑玄礼学思想的核心所在。由于谶纬具天象征验之义，多谈郊祀之事，郑玄在其祭礼体系建构之中，吸收了谶纬学祭祀体系的大量内容，而郑玄谶纬学天论体系中的六天说，成为郑玄谶纬学祭礼体系建构中的核心理论依据。

第二节讨论郑氏六天说对郑玄祭天礼建构的影响。郊祀礼是古代帝王十分重视的国家典礼，但经学文献中缺少具体的祭天礼仪规范，因此汉代注家在注经过程中，试图建构出一套郊祀礼仪模式，郑玄亦然。在郑玄的祭天礼系统中，分郊祭与圜丘祭两种模式，这是对《周礼》《礼记》出现的祭天分歧进行融合所产生的观点。郊祭是言夏正月南郊祭天，以历代始祖配六天说之感生帝；圜丘祭是禘礼，言冬至日于圜丘祭天，祭六天说之皇天上帝耀魄宝，因此郑玄认为郊、丘不同，以谶纬学之六天说统合经义矛盾，重新建构祭天礼。由于诸经所载圜丘内容极少，圜丘之意不明晰，故王肃以为郊祭与圜丘祭二者为一，皆在建子之月，并在《圣证论》中反对郑玄郊、丘二分之说。然王氏以禘言宗庙之祭反对郑玄以为禘亦有祭天之义，并非信论。郑玄六天说除了影响三礼学，也影响了郑玄的《孝经》学。郑注《孝经》言严父配天礼，以为"周公郊祀后稷以配天"是以周之始祖后稷配东方苍帝灵威仰，"宗祀文王于明堂以配上帝"是泛配五方帝。后稷感苍帝灵威仰而生，见诸郑玄经注、纬注中，言二者相配，可解释后稷是周人始祖这一难题。文王泛配五帝，强调周文王为受命之君。因此《孝经》郑注以感生帝（后稷）与受命王（周文王）共同构成一整套牢靠之宗族系统与感生受命体系。纵观东汉时代，并无圜丘祭天礼，但基于感生帝基础上的严父配天礼却逐步发展起来，成为可以施行之具体礼制。光武初期试图建构汉家郊祀礼为"郊祀帝尧以配天，宗祀高祖以配上帝"，被有司及时儒杜林等反对，未果。后"增广郊祀，高帝配食"，以高祖配食五天帝。明帝以后，严父配天礼被真正建构起来，是为"汉帝郊祀高帝以配天，宗祀光武于明堂以配五帝"，与《孝经》具有一致性。这种郊祀礼是在经学与谶纬学的基础上所形成的，即郊祀之高帝是感生帝，在五运系统中是感赤龙而生，配南方赤帝赤熛怒；宗祀之光武是受命之君，在明堂系统中处于南方，可谓泛配五帝，因此建构起一整套的郊祀礼，并成为东汉中期郊祀礼定制。可以认为，这种基于谶纬学基础上建构的郊祀礼对郑玄建构周公郊祀礼具有现实的礼制影响。

　　第三节论述郑玄谶纬学祭礼体系中的受命圣王观河洛沈璧礼。此礼言六天说之于祭地之影响。河水为水宗，是地祇之重要代表，观河洛，是为望祭，并见诸古文献之中。沈璧为祭祀河神之礼，其说尤古，以祭祀神祇之圭璧投入河水、洛水而成。《左传》所载沈璧礼，多为祈求河神庇佑或盟誓而作，与谶纬家所言沈璧礼不同。观诸《中候》等谶纬类文献，可知圣王观河洛沈璧礼，以五帝及三代圣王为祭祀主体，修坛沈璧，以俟河神，而后出现六天说所言受命帝王五方帝之使，预示王者受命，最后以《河图》《洛书》之书写为最终结果。可知郑玄通过六天说将祭天、祭地与祭祖统合在一个系统之中。

267

结 语

东汉谶纬学大盛，为历代未有之事，无论是光武以谶书《赤伏符》言称天命而建立东汉，宣布图谶八十一篇于天下，还是东京诸儒多言纬候，以谶解经，均是值得重视的历史文化现象。皮锡瑞言："后汉尚谶记；不引谶记，人不尊经。"故"五经之义，皆以谶决。……于是五经为外学，七纬为内学，遂成一代风气"。[①]作为东汉经学的集大成者郑玄，也被认为是"笃信谶纬""以谶言经"的代表性经学家。学者对于康成经学，往往指摘其引用谶纬文献，以之为郑玄学术污点，后世尊郑学者或避讳而不谈，言康成多不以谶解经；或强分谶纬不同，纬足以补经，谶为怪力乱神之语，言康成用纬而不言谶，是论仍建立在正统经学立场之上。诸般评论，多是为康成公避讳，为郑玄经学正名，却未从康成经学体系内部出发，未能对于郑玄谶纬学之构建体系进行论述，并不得康成经学要旨。在目前所能获知的谶纬学知识背景下，可以认为谶纬学在郑玄体系中并不是一个完整而独立的内容，因此对于郑玄谶纬学天论体系的研究，必须要与郑玄经学的核心思想相关联，才能发现其应有之义。换言之，必须将郑玄谶纬学天论体系纳入郑学这一严密完整的经学概念体系之中，从郑学的角度而进行研究，才可以真正凸显郑玄谶纬学天论系统的价值。而郑玄对于谶纬的判定与态度，对于谶纬在其经学体系中作用的基本认知，是我们研究郑玄谶纬学天论体系必须考量的基本对象。

《郑玄谶纬学天论体系研究》所研讨之"郑玄谶纬学天论体系构建""郑玄谶纬学感生—受命—改制论考""郑玄谶纬学祭礼论考"所指郑玄

① ［清］皮锡瑞著，周予同注释：《经学历史》，北京：中华书局，2011年版，第81、71页。

吸收谶纬学天论体系、谶纬所论受命改制思想、谶纬所言祭祀天神地祇与祖先等学说基础之上所构建的郑玄谶纬学天论思想，因郑玄思想博大精深、兼容并包，对于天论、改制、祭祀等方面论述涵盖内容极多，故本研究只基于谶纬学天论基础上进行论述，事实上这一部分内容也是郑玄经学思想的核心所在。因此，本书所论郑玄谶纬学天论体系之研究，并不是关于郑玄谶纬学之全部研究，即本研究是关于郑玄谶纬学中最为核心思想的研究，而不是对于郑玄谶纬学之文献梳理式研究。通过郑玄谶纬学之最核心思想研究，可知谶纬学对于郑玄之重要性，也可以通过本研究了解郑玄思想中更为博大精深之所在。通过这一部分内容研究勾勒出一个不同于以往郑玄经学思想的模式，使得郑玄经学思想指向一个更为宏阔而不失细微的学术图景，是本书期许之处。

总体而言，本研究得以实现，需要三个基础条件的满足：一者，东汉经学时代风气为郑玄谶纬学天论系统构建提供了重要的时代条件。东汉经学纷繁统合，无论是学者通五经与今文经、古文经、谶纬学等三家争鸣的纷繁过程，还是官方与学者统合经说的努力，都为郑玄经学实现统一奠定了时代条件。二者，郑玄经学的学术脉络，即郑玄本人学贯今古的学术背景，无论是先今后古的学术脉络，还是"念述先圣之元意，思整百家之不齐"（《后汉书·郑玄传》）的经学理想，都为郑玄整合经义奠定了学术积淀。三者，谶纬本身所具有的特点成为郑玄谶纬学天论体系构建的独特价值。"谶"与"纬"虽然二者字形、字义、起源与文献俱有不同之处，但二者都有与天象、星象相关的征验性，成为汉人认识事物的主要依据之一，也成为郑玄对于谶纬引用的主要出发点。而郑玄对于谶纬是孔子欲改先王之法而所作之经典这一判断，使谶纬成为郑玄思想体系中不亚于经书的存在，甚至在某些方面的运用要高于经书。而在谶纬的历代版本之中，郑玄对于光武本所作之注，成为我们今天认识谶纬学的主要材料之一，郑玄也成为谶纬学史上极其重要的传经者之一，康成公可谓谶纬学之集大成者。故郑玄开创了新的谶纬学，郑氏谶纬学成为郑学思想体系中不能忽略的重要内容。

本研究所依据的宇宙图景即是郑玄谶纬学天论体系。谶纬的宇宙世界中有十分重要的星象征验并具感生受命这一图景模式,依据这一理论,郑玄建构了其谶纬学天论体系的核心思想内容:感生说与六天说。感生说是立足于谶纬所具天象意义而论,为六天说的基础,即六天在郑玄经学体系中皆具有感生之属性,故此六天说为感生说的发展,也可以认为六天说建立了一个更加宏阔的宇宙图景,将汉代天人感应、天人相合学说提升到一个更高级的层次,因此成为郑玄谶纬学天论体系的基石,也是郑玄统合经纬学、进而构建郑玄经学体系的重要内容。以此为逻辑线索而合理推论,才能实现感生、受命与改制的完美结合,并以六天说为理论根砥,统合天神、地祇与人祖之祭礼论。具言之,郑玄天论体系所论之感生说与六天说,与受命、改制为不可分之一体。因圣王感生,其父为天,故其可以受命,而所受之命令中,最为重要的就是改制说,其包含两个维度:孔子改制与汉帝改制。孔子名为改制,实有制作之义,而谶纬家言孔子受命改制而为汉立法,正是郑玄接受孔子阴书于纬的思想条件。汉家改制,集中于三统三正之列,多云改正朔、易服色,而郑玄通过谶纬图景所论之历代帝王三统三正说,正与六天说的圣王谱系相合。郑玄谶纬学之六天说,同样对于祭祀有重要影响,成为郑玄祭礼体系建构的核心依据。故郑玄以六天说为依据,分祭天礼为郊祭与圜丘祭两种模式,以此弥合诸经文献,重构祭天礼;康成依托谶纬文献建构圣王观河洛沈璧礼,将受命帝王与《河图》《洛书》等受命祥瑞相联,将祭天、祭地与祭祖统合在六天说系统之中。从天人感应、天人相合的角度来论,受命改制与祭礼体系均在统一系统之中,融涉在六天说之中,改制需要六天说作为基础,祭祀更是郑玄整合六天说以形成的重要内容,因此六天说是郑玄感生—受命—改制论与天地人三才之祭的连接点。从"通天三统"之义而论,二王之后以天子礼祭始祖受命之王,进而自行其正朔、服色,在六天说的基础中可以实现郑玄祭礼体系与改制论之统合。

由此可见郑玄之经纬观：一者，经与纬均是孔子所作，所以郑玄对于经、纬的融合是必然之势。而"六艺者，图所生也"的判定，使得康成在解释经学的过程中，谶纬在某些方面的重要性甚至超过经本身。郑玄以为谶纬是孔子之作，孔子为圣人，圣人制作即是经，代表谶纬的地位是经。如果认为谶纬并非孔子之作，在郑玄经学体系中，其不具经之地位，也无法参加郑玄的经学理论构建，所以郑玄笃信谶纬是孔子之作，背后有其经学理据。但经学文献与谶纬学文献本身具有矛盾性，所以郑玄在构建其经学体系的过程中，对于同一个词往往作不同分析，即后人批评郑玄"随文求义"之说，而康成通过区分概念，使得经学体系越发庞杂，因此也使得经学文献与谶纬文献可以连接在一起，最终建构起一整套郑玄谶纬学体系。但正是因为这种过多区分意涵的解经模式，虽然使郑玄谶纬学在经学系统中不再具有过多矛盾，但是郑玄经学却很难具备可以施行的具体礼仪模式，换言之，郑玄谶纬学在郑玄经学体系之中，更多是具有经学统合性的属性，而非直接可以践行的礼仪规范，经学思想意涵大于其具体的礼仪规范内涵。例如，圣王观河洛沈璧礼，此礼仅存在于谶纬文献之中，缺少现实践行之可行性。郑玄笃信谶纬是孔子所作，说明郑玄谶纬学是郑玄对孔子圣人地位的另一种文献支持，是郑玄对于经学整体认识的重要思想内涵，谶纬文献与经学文献共同成就了郑玄经学体系的建构。

二者，经言制作，纬言改制。继而言之，郑玄所推崇之经最为重要者是《周礼》，其为周公制作，郑玄推崇谶纬之学，纬为孔子改制所作。在郑学体系之中，经纬关系所依托的是谶纬与《周礼》，实质反映的是郑玄对于孔子与周公认识的转变。经纬关系，从经纬的原初语境可知纬是辅助经的，那么作纬之孔子辅佐作经之周公，也属通义。汉末以来，公羊学势衰，而周公之学大盛，与公羊学关系密切的谶纬在这种大背景下也出现了问题，纬言改制之道不行，而周公制作之道大行，因此对于经学也出现了一种建构化的倾向，汉人认为汉王朝不能制作大经的思想观念逐渐让位于言制作为本的经学倾向。

我们今天研究郑玄谶纬学天论体系的价值何在？继刘勰《文心雕龙·正纬》言谶纬"无益经典而有助于文章"的观点成为今人认识谶纬学的主流价值之后，诸多学者认为谶纬的价值应该止步于对古典文化的一种补充，几无现代意义。而对于郑玄经学思想来说，多将谶纬学视作郑玄经学的污点之一，或避而不谈，或大加排斥。

笔者认为，这些看法并不是郑玄谶纬学的核心价值，也不能作为我们看待郑玄谶纬学的理性态度。今日之于郑玄谶纬学天论体系，可说者或有以下几点：

一者，郑学与谶纬学俱是吸收古代，尤其是汉代思想的精华而成，因此在经学诠释中具有前人思想的基础，而并非学说本身的极大创新性，此即诸学者评论郑玄是对汉代经学进行整理与统合的经学家之缘由。研究汉代经学，不能绕开郑玄，而郑玄的学术思想与知识储备，也令今人叹为观止。今日对于郑玄的研究，更多倾向于对于汉代经学的统合这一路径，所以需要重视的并非是郑玄所独有而是郑玄所继承下来的部分思想内容，笔者认为，郑玄谶纬学就是郑玄继承下来的重要思想资源，对于郑玄谶纬学天论体系的研究是更真实而全面地研究汉代经学的基础。

二者，郑玄谶纬学天论体系的改制、祭礼等内容是郑玄谶纬学最核心的观点。但今人研究郑玄谶纬学，不是要重新建立一套天论系统，也不是通过郑玄谶纬学改制思想来为今天提供学理依据，更不是重新建立一套新的祭礼体系。从谶纬学的价值不再具备现代意义而言，以上诸内容都不是我们能够实现的，也不需要再现；之所以要研究，在于依靠现代性的学术条件，实现"诠释学对话"，深入探讨郑玄谶纬学天论系统在郑玄思想上的价值，对郑玄经学有了新的评判，对郑玄之再评价有了更多可以参照的经学知识体系，对郑玄的学术研究有了新一步的推动，这才是郑玄谶纬学研究的应有之义。

三者，中国古代具有时空同构性，即时间与空间是可以相互转化的。例如天干地支既可以表述时间，也可以表述空间，在干支系统中，时空具有一体性。在祭礼中，代表不同方位的五方帝与六天说，具有空间属性，但这一部分同样具有时间属性，即可以与朝代相合，反映朝代之更替、帝王受命之源，此亦为周公郊祀礼的理论来源之一。通过郑玄谶纬学天论系统中的这个属性可以更加清晰地了解中国古代天人关系、古今关系，尤其是对于汉代文化，可以进行更加深入的探究。

四者，两汉是以经学为主体思想的时代，因此对于经的重视远远超过其他时期。谶纬学从诞生伊始，并不是直接作为经学附庸；但在经学思想不断统合的过程中，其逐渐与经学结合，尤其是光武宣布图谶于天下，对于谶纬学内化为经学系统，具有重要的时代意义与历史价值。郑玄作为两汉经学的代表性学者，对于经学与谶纬学俱有集大成统合之义。因此对于郑玄谶纬学天论体系的研究，可以说是直接面对汉代以经学作为主体思想的时代风气，是对于汉代经学的一种谶纬学视角进行解读。

郑玄在论述其学术理想时说："述先圣之元意，思整百家之不齐。"笔者深感康成公学术之精湛、理想之博大，虽不能至，然心向往之。思忖北海学术，今人于其谶纬方面多有消极之评价，故希望能在此方面与康成公对话，稍探郑司农谶纬学之皮毛，今后当循其学术脉络，以扬北海之学。

参考文献

一、典籍类

1. ［三国魏］王弼、［东晋］韩康伯注，［唐］孔颖达等正义：《周易正义》，载［清］阮元校刻：《十三经注疏》（一），北京：中华书局，2009年影印本。

2. ［西汉］伪孔安国传，［唐］孔颖达等正义：《尚书正义》，载［清］阮元校刻：《十三经注疏》（一），北京：中华书局，2009年影印本。

3. ［西汉］毛亨传，［东汉］郑玄笺，［唐］孔颖达等正义：《毛诗正义》，载［清］阮元校刻：《十三经注疏》（一），北京：中华书局，2009年影印本。

4. ［东汉］郑玄注，［唐］贾公彦疏：《周礼注疏》，载［清］阮元校刻：《十三经注疏》（二），北京：中华书局，2009年影印本。

5. ［东汉］郑玄注，［唐］贾公彦疏：《仪礼注疏》，载［清］阮元校刻：《十三经注疏》（二），北京：中华书局，2009年影印本。

6. ［东汉］郑玄注，［唐］孔颖达等正义：《礼记正义》，载［清］阮元校刻：《十三经注疏》（三），北京：中华书局，2009年影印本。

7. ［西晋］杜预注，［唐］孔颖达等正义：《春秋左传正义》，载［清］阮元校刻：《十三经注疏》（四），北京：中华书局，2009年影印本。

8. ［东汉］何休解诂，［唐］徐彦疏：《春秋公羊传注疏》，载［清］阮元校刻：《十三经注疏》（五），北京：中华书局，2009年影印本。

9. ［东晋］范宁注，［唐］杨士勋疏：《春秋穀梁传注疏》，载［清］阮元校刻：《十三经注疏》（五），北京：中华书局，2009年影印本。

10. ［三国魏］何晏集解，［北宋］邢昺疏：《论语注疏》，载［清］阮元校刻：《十三经注疏》（五），北京：中华书局，2009年影印本。

11. ［唐］李隆基注，［北宋］邢昺疏：《孝经注疏》，载［清］阮元校刻：《十三经注疏》（五），北京：中华书局，2009年影印本。

12. ［东晋］郭璞注，［北宋］邢昺疏：《尔雅注疏》，载［清］阮元校刻：《十三经注疏》（五），北京：中华书局，2009年影印本。

13. ［东汉］赵岐注，［北宋］孙奭疏：《孟子注疏》，载［清］阮元校刻：《十三经注疏》（五），北京：中华书局，2009年影印本。

14. ［清］永瑢等撰：《四库全书总目》，北京：中华书局，1965年版。

15. 《文渊阁四库全书》，上海：上海人民出版社、香港：香港迪志公司，全文电子版。

16. ［清］严可均辑：《全上古三代秦汉三国六朝文》，北京：中华书局，1958年版。

17. ［清］严可均辑，马志伟审订：《全三国文》，北京：商务印书馆，1999年版。

18. ［清］马国翰辑：《玉函山房辑佚书》，上海：上海古籍出版社，1990年版。

19. ［清］王仁俊辑：《玉函山房辑佚书续编三种》，上海：上海古籍出版社，1989年版。

20. ［北宋］李昉等编纂：《太平御览》，北京：中华书局，1960年影印1935年商务影宋本。

21. ［唐］杜佑撰，王文锦等点校：《通典》，北京：中华书局，

1988年版。

22.［唐］徐坚等著：《初学记》，北京：中华书局，2004年版。

23.［宋］马端临著，上海师范大学古籍研究所、华东师范大学古籍研究所点校：《文献通考》，北京：中华书局，2011年版。

24.张涌泉主编、审订，许建平、关长龙、张涌泉等撰：《敦煌经部文献合集》，北京：中华书局，2008年版。

25.［西汉］司马迁撰，［南朝宋］裴骃集解，［唐］司马贞索隐，［唐］张守节正义：《史记》（修订本），北京：中华书局，2014年版。

26.［东汉］班固撰，［唐］颜师古注：《汉书》（点校本），北京：中华书局，1962年版。

27.［南朝宋］范晔撰，［唐］李贤等注：《后汉书》（点校本），北京：中华书局，1965年版。

28.［清］王先谦：《后汉书集解》，扬州：广陵书社，2006年影印本。

29.［东汉］刘珍等撰，吴树平校注：《东观汉记校注》，北京：中华书局，2008年版。

30.［西晋］陈寿撰，［南朝宋］裴松之注：《三国志》（点校本），北京：中华书局，1982年第2版。

31.［唐］魏徵、［唐］令狐德棻撰：《隋书》（点校本），北京：中华书局，1973年版。

32.［宋］司马光编著，［元］胡三省音注，"标点资治通鉴小组"校点：《资治通鉴》，北京：中华书局，1956年版。

33.［清］赵翼：《廿二史札记》，上海：上海古籍出版社，2011年版。

34.［西晋］皇甫谧著，刘晓东等点校：《帝王世纪》，载《二十五别史》，济南：齐鲁书社，2000年版。

35.徐宗元辑：《帝王世纪辑存》，北京：中华书局，1964年版。

36. ［旧题］左丘明撰，鲍思陶点校：《国语》，济南：齐鲁书社，2005年版。

37. 方诗铭、王修龄：《古本竹书纪年辑证》，上海：上海古籍出版社，2005年版。

38. 张玉春译注：《竹书纪年译注》，哈尔滨：黑龙江人民出版社，2002年版。

39. ［晋］常璩著，任乃强校注：《华阳国志校补图注》，上海：上海古籍出版社，1987年版。

40. ［唐］房玄龄等撰：《晋书》，北京：中华书局，1974年版。

41. ［梁］沈约撰：《宋书》，北京：中华书局，1974年版。

42. ［梁］萧子显撰：《南齐书》，北京：中华书局，1972年版。

43. ［唐］姚思廉撰：《梁书》，北京：中华书局，1973年版。

44. 赵尔巽等撰：《清史稿》，北京：中华书局，1977年版。

45. ［东汉］许慎撰，［北宋］徐铉校定：《说文解字》，北京：中华书局，2013年版。

46. ［清］段玉裁：《说文解字注》，北京：中华书局，2013年版。

47. ［南唐］徐锴传释，［南唐］朱翱反切：《说文解字系传》，北京：中华书局，1985年版。

48. ［清］朱骏声：《说文通训定声》，北京：中华书局，2016年第2版。

49. ［东汉］刘熙撰，［清］毕沅疏证，［清］王先谦补，祝敏徹、孙玉文点校：《释名疏证补》，北京：中华书局，2008年版。

50. 汤可敬：《说文解字今释》（上、下）（修订本），长沙：岳麓书社，1997年版。

51. （日）安居香山、（日）中村璋八辑：《纬书集成》，石家庄：河北人民出版社，1994年版。

52. 上海古籍出版社编：《纬书集成》，上海：上海古籍出版社，

1994年版。

53.［清］赵在翰辑，钟肇鹏、萧文郁点校：《七纬（附论语谶）》，北京：中华书局，2012年版。

54.［清］赵在翰撰，郑杰文、李梅训校点：《七纬》，载《儒藏》精华编第一三〇册：经部·谶纬类，北京：北京大学出版社，2014年版。

55.［清］黄奭撰，郑杰文、李梅训校点：《通纬佚书考》，载《儒藏》精华编第一三一册：经部·谶纬类，北京：北京大学出版社，2013年版。

56.［清］黄奭：《汉学堂经解》，扬州：广陵书社，2004年版。

57. 萧洪恩：《易纬今注今译》，武汉：武汉大学出版社，2016年版。

58.［唐］瞿昙悉达：《开元占经》，北京：九州出版社，2012年版。

59.［隋］杜台卿：《玉烛宝典》，北京：中华书局，1985年版。

60.［隋］杜台卿：《玉烛宝典》，载王云五主编：《丛书集成初编》，上海：商务印书馆，1936年版。

61.［清］阮元：《诂经精舍文集》，载王云五主编：《丛书集成初编》，上海：商务印书馆，1936年版。

62.［明］陶宗仪：《说郛三种》，上海：上海古籍出版社，2012年版。

63.［明］孙毂：《古微书》，北京：中华书局，1985年版。

64.［明］胡应麟：《少室山房笔丛》，上海：上海书店出版社，2001年版。

65.［清］孙诒让撰，雪克、陈野点校：《札迻》，北京：中华书局，2009年版。

66.［清］康有为：《康子内外篇（外六种）》，北京：中华书局，1988年版。

67. ［清］陈寿祺、［清］皮锡瑞撰，王丰先点校：《五经异义疏证、驳五经异义疏证》，北京：中华书局，2014年版。

68. ［唐］李隆基注，［宋］邢昺疏，金良年整理：《孝经注疏》，上海：上海古籍出版社，2009年版。

69. ［清］皮锡瑞撰，吴仰湘点校：《孝经郑注疏》，北京：中华书局，2016年版。

70. （日）林秀一撰，（日）乔秀岩、叶纯芳、顾迁编译：《孝经述议复原研究》，武汉：崇文书局，2016年版。

71. 黄怀信主撰，孔德立、周海生参撰：《论语汇校集释》，上海：上海古籍出版社，2008年版。

72. ［南宋］朱熹：《四书章句集注》，北京：中华书局，1983版。

73. ［南宋］杨复撰，林庆彰校订，叶纯芳、（日）桥本秀美编辑：《杨复再修仪礼经传通解续卷祭礼》（初版），台北："中央研究院"中国文哲研究所，2011年版。

74. ［清］王聘珍撰，王文锦点校：《大戴礼记解诂》，北京：中华书局，1983年版。

75. ［清］孔广森撰，王丰先点校：《大戴礼记补注》（附《校正孔氏〈大戴礼记〉补注》），北京：中华书局，2013年版。

76. ［清］孙希旦撰，沈啸寰、王星贤点校：《礼记集解》，北京：中华书局，1989年版。

77. ［清］孙诒让撰，汪少华整理：《周礼正义》，北京：中华书局，2015年版。

78. ［清］黄以周撰，王文锦点校：《礼书通故》，北京：中华书局，2007年版。

79. ［东汉］班固撰，［清］陈立疏证，吴则虞点校：《白虎通疏证》，北京：中华书局，1994年版。

80. 舒大刚、杨世文主编：《廖平全集》，上海：上海古籍出版社，

2015年版。

81. 吴仰湘编：《皮锡瑞全集》，北京：中华书局，2015年版。

82. ［清］皮锡瑞著，周予同注释：《经学历史》，北京：中华书局，2011年版。

83. ［清］皮锡瑞著：《经学通论》，北京：中华书局，1954年版。

84. ［清］刘师培：《经学教科书》，长沙：岳麓书社，2013年版。

85. 黄锦君选编：《刘师培儒学论集》，成都：四川大学出版社，2010年版。

86. ［清］陈澧：《东塾读书记》，上海：上海古籍出版社，2012年版。

87. ［清］康有为著，姜义华、张荣华编校：《新学伪经考》，北京：中国人民大学出版，2010年版。

88. ［清］康有为著，姜义华、张荣华编校：《孔子改制考》，北京：中国人民大学出版，2010年版。

89. ［唐］陆德明撰，吴承仕疏证：《经典释文序录疏证》，北京：中华书局，2008年版。

90. ［清］朱彝尊撰，林庆彰等主编：《经义考新校》，上海：上海古籍出版社，2010年版。

91. ［隋］萧吉撰，（日）中村璋八校注：《五行大义校注》（增订版），东京：汲古书院，1998年版。

92. ［隋］萧吉撰，梁湘润编著：《五行大义今注》，新北：行卯出版社，1980年版。

93. 黄怀信、张懋镕、田旭东撰：《逸周书汇校集注》（修订本），上海：上海古籍出版社，2007年版。

94. ［清］苏舆撰，钟哲点校：《春秋繁露义证》，北京：中华书局，1992年版。

95. 黎翔凤撰，梁运华整理：《管子校注》，北京：中华书局，

2004年版。

96. ［战国］荀况著，王天海校释：《荀子校释》，上海：上海古籍出版社，2005年版。

97. ［东汉］高诱注，［清］毕沅校，徐小蛮标点：《吕氏春秋》，上海：上海古籍出版社，2014年版。

98. ［东汉］应劭撰，王利器校注：《风俗通义校注》，北京：中华书局，1981年版。

99. 人民卫生出版社编：《黄帝内经素问》，北京：人民卫生出版社，2012年版。

100. ［清］黄元御撰，李玉宾主校：《四圣心源》，北京：人民军医出版社，2010年版。

101. ［西汉］韩婴撰，许维遹校释：《韩诗外传集释》，北京：中华书局，1980年版。

102. 张双棣：《淮南子校释》，北京：北京大学出版社，2013年版。

103. ［东汉］桓谭撰，朱谦之校辑：《新辑本桓谭新论》，北京：中华书局，2009年版。

104. ［西汉］扬雄撰，郑万耕校释：《太玄校释》，北京：中华书局，2014年版。

105. 张宗祥：《论衡校注》，上海：上海古籍出版社，2010年版。

106. ［东汉］荀悦撰，［明］黄省曾注：《申鉴》，载《诸子百家丛书》，上海：上海古籍出版社，1990年版。

107. ［东汉］王符撰，［清］汪继培笺，彭铎校正：《潜夫论笺校正》，北京：中华书局，2014年版。

108. 谷继明：《王船山〈周易外传〉笺疏》，上海：上海人民出版社，2016年版。

109. 顾实：《穆天子传西征讲疏》，上海：上海科学技术文献出版社，2015年版。

110. ［西晋］张华撰，［东晋］范宁校证：《博物志校证》，北京：中华书局，1980年版。

111. ［晋］王嘉撰，［南朝梁］萧绮录，齐治平校注：《拾遗记校注》，北京：中华书局，1981年版。

112. 周兴陆编著：《世说新语汇校汇注汇评》，南京：凤凰出版社，2017年版。

113. ［南朝梁］萧统编，［唐］李善注：《文选》，上海：上海古籍出版社，1986年版。

114. ［南朝梁］刘勰著，［清］黄叔琳注：《文心雕龙》，杭州：浙江古籍出版社，2011年版。

115. ［南宋］陈振孙：《直斋书录解题》，上海：上海古籍出版社，2015年版。

116. ［清］顾炎武著，［清］黄汝成集释：《日知录集释》，上海：上海古籍出版社，2014年版。

117. 扫叶山房辑：《百子全书》，杭州：浙江人民出版社，2013年版。

118. 荆门市博物馆编：《郭店楚墓竹简》，北京：文物出版社，1998年版。

119. ［南宋］黎靖德编，王星贤点校：《朱子语类》，北京：中华书局，1986年版。

120. 徐时仪校注：《一切经音义三种校本合刊》，上海：上海古籍出版社，2010年版。

121. ［清］赵翼撰，曹光甫校点：《廿二史札记》，上海：上海古籍出版社，2011年版。

122. ［清］赵翼撰，曹光甫校点：《陔余丛考》，上海：上海古籍出版社，2011年版。

123. ［清］邵晋涵：《尔雅正义》（影印南京图书馆藏清乾隆五十三年邵氏面水层轩刻本），载《续修四库全书》第一百八十七册，上海：

上海古籍出版社，1995年版。

124.［南宋］郑樵撰：《通志》，北京：中华书局，1987年版。

125.［清］盛百二：《尚书释天》六卷，清乾隆三十九年任城书院刊本。

126.［清］张惠言著，黄立新校点：《茗柯文编》，上海：上海古籍出版社，1984年版。

127.［清］秦蕙田撰，方向东、王锷点校：《五礼通考》，北京：中华书局，2020年版。

二、近现代研究著作

1. 姜广辉主编：《中国经学思想史》（第一卷），北京：中国社会科学出版社，2003年版。

2. 姜广辉主编：《中国经学思想史》（第二卷），北京：中国社会科学出版社，2003年版。

3. 叶纯芳：《中国经学史大纲》，北京：北京大学出版社，2016年版。

4. 程元敏：《先秦经学史》（上下），台北：台湾商务印书馆，2013年版。

5. 何耿镛编著：《经学简史》，厦门：厦门大学出版社，1993年版。

6. 陈壁生：《孝经学史》，上海：华东师范大学出版社，2015年版。

7. 侯外庐主编：《中国思想通史》（第二卷），北京：人民出版社，2011年版。

8. 周桂钿、李祥俊：《中国学术通史》（秦汉卷），北京：人民出版社，2004年版。

9. 范文澜：《中国通史简编》（修订本第二编），北京：人民出版社，1958年版。

10. 范文澜：《中国通史简编》，上海：华东师范大学出版社，2014年版。

11. 夏曾佑：《中国古代史》，石家庄：河北教育出版社，2000年版。

12. 金春峰：《汉代思想史》，北京：中国社会科学出版社，2006年增补第三版。

13. 冯友兰：《中国哲学史》，重庆：重庆出版社，2009年版。

14. 冯友兰：《中国哲学史新编》，北京：人民出版社，2007年版。

15. 蒙文通：《经学抉原》，上海：上海人民出版社，2006年版。

16. 朱维铮编校：《周予同经学史论》，上海：上海人民出版社，2010年版。

17. 钱穆：《两汉经学今古文平议》，北京：商务印书馆，2001年版。

18. 王启发：《礼学思想体系探源》，郑州：中州古籍出版社，2005年版。

19. 张宝三：《〈五经正义〉研究》，上海：华东师范大学出版社，2010年版。

20. 王利器：《郑康成年谱》，济南：齐鲁书社，1983年版。

21. 杨天宇：《郑玄三礼注研究》，天津：天津人民出版社，2007年版。

22. 张舜徽：《郑学丛著》，武汉：华中师范大学出版社，2005年版。

23. 王振民主编：《郑玄研究文集》，济南：齐鲁书社，1999年版。

24. 林忠军：《周易郑氏学阐微》，上海：上海古籍出版社，2005年版。

25. 王素编著：《唐写本论语郑氏注及其研究》，北京：文物出版社，1991年版。

26.（日）乔秀岩：《北京读经说记》，台北：万卷楼图书股份有限公司，2013年版。

27. 史应勇：《郑玄通学及郑王之争研究》，成都：巴蜀书社，2007年版。

28. 史应勇：《〈毛诗〉郑王比义发微》，北京：华夏出版社，2016年版。

29. 王国维：《观堂集林》，北京：中华书局，1959年版。

30. 顾颉刚：《顾颉刚古史论文集》第一册，北京：中华书局，1988年版。

31. 余英时：《士与中国文化》，上海：上海人民出版社，1987年版。

32. 陈苏镇：《〈春秋〉与"汉道"：两汉政治与政治文化研究》，北京：中华书局，2011年版。

33. 郑万耕：《扬雄及其太玄》，北京：北京师范大学出版社，2009年版。

34. 黄永武：《形声多兼会意考》，台北：文史哲出版社，1984年版。

35. 顾颉刚：《汉代学术史略》，北京：人民出版社，2008年版。

36. 葛志毅：《谭史斋论稿四编》，哈尔滨：黑龙江人民出版社，2008年版。

37. 钟肇鹏：《谶纬论略》，沈阳：辽宁教育出版社，1991年版。

38. 任蜜林：《汉代"秘经"：纬书思想分论》，北京：中国社会科学出版社，2015年版。

39. 任蜜林：《纬书的思想世界》，北京：中国社会科学出版社，2022年版。

40. 李中华：《谶纬与神秘文化》，北京：中央编译出版社，2008年版。

41. 徐兴无：《谶纬文献与汉代文化构建》，北京：中华书局，2003年版。

42. 徐兴无：《经纬成文——汉代经学的思想与制度》，南京：凤凰出版社，2015年版。

43. 孙英刚：《神文时代：谶纬、术数与中古政治研究》，上海：上海古籍出版社，2015年版。

44. 萧洪恩：《易纬文化揭秘》，北京：中国书店出版社，2008年版。

45. 刘明：《两汉〈诗纬〉研究》，北京：学苑出版社，2012年版。

46. 吕宗力：《汉代的谣言》，杭州：浙江大学出版社，2011年版。

47. 刘国忠：《〈五行大义〉研究》，沈阳：辽宁教育出版社，1999年版。

48. 王永宽：《河图洛书探秘》，郑州：河南人民出版社，2006年版。

49. 陈槃：《古谶纬研讨及其书录解题》，上海：上海古籍出版社，2010年版。

50. 吕凯：《郑玄之谶纬学》，台北：台湾商务印书馆，2011年第2版。

51. 黄复山：《东汉谶纬学新探》，台北：台湾学生书局，2000年版。

52. 周德良：《〈白虎通〉谶纬思想之历史研究》，新北：花木兰文化出版社，2008年版。

53. 殷善培：《谶纬思想研究》，新北：花木兰文化出版社，2008年版。

54. 殷善培：《谶纬中的宇宙秩序》，新北：花木兰文化出版社，2008年版。

55. 罗建新：《谶纬与两汉政治及文学之关系研究》，上海：上海古籍出版社，2015年版。

56. 卢央：《中国古代星占学》，北京：中国科学技术出版社，2007年版。

57. 陈久金、杨怡：《中国古代天文与历法》，北京：中国国际广播出版社，2010年版。

58. 冯时：《中国古代的天文与人文》（修订版），北京：中国社会科学出版社，2006年版。

59. 王力主编：《王力古汉语字典》，北京：中华书局，2000年版。

60. 商务印书馆辞书研究中心修订：《古代汉语词典》（修订版），北京：商务印书馆，2014年版。

61. 中国社会科学院语言研究所词典编辑室编：《现代汉语词典》第5版，北京：商务印书馆，2005年版。

62. 陈梦家：《殷墟卜辞综述》，北京：中华书局，1988年版。

63. （德）汉斯—格奥尔格·伽达默尔著，洪汉鼎译：《诠释学：真理与方法》，北京：商务印书馆，2010年版。

64. （日）内藤湖南著，林晓光译：《东洋文化史研究》，上海：复旦大学出版社，2016年版。

65. 周桂钿：《中国传统哲学》，北京：北京师范大学出版社，2000年版。

66. 任继愈主编：《中国哲学发展史》（秦汉卷），北京：人民出版社，1985年版。

67. 裘锡圭：《中国出土古文献十讲》，上海：复旦大学出版社，2004年版。

68. 张家国：《神秘的占候》，南宁：广西人民出版社，1994年版。

69. 周勋初：《周勋初文集》，南京：江苏古籍出版社，2000年版。

70. 章太炎：《国学略说》，北京：北京联合出版公司，2014年版。

71. （日）安居香山著，田人隆译：《纬书与中国神秘思想》，石家庄：河北人民出版社，1992年版。

72. 余英时：《论天人之际——中国古代思想起源试探》，北京：中华书局，2014年版。

三、相关研究论文

1. 陈赟：《"以祖配天"与郑玄禘论的机理》，载《学术月刊》2016年第6期，第24—36页。

2.（日）楠山春树著，洪春音译：《〈毛诗正义〉所引用的纬书》，载《中国文哲研究通讯》2006年第16卷第1期，第97—114页。

3.（日）池田秀三著，洪春音译：《纬书郑氏学研究序说》，载《书目季刊》2004年37卷第4期，第59—78页。

4. 卢鸣东：《论郑玄"五帝降气"说的星象根据》，载《国文学报》2002年第32期，第55—86页。

5. 张寅成：《郑玄六天说之研究》，载《史原》1986年第15期，第189—202页。

6. 沈薇薇：《试析〈毛诗传笺〉引谶纬释〈诗〉》，载《古籍整理研究学刊》2005年第5期，第77—81页。

7. 李世萍：《郑玄〈毛诗〉笺注中反映的阴阳谶纬思想及其成因初探》，载夏传才主编：《诗经研究丛刊》，北京：学苑出版社，2007年版，第9—20页。

8. 张峰屹、张立克：《郑玄〈毛诗传笺〉对〈毛传〉的修正和超越》，载《云南大学学报（社会科学版）》2016年第2期，第79—86、112页。

9. 朱岩：《郑玄〈尚书〉训诂的谶纬化》，载《盐城师范学院学报（人文社会科学版）》2008年第1期，第111—114页。

10. 敖堃、诸伟奇：《郑玄与谶纬关系臆解》，载《历史文献研究》

（总第29辑），上海：华东师范大学出版社，2010年版，第44—53页。

11. 刘明：《郑玄〈诗纬〉学论略》，载《河北师范大学学报（哲学社会科学版）》2012年第3期，第63—71页。

12. 刘小枫：《纬书与左派儒教士》，载氏著：《儒教与民族国家》，北京：华夏出版社，2015年版，第1—84页。

13. 王利器：《谶纬五论》，载张岱年等：《国学今论》，沈阳：辽宁教育出版社，1991年版，第108—124页。

14. 冯渝杰：《汉末经学通纬旨趣探微：以郑玄、何休为中心》，载上海交通大学经学文献研究中心编：《经学文献研究集刊》（第十七辑），上海：上海书店出版社，2017年版，第59—75页。

15. 葛志毅：《郑玄研究论纲》，载《湖南科技学院学报》2010年第10期，第10—14页。

16. 朱岩：《两汉〈尚书〉学的谶纬化》，载《社会科学家》2008年第3期，第29—33页。

17. 丁四新：《郑氏易义》，载刘大钧主编：《象数易学研究》（第二辑），济南：齐鲁书社，1997年版，第91—123页。

18. 许继起：《郑玄〈周易注〉流变考》，载林庆彰主编：《经学研究论丛》（第十一辑），台北：台湾学生书局，2003年版，第1—56页。

19. 陈苏镇：《郑玄的使命和贡献——以东汉魏晋政治文化演进为背景》，载杨晋龙、刘柏宏主编：《魏晋南北朝经学国际研讨会论文集》（下），台北："中央研究院"中国文哲研究所，2016年版，第697—721页。

20. 何志华：《从东汉高诱注解看郑、王之争》，载杨晋龙、刘柏宏主编：《魏晋南北朝经学国际研讨会论文集》（下），台北："中央研究院"中国文哲研究所，2016年版，第723—746页。

21. 杨天宇：《略论汉代今古文经学的斗争与融合》，载《郑州大学学报（哲学社会科学版）》2001年第2期，第106—111页。

22. 史应勇：《再论汉代礼学的兴起》，载林庆彰主编：《经学研究论丛》（第十二辑），台北：台湾学生书局，2004年版，第257—286页。

23. 史应勇：《郑玄经学三论》，载《四川大学学报》2004年第3期，第85—92页。

24. （新加坡）伍晓明：《"如保赤子"——儒家传统中的伦理与政治》，载赵德润主编：《炎黄文化研究》（第十一辑），郑州：大象出版社，2010年版，第261—271页。

25. 张野、赵东玉：《先秦"沉玉"风俗始末》，载葛志毅主编：《中国古代社会与思想文化研究论集》（第三辑），哈尔滨：黑龙江人民出版社，2008年版，第164—174页。

26. 李天飞：《纬书〈尚书考灵曜〉中的宇宙结构》，载林庆彰、钱宗武主编，蒋秋华编辑：《第二届国际〈尚书〉学学术研讨会论文集》，台北：万卷楼图书股份有限公司，2014年版，第437—492页。

27. 黄复山：《〈玉烛宝典〉引用谶纬考论》，载杨晋龙、刘柏宏主编：《魏晋南北朝经学国际研讨会论文集》（下），台北："中央研究院"中国文哲研究所，2016年版，第659—696页。

28. 黄复山：《萧吉〈五行大义〉与谶纬关系探讨》，载《书目季刊》2004年38卷第2期，第29—48页。

29. 方志平：《谈谶纬文献》，载《文献》1993年第4期，第129—142页。

30. 孙英刚：《神文时代：中古知识、信仰与政治世界之关联性》，载《学术月刊》2013年第10期，第133—147页。

31. 葛志毅：《河洛谶纬与刘歆》，载《文史哲》2008年第3期，第80—87页。

32. 何光岳：《河神的崇拜及河伯族的来源和迁徙》，载《中南民族学院学报（哲学社会科学版）》1988年第1期，第21—29页。

33. 任蜜林：《西汉论语学传承与〈论语纬〉》，载《中国社会科学报》2014年12月1日，第A06版。

34. 任蜜林：《〈河图〉〈洛书〉新探》，载《西北师大学报（社会科学版）》2013年第4期，第37—42页。

35. 丁鼎：《试论"当涂高"之谶的作者与造作时代——兼与钟肇鹏先生商榷》，载《烟台大学学报（哲学社会科学版）》2004年第1期，第93—95页。

36. 邝向雄：《论谶纬名义》，载《兰台世界》2015年第21期，第102、138—139页。

37. 李梅训：《谶纬文献初步形成于汉成帝时期考》，载《齐鲁学刊》2013年第1期，第50—53页。

38. 李梅训：《宋均生平著述考论》，载《山东师范大学学报（人文社会科学版）》2004年第5期，第90—93页。

39. 余敦康：《诠释学是哲学和哲学史的唯一的进路》，载《北京青年政治学院学报》2005年第2期，第29—33页。

40. 蔡德贵：《当代海外和港澳台儒学的五大学派》，载《探索与争鸣》2007年第10期，第11—18页。

41. 刘笑敢：《从注释到创构：两种定向两个标准——以朱熹〈论语集注〉为例》，载《南京大学学报（哲学·人文科学·社会科学版）》2007年第2期，第90—102页。

42. 徐建委：《〈汉志〉与早期书籍形态之变迁》，载《复旦学报（社会科学版）》2016年第1期，第6—9页。

43. 韩星：《董仲舒天人关系的三维向度及其思想定位》，载《哲学研究》2015年第9期，第45—54页。

44. 梁涛：《竹简〈穷达以时〉与早期儒家天人观》，载《哲学研究》2003年第4期，第65—70页。

45. 郑吉雄：《释天》，载《中国文哲研究集刊》2015年第46期，台北："中央研究院"中国文哲研究所，第63—99页。

46. 刁小龙：《郑玄礼学及其时代》，清华大学历史系 2008 年博士学位论文。

47. 徐兴无：《论谶纬文献中的天道圣统》，南京大学中文系 1993 年博士学位论文。

48. 朱玉周：《汉代谶纬天论研究》，山东大学专门史专业 2007 年博士学位论文。

49. 陈明恩：《东汉谶纬学研究》，台湾师范大学 2004 年博士学位论文。

50. 车行健：《礼仪、谶纬与经义——郑玄经学思想及其解经方法》，台湾私立辅仁大学中国文学系 1996 年博士学位论文。

51. 罗健蔚：《郑玄会通三〈礼〉研究》，台湾大学中国文学所 2015 年博士学位论文。

52. 陈壁生：《周公的郊祀礼——郑玄的经学构建》，载《湖南大学学报（社会科学版）》2018 年第 5 期。

后 记

此书是由我的博士论文修订而成，但研究的缘起却要追溯到硕士时期的学习经历。从 2011 年进入中国政法大学国际儒学院跟随周桂钿教授学习汉代经学以来，我就在周师指导下确定了谶纬学作为自己的研究方向，并完成硕士学位论文《〈白虎通〉谶纬类文献研究》。2014 年进入中国人民大学国学院读博，我也在韩星教授的指导下确定了继续研究谶纬学的学术方向，最终在 2018 年完成了博士学位论文《郑玄谶纬学研究》。研究谶纬学，已有 12 年的光景了。今论文经修订出版在即，想感谢一直以来对我的学术有所助益的师友们。

首先要感谢的是我的硕导周桂钿老师。博士生涯虽然在人大度过，但基本上每过一两个月我都会去北师拜访周老师，周师也在生活与学习等诸方面照顾我。可以说，在北京生活的这七年之中，周师一直都是我的学术导师。周师时常带我出去参加会议，让我可以结识更多的学界泰斗，坚定了我的学术之心；周师不断给我提供研究与学习的机会，指导我如何进行学术思考与写作；每次去小红楼周师家做客聊天都是很开心的事，周师会讲他最近发生的趣事，还会把他最新的人生感悟、哲学思考与我分享，临走时也会送几本他新出的书，让我一步步成长起来。那些年陪着周师参加了很多次学术会议，在旅途中向周师请益、在会议中感受周师风采、回京后在周师家用餐，皆是人生难得的一段经历。最终博士论文答辩时，能请到周师做我的答辩主席，也是人生莫大的荣幸，为我北京的学习生涯画上了一个圆满的句号。

同时要表达谢意的就是我的博导韩星老师。研三时确定考博，彼时的我对人民大学是倾慕已久，但具体报哪位导师心里始终没有确定下来。经过法大诸位老师以及硕导周师的指点，最终确定报考韩星教授。接下来的日子里，我在人大明德楼听了韩师半年的课，时时与老师交流心得。在人大听课的日子里，我能感受到韩师学识之渊博、大师之风范，并且当时与韩师讨论的学术问题，在我的硕士论文中都有着诸般体现，对于我硕士能够顺利毕业，以及考上人大都有莫大渊源。读博以来，韩师在多方面深刻影响着我：韩师的课包含了儒学史上的诸多重大问题，对我的汉代经学研究有很大启发意义。从入学时，韩师就关注我的博士研究计划，也在各个方面指导我的研究选题与写作规划。2015年，我有幸跟随韩师参加了武汉大学举办的经学会议，这是我第一次因提交论文而参加的高端学术会议，感受到诸位学界前辈的风范，见识到了高水平的学术交流，对于以后我不断参会、不断学习、不断提升的过程是很有裨益的。韩师给予学生的研究很大的自由度，会有一些建议，但从不会强制我们做什么研究，因此当我研究设想不断变化的情况下，韩师都给予了我极大的宽容度，并尽可能提供参考意见，使得我的博士论文最终可以按照自己兴趣创作出来。

其次要感谢在我书稿写作过程中对我关怀备至的各位人民大学老师。硕士时期就与梁涛老师相识，在国学院的学习生活中也参加了梁老师的《荀子》《孟子》"出土文献研读"等形式多样的读书会，选修并旁听梁老师的众多课程，对于我如何讲课、如何对于学术问题有更深入的探讨都有很好的启迪。虽然自己硕士做的是汉代思想研究，但是对于汉代经学研究其实是非常欠缺的，因此从人大入学伊始，就选择了陈壁生老师的《经学专题研究》《中国经学史》《〈孝经〉研读》《近代国学研究》等课程，参加陈老师的《孝经》读书会等。得益于陈老师的不吝赐教与耳提面命，我能稍窥汉代经学之门，对于汉代学术有一点心得，最终书稿的写作也得到了陈老师的诸多鼓励与支持。在人大国学院丰富多彩的读书会中，我参加时间最长的应该就是辛亚民老师主持的《论语》

读书会与《周易》读书会，在这两年的读书会学习过程中，认识到了很多自己没注意的学术盲点，对于之后自己的学习生活也是大有裨益。由于入学之初对于文字学很感兴趣，甚至有想研究许慎的冲动，因此旁听了一年的文字学课程，感谢华建光老师，他讲授的《〈尔雅〉研读》《古文字学》等课程对我启发很大，虽然我最终并没有坚持做文字学的研究，但这些课程所带给我的启迪是十分重要的，对于如何进行文字考辨有了一个初步的认识，这些研究最后也在我的书稿中都有一些不成器的反映。当确定了"郑玄谶纬学研究"这个主题之后，我迫切希望能够有更多的汉代知识补充我自身的短板，因此听了张齐明老师两年的《中国古代天文历法》《术数研究》课程，这两门课与谶纬学关系很大，但也十分深奥难懂。张老师每次对于我问题的耐心解答与富有启发性的论述，都对我书稿的很多观点有直接的影响。除此之外，我还旁听了文学院王贵元老师的《说文解字》、徐建委老师的《〈毛诗正义〉研读》等课程，感谢这些老师对我诸多问题的解答，这些不同学科、不同知识背景下的课程，对于我的学术研究是颇具启发意义的。

同时也要感谢对我书稿写作提供帮助的其他专家学者：写出皇皇巨著《汉代思想史》的金春峰先生，其关于汉代谶纬作者、郑玄经学思想与汉代大儒等方面的论述，都对我有启迪意义，我也多次在学术会议上向先生请益，受益匪浅。今书稿出版，又得先生作序，实为对后辈最大鞭策与鼓励；萧洪恩老师对我的研究提供了诸多有价值的意见，并寄来了他的《易纬今注今译》以供参考；任蜜林老师在谶纬方面研究颇深，他在我书稿写作方面也提供了很多有价值的看法，并叮嘱我不断修改，继续努力；丁四新老师、罗安宪老师、黄朴民老师、向世陵老师、刘丰老师等也都在不同方面对我的书稿提出了中肯的建议，在此一一表示感谢。

在中国政法大学国际儒学院学习的经历，是我学术研究的起点，因此要感谢在法大任教过的王葆玹老师、李祥俊老师、王心竹老师、俞学明老师、刘震老师、李虎群老师、李春颖老师在我学术研究过程中所提出的建议，对我之后的学术规划等方面提供的指导，让我对未来的人生有了更多信心。

感谢在西安工作这几年中为我提供帮助的陕西师范大学哲学院的诸位老师，尤其要感谢博士后合作导师许宁教授为我提供了博后期间可以继续研究、请益的机会，感谢李敬峰老师在各方面对我的鼓励与支持，感谢刘冬老师、朱玉龙老师在我学习与工作过程中提供的帮助。

书稿写作过程中也得到了韩师门下的诸位同门、硕博士班的诸位同学、清华大学的学界同辈的助益，他们帮我搜集整理了大量资料，提供了很多富有建设性的意见，对我研究的不足之处也有很直率的评价。夫子言益者三友："友直，友谅，友多闻。"其谓此乎！

最后要感谢我的家人。母亲对我的任何选择都毫无保留地支持，使得我可以在本该工作养家、奉养慈母、享受承膝之欢的阶段，孤身北上，求学问道。可以说如果不是母亲的支持，我也难以做到顺利完成学业。妻子也在我求学、工作、出版书稿的过程中提供了极大的支持，与我同风雨、共进退，爱人的鼓励是我人生中最大的助益，令我喜悦而幸福。

本书得以出版，不仅要感谢国家社会科学基金青年项目"谶纬学与两汉哲学思想研究"（项目编号：20CZX026）的经费支持，还要感谢辽宁人民出版社的相关老师在编辑过程中多次与我沟通交流，为本书的顺利出版做了大量工作。

在研究郑玄谶纬学的过程中，本人尽可能以"理解之同情"的心态来对话先哲、诠释经典，但鉴于我学养所限、前见之囿，本书中仍有不少欠缺之处，部分观点也值得商榷，故诚请各位方家批评指正、不吝赐教。

何大海

2023年春于西安

后记